강화학습 시리즈 1

강화 학습 기본과 PyTorch

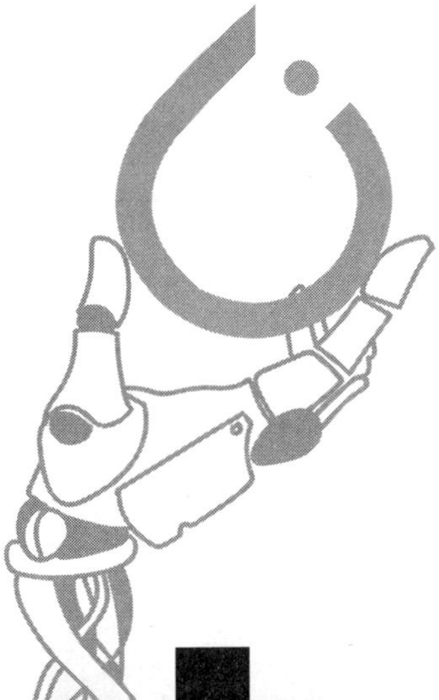

추상목 지음

자유아카데미

머리말

신경망 공부를 하다 보면, '학습은 비지도 학습, 지도 학습, 그리고 강화학습으로 나뉜다. 알파고와 자율 주행차에서 사용하는 강화학습, 아이가 세상과 상호작용하면서 세상을 배우는 과정을 모방한 강화학습.' 등과 같은 문장을 접하게 된다. 그러면서 다음과 같은 생각이 든다.

'강화학습을 공부해 볼까?'

그러나 이 영역으로 들어가기가 쉽지 않다: *(1)* 기존 신경망 학습 구조와 완전히 다르고, *(2)* 매우 많은 강화학습 방법을 어떤 순서로 공부해야 하는지 알기 어렵고, *(3)* 강화학습을 개념부터 코딩까지 분명하게 이해할 수 있도록 안내해 주는 저서를 찾아보기 어렵기 때문이다.

이런 문제를 해결할 수 있는 안내서를 만드는 것이 본 저서의 목적이다: *(1)* 비지도 학습과 지도 학습에 없는 환경과 에이전트를 먼저 이해해야 한다. 이것이 강화학습의 첫 걸음이다(1장). 여러 예제를 통해 그림만으로 환경과 에이전트를 이해하고 이를 수식으로 표현하는 연습이 되어야, 행동을 잘 선택해서 현재와 미래에 받을 보상의 총합을 최대로 만드는 과정을 이해할 수 있다. *(2)* 아래 표와 같이 환경을 알 때의 강화학습은 1~4장에서 다루고 모를 때는 5~11장에서 다룬다. 신경망 사용 여부를 기준으로 하면, 1~6장에서는 사용하지 않고 7~11장에서는 사용한다.

	환경을 안다.		신경망을 사용한다.	
	Yes	No	No	Yes
1장~4장	○		○	
5장~6장		○	○	
7장~11장		○		○

제1장부터 4장까지가 강화학습 공부의 기반이므로 여기서 흔들리면 앞으로 나아가기 어렵다. 특히, 2장의 벨만 방정식을 이용한 계산 문제를 생략하지 말고 연습해야 한다. 환경을 모를 때 일반적으로 신경망을 사용하지만, 5~6장에서는 신경망을 사용하지 않는 강화학습을 다룬다. 제7장부터 신경망을 사용한 강화학습을 공부하게 된다. 이때 2장에서 공부한 벨만 방정식을 따라 신경망의 손실을 정의하게 된다. *(3)* 개념 이해는 그림에서 시작해야 하고, 이를 코딩까지 이어가야 한다는 원칙으로 본 저서를 집필했다. 특히 구현하려는 코드를 그림으로 그린다는 생각으로 그림을 만들었다.

좋은 책을 만들기 위해 최선을 다했지만 오류가 나올 수 있다. 이 점은 양해를 바라며, 출간 후 나올 수 있는 수정사항이나 참고자료 등은 자유아카데미 홈페이지 자료실(www.freeaca.com)을 통해 게시할 것이니 참고하기를 바란다. 본 저서는 강화학습의 기본 이론에서 시작해서 깊은 Q-네트워크(Deep Q- Network , DQN)의 일부분까지 기술하고 있으며, 여기서 다루지 못한 내용은 앞으로 강화학습 시리즈를 통해 다룰 예정이다.

강화학습을 공부하는 후학들에게 도움이 되길 기대하면서

울산대학교 수학과 추상목

차례

제 1 장

그림으로 이해하는 강화학습

PART Ⅰ 강화학습 구성 요소

PART Ⅱ 환경(env) 예제

PART Ⅲ 에이전트(agent) 예제

강화학습(reinforcement learning)은 에이전트(agent)가 환경(environment)과 상호작용하여 받는 보상(reward)을 최대화하는 기계학습의 한 분야이다. 강화학습 구성 요소(PART I), 환경 예제(PART II), 에이전트 예제(PART III)를 그림으로 알아보자.

PART I 강화학습 구성 요소

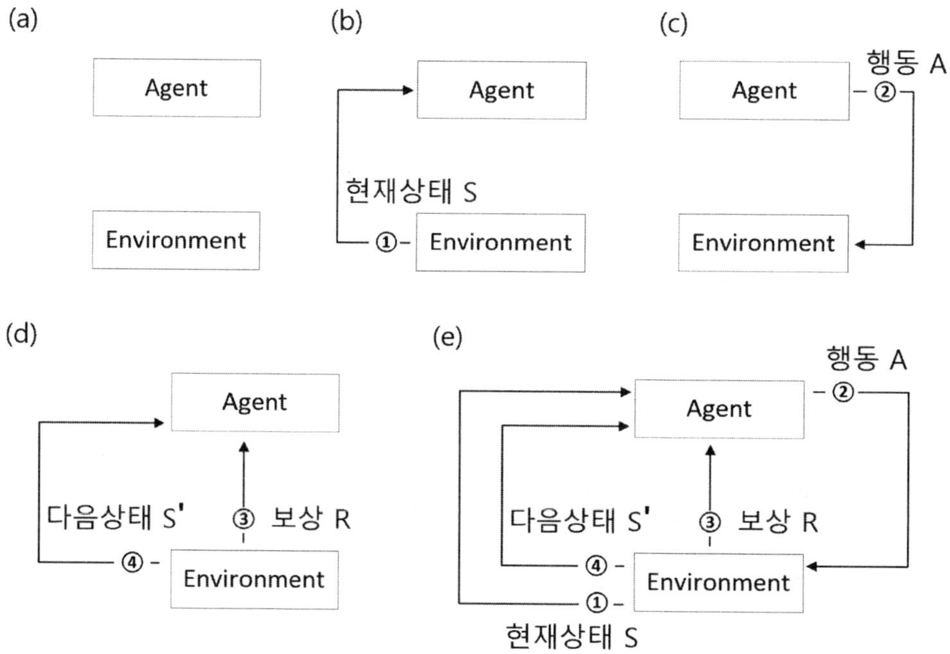

그림1

그림1은 강화학습의 구성 요소를 나타낸 것이다. (a) 강화학습을 크게 환경과 에이전트로 나눌 수 있다. (b) 강화학습의 시작은, 환경의 현재 상태(무작위로 생성된 상태)를 에이전트에게 전달하는 것이다. (c) 환경의 현재 상태에서 에이전트가 선택한 행동을 환경에 전달한다. (d) 에이전트의 행동으로 인하여 발생하는 환경의 다음 상태와 보상을 에이전트에게 전달한다. (e) 환경과 에이전트는 상호작용한다.

PART Ⅱ 환경(env) 예제

앞에서 설명한 환경을 구체적으로 알아보자. 즉, 환경의 상태(state), 환경이 받아들일 수 있는 행동(action), 행동으로 인한 상태의 변화 가능성을 나타내는 전이확률(transition probability), 그리고 환경이 제공하는 보상(reward)에 대하여 예제로 알아보자.

예제 1

그림2는 로봇(agent)이 머무르고 이동하는 환경을 4가지(상태, 행동, 전이함수, 보상)로 나누어 설명한다.

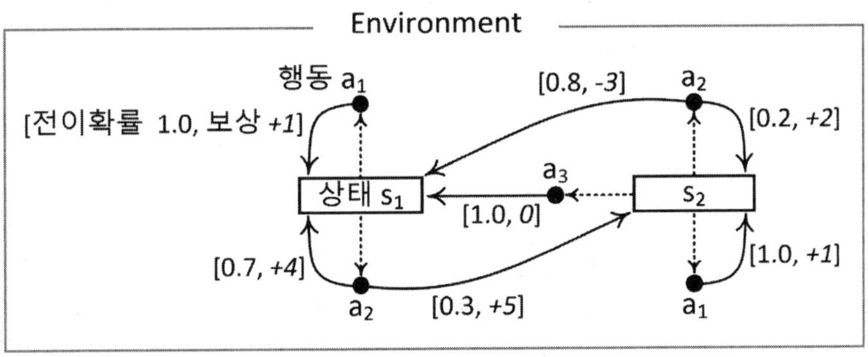

그림2

①: 상태(State)

환경은 **그림3**과 같이 두 가지 상태(state) s_1, s_2가 가능하다.

그림3 상태(state) 집합 $S = \{s_1, s_2\}$

②: 행동(Action)

로봇은 **그림4**와 같이 세 가지 행동(action) a_1, a_2, a_3이 가능하다. 상태 s_1에서 가능한 행동은 a_1, a_2이고 상태 s_2에서 가능한 행동은 a_1, a_2, a_3이다.

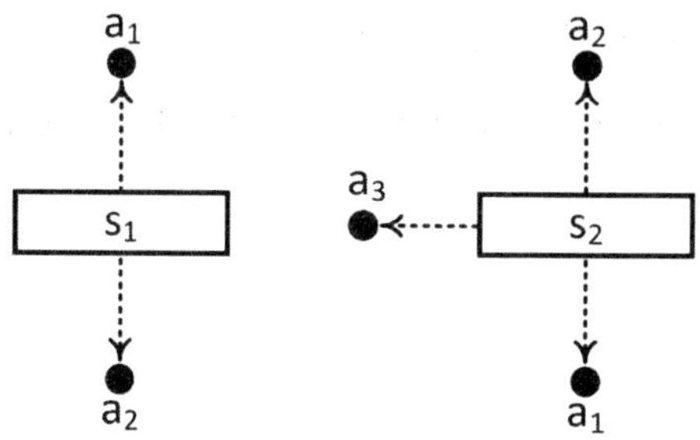

그림4 행동(action) 집합 $\boldsymbol{A} = \{a_1, a_2, a_3\}$

③, ④: 전이확률(transition probability)과 보상(reward)

로봇이 현재 상태 s_1에서 행동 a_1을 할 때, 다음 상태가 s_1이 될 확률은 1.0이고 받는 보상은 +1이다(**그림5**).

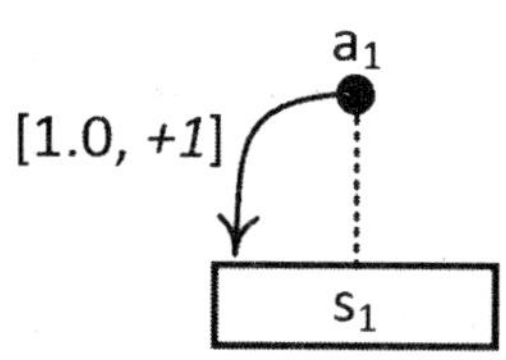

그림5-1 상태 s_1에서 행동 a_1

$$p_{s_1,s_1}^{a_1} = p\left(s_1 \middle| s_1, a_1\right) = 1.0$$

$$R_{s_1,s_1}^{a_1} = +1$$

그림5-2 전이확률과 보상

로봇이 현재 상태 s_1에서 행동 a_2를 할 때, 다음 상태가 s_1, s_2가 될 확률은 각각 0.7, 0.3이고 보상은 각각 +4와 +5이다(**그림6**).

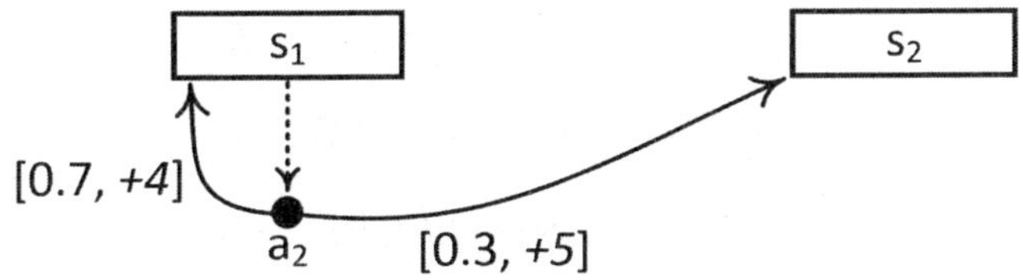

그림6-1 상태 s_1에서 행동 a_2

$$p_{s_1,s_1}^{a_2} = p\left(s_1 \middle| s_1, a_2\right) = 0.7,\ R_{s_1,s_1}^{a_2} = +4$$
$$p_{s_1,s_2}^{a_2} = p\left(s_2 \middle| s_1, a_2\right) = 0.3,\ R_{s_1,s_2}^{a_2} = +5$$

그림6-2 전이확률과 보상

로봇이 현재 상태 s_2에서 행동 a_1을 할 때, 다음 상태가 s_2가 될 확률은 1.0이고 받는 보상은 +1이다(**그림7**).

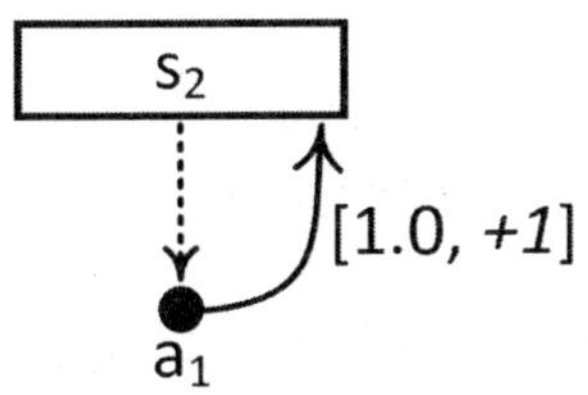

그림7-1 상태 s_2에서 행동 a_1

$$p_{s_2,s_2}^{a_1} = p\left(s_2 \middle| s_2, a_1\right) = 1.0$$
$$R_{s_2,s_2}^{a_1} = +1$$

그림7-2 전이확률과 보상

로봇이 현재 상태 s_2에서 행동 a_2를 할 때, 다음 상태가 s_1, s_2가 될 확률은 각각 0.8, 0.2이고 보상은 각각 −3과 +2이다(**그림8**).

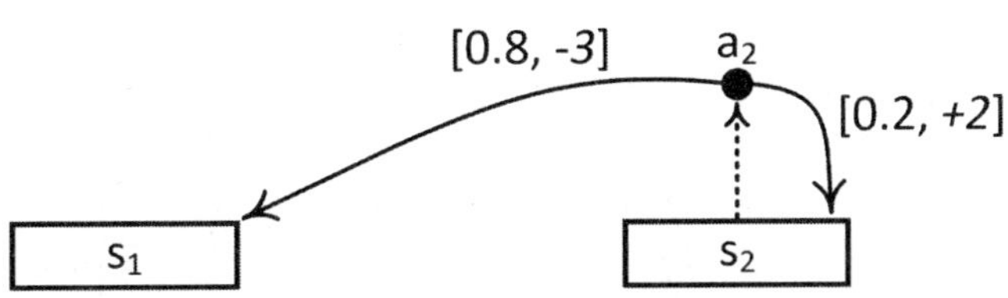

그림8-1 상태 s_2에서 행동 a_2

$$p_{s_2,s_1}^{a_2} = p\left(s_1 \middle| s_2, a_2\right) = 0.8,\ R_{s_2,s_1}^{a_2} = -3$$
$$p_{s_2,s_2}^{a_2} = p\left(s_2 \middle| s_2, a_2\right) = 0.2,\ R_{s_2,s_2}^{a_2} = +2$$

그림8-2 전이확률과 보상

로봇이 현재 상태 s₂에서 행동 a_3 를 할 때, 다음 상태가 s_1이 될 확률은 1.0이고 보상은 0이다(**그림9**).

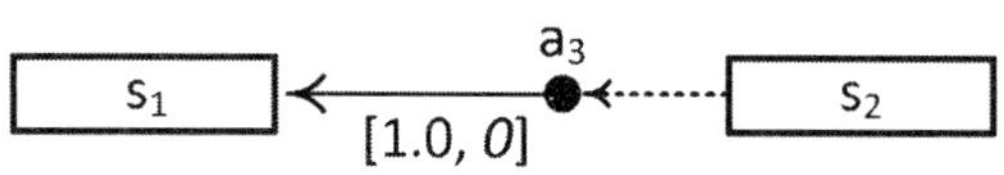

그림9-1 상태 s_2에서 행동 a_3

$$p_{s_2,s_1}^{a_3} = p\left(s_1 \middle| s_2, a_3\right) = 1.0$$
$$R_{s_2,s_1}^{a_3} = 0$$

그림9-2 전이확률과 보상

그림1~9를 요약하면 다음과 같다.

1	상태집합 S	$S = \{s_1, s_2\}$	
2	행동집합 A	$A = \{a_1, a_2, a_3\}$	
3	전이확률 P	$s_1 \xrightarrow{a} s$ $(a \in A, s \in S)$	$p(s_1 \mid s_1, a_1) = 1.0$ $p(s \mid s_1, a_2) = \begin{cases} 0.7 & (s = s_1) \\ 0.3 & (s = s_2) \end{cases}$
		$s_2 \xrightarrow{a} s$	$p(s_2 \mid s_2, a_1) = 1.0$ $p(s \mid s_2, a_2) = \begin{cases} 0.8 & (s = s_1) \\ 0.2 & (s = s_2) \end{cases}$ $p(s_3 \mid s_2, a_3) = 1.0$
4	보상 R	$s_1 \xrightarrow{a} s$	$R_{s_1,s_1}^{a_1} = +1$ $R_{s_1,s}^{a_2} = \begin{cases} +4 & (s = s_1) \\ +5 & (s = s_2) \end{cases}$
		$s_2 \xrightarrow{a} s$	$R_{s_2,s_2}^{a_1} = +1$ $R_{s_2,s}^{a_2} = \begin{cases} -3 & (s = s_1) \\ +2 & (s = s_2) \end{cases}$

그림10

예제 2

그림11, 12의 설명은 예제1 설명으로 대신한다.

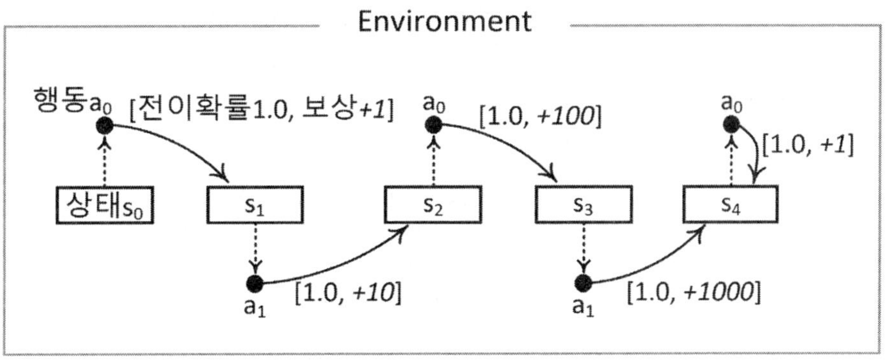

그림11

1	상태집합 S	$S=\{s_0,s_1,s_2,s_3,s_4\}$
2	행동집합 A	$A=\{a_0,a_1\}$
3	전이확률 P	$p(s_1\|s_0,a_0)=1.0$
		$p(s_2\|s_1,a_1)=1.0$
		$p(s_3\|s_2,a_0)=1.0$
		$p(s_4\|s_3,a_1)=1.0$
		$p(s_4\|s_4,a_0)=1.0$
4	보상 R	$R_{s_0,s_1}^{a_0}=+1$
		$R_{s_1,s_2}^{a_1}=+10$
		$R_{s_2,s_3}^{a_0}=+100$
		$R_{s_3,s_4}^{a_1}=+1000$
		$R_{s_4,s_4}^{a_0}=+1$

그림12

예제 3

그림13에서 상태는 5개이다

meta, class1, class2, class3, home

그리고 행동은 4개이다.

facebook, study, sleep, pub

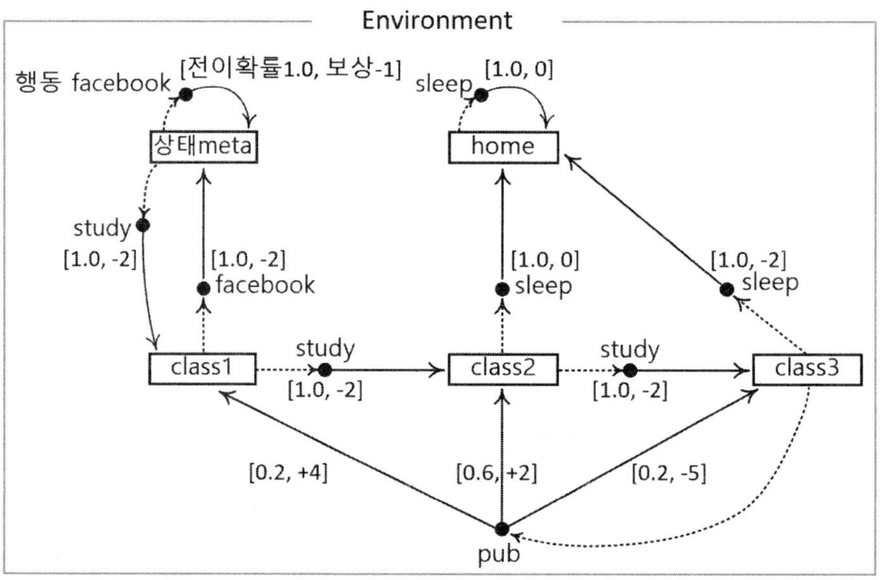

그림13

상태 meta에서 가능한 행동은 facebook과 study이다. 상태 class1에서 가능한 행동은 facebook과 study이다. 상태 class2에서 가능한 행동은 sleep과 study이다. 상태 class3에서 가능한 행동은 sleep과 pub이다. 현재 상태 class3에서 행동 pub을 선택하면, 다음 상태가 class1, class2, class3가 될 전이확률은 각각 0.2, 0.6, 0.2이다. 상태 home에서 가능한 행동은 sleep이다.

참고로, **그림13**은 env에 대한 정보만 있다. 주어진 상태에서 에이전트가 어떤 행동을 선택할지, meta에서 행동 facebook과 study를 선택할 각각의 확률에 대한 정보는 없다. 즉, **그림13**에는 에이전트 정보는 없다(PART III에서 다룬다).

1	상태집합 S	$S=\{\text{meta, class1, class2, class3, home}\}$
2	행동집합 A	$A=\{\text{facebook, study, sleep, pub}\}$
3	전이확률 P	$P_{\text{meta,meta}}^{\text{facebook}}=1.0,\ P_{\text{meta,class1}}^{\text{study}}=1.0$
		$P_{\text{class1,meta}}^{\text{facebook}}=1.0,\ P_{\text{class1,class2}}^{\text{study}}=1.0$
		$P_{\text{class2,home}}^{\text{sleep}}=1.0,\ P_{\text{class2,class3}}^{\text{study}}=1.0$
		$P_{\text{class3,home}}^{\text{sleep}}=1.0,\ P_{\text{class3},s}^{pub}=\begin{cases}0.2 & (\text{s=class1})\\ 0.6 & (\text{s=class2})\\ 0.2 & (\text{s=class3})\end{cases}$
		$P_{\text{home,home}}^{\text{sleep}}=1.0$
4	보상 R	$R_{\text{meta,meta}}^{\text{facebook}}=-1,\ R_{\text{meta,class1}}^{\text{study}}=-2$
		$R_{\text{class1,meta}}^{\text{facebook}}=-2,\ R_{\text{class1,class2}}^{\text{study}}=-2$
		$R_{\text{class2,home}}^{\text{sleep}}=0,\ R_{\text{class2,class3}}^{\text{study}}=-2$
		$R_{\text{class3,home}}^{\text{sleep}}=-2,\ R_{\text{class3},s}^{pub}=\begin{cases}+4 & (\text{s=class1})\\ +2 & (\text{s=class2})\\ -5 & (\text{s=class3})\end{cases}$
		$R_{\text{home,home}}^{\text{sleep}}=0$

그림14

참고 기호 복습

$$P_{\text{class3},s}^{pub}=\begin{cases}0.2 & (\text{s=class1})\\ 0.6 & (\text{s=class2})\\ 0.2 & (\text{s=class3})\end{cases}\Rightarrow\begin{cases}P_{\text{class3,class1}}^{pub}=p(\text{class1}|\text{class3,pub})=0.2\\ P_{\text{class3,class2}}^{pub}=p(\text{class2}|\text{class3,pub})=0.6\\ P_{\text{class3,class3}}^{pub}=p(\text{class3}|\text{class3,pub})=0.2\end{cases}$$

PART III 에이전트(agent) 예제

다음 그림은 **그림1**에서 설명한 에이전트와 환경의 상호작용이다.

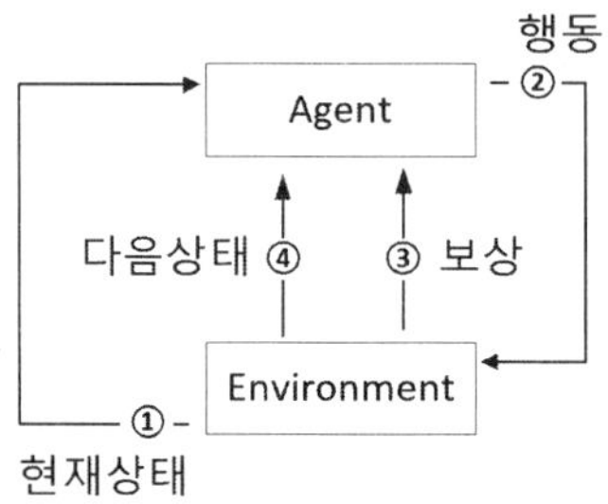

그림1-(e)

이러한 상호작용을 예제1~3에서 다룬 환경으로 다음 예제에서 알아보자.

예제 4

에이전트가 환경 상태 s_1, s_2에서 행동 a_1, a_2를 각각 선택할 때, 아래 **그림15**와 같은 상호작용이 가능하다.

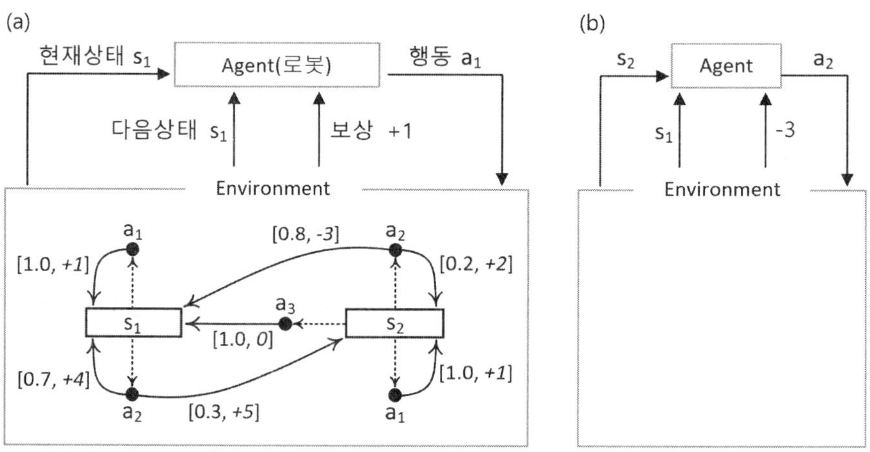

그림15 (b)에서 Environment 내부는 (a)와 동일

(a) 환경의 현재 상태 s_1에서 에이전트가 행동 a_1을 선택하여, 다음 상태는 s_1이 되고 보상 -3을 받는다. (b) 환경의 현재 상태 s_2에서 에이전트가 행동 a_2를 선택하여, 다음 상태는 s_1이 되고 보상 -3을 받는다. 이러한 상호작용을 계속하다가 환경의 현재 상태 s_2에서 에이전트가 행동 a_2를 선택했다고 가정하자. 이때는 **그림15-(b)**와 달리 확률 0.2로 다음 상태가 s_2가 되고 보상이 +2가 될 수 있다.

예제 5

에이전트가 환경 상태 s_0, s_1, s_2, s_3, s_4에서 행동 a_0, a_1, a_0, a_1, a_0를 각각 선택할 때, 아래 **그림16**과 같은 상호작용이 가능하다.

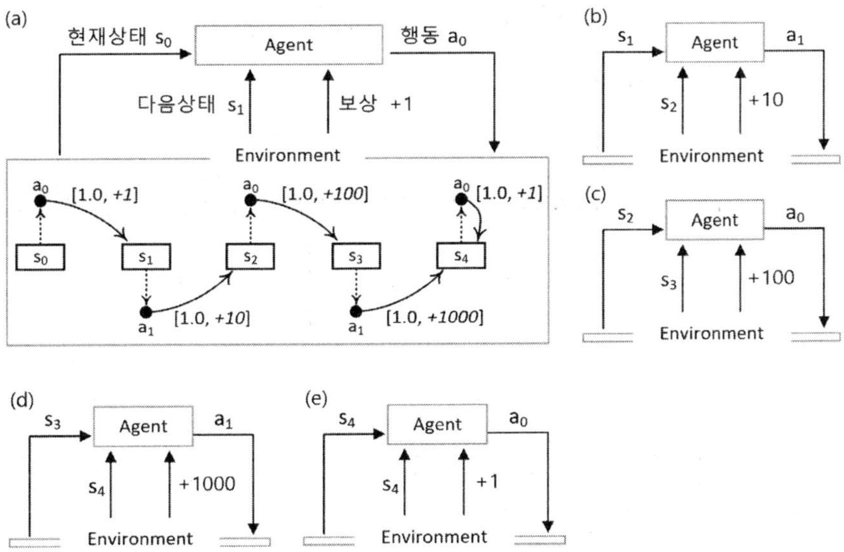

그림16 (b)~(e)에서 Environment 내부는 (a)와 동일

예제5는 예제4와 달리 주어진 상태에서 하나의 행동만 가능하다. 그리고 각 상태에서 행동을 선택했을 때, 다음 상태는 결정적(deterministic)이다. 즉, 모든 전이확률이 1.0으로 환경은 결정적이라고 한다. 반면에 예제4는 상태 s1에서 행동 a2를 했을 때, 다음 상태는 확률적(stochastic)이다. 마찬가지로 상태 s2에서 행동 a2를 했을 때

도 다음 상태는 확률적이다. 다음 상태가 확률적인 경우가 적어도 하나 있으면, 환경은 확률적이라고 한다.

예제 6

그림17의 설명은 예제5, 6의 설명으로 대신한다.

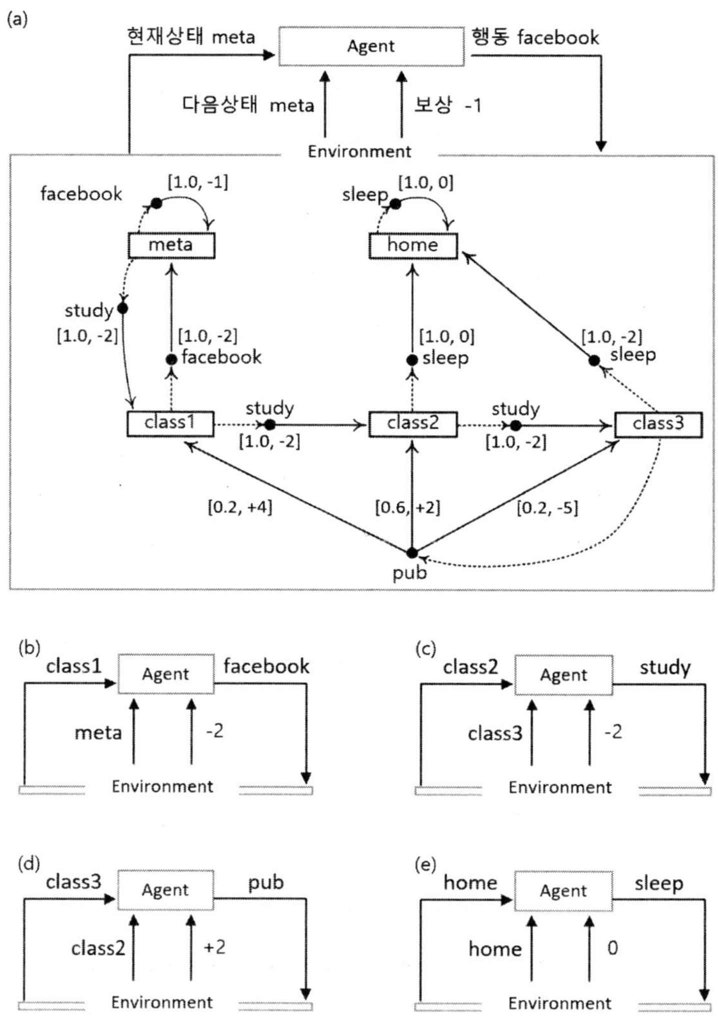

그림17 (b)~(e)에서 Environment 내부는 (a)와 동일

벨만 방정식 (Bellman equation)

제 2 장

PART I	보상 $R^a_{s,s'}$ 과 평균 보상 R^a_s
PART II	할인율(discount rate)
PART III	정책 π
PART IV	정책 π로 행동할 때, 상태 s에서 평균 보상 $E_\pi\left[R_{t+1} \mid S_t = s\right]$
PART V	정책 π로 행동할 때, 상태 가치(state value) $v_\pi(s)$
PART VI	정책 π로 행동을 선택할 때, 상태-행동 가치 $q_\pi(s,a)$
PART VII	벨만 기대 방정식 (Bellman expectation equation)
PART VIII	벨만 최적 방정식 (Bellman optimality equation)

강화학습에서 에이전트의 목적은, 행동을 잘 선택해서 현재와 미래에 받을 보상의 총합을 최대로 만드는 것이다. 그러므로 어떤 행동을 선택할 때 즉시 받을 수 있는 보상만을 고려하는 것이 아니라, 그 행동을 통해 미래에 받을 보상도 고려해야 한다. 이때 사용하는 방정식이 벨만 방정식(Bellman equation)이므로 이를 알아보자. 제2장에서 먼저 다룰 내용은 상태 가치와 상태-행동 가치를 정의로 구하는 것이다. 이어서 아래 표와 같이 벨만 기대 방정식을 사용하여 상태 가치와 상태-행동 가치를 구하는 과정을 알아본다. 마지막으로 최적의 정책을 찾을 때 사용할 벨만 최적 방정식을 다룬다.

구하려는 것	상태 가치		상태-행동 가치	
방법	정의	벨만 기대 방정식	정의	벨만 기대 방정식
결정적 정책 (환경은 **그림1**)	PART V 예제1	PART VII 예제5	PART VI 예제3	PART VII 예제7
확률적 정책 (환경은 **그림1**)	PART V 예제2	PART VII 예제6	PART VI 예제4	PART VII 예제8

PART I 보상 $R^a_{s,s'}$ 과 평균 보상 R^a_s

아래 **그림1** 환경의 상태에서 행동할 때 받게 되는 보상은 **그림2**와 같다.

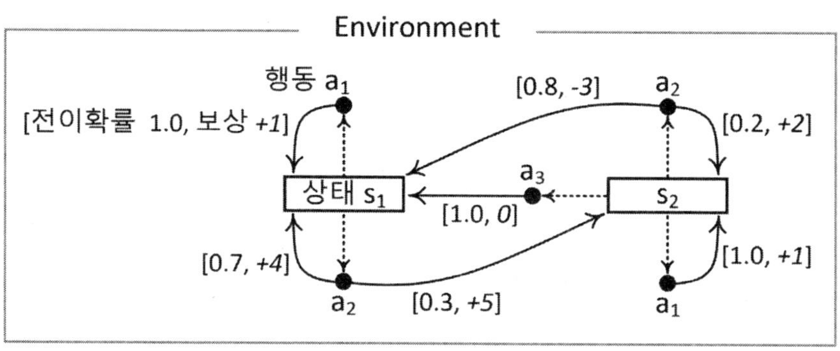

그림1

보상 R	$s_1 \xrightarrow{a} s$	$R^{a_1}_{s_1,s_1}=+1$ $R^{a_2}_{s_1,s}=\begin{cases}+4 & (s=s_1)\\+5 & (s=s_2)\end{cases}$
	$s_2 \xrightarrow{a} s$	$R^{a_1}_{s_2,s_2}=+1$ $R^{a_2}_{s_2,s}=\begin{cases}-3 & (s=s_1)\\+2 & (s=s_2)\end{cases}$ $R^{a_3}_{s_2,s_1}=0$

그림2 제1장의 **그림10**에서 설명한 보상

상태 s1에서 행동 a2를 할 때, 두 개의 보상 $R^{a_2}_{s_1,s_1}$, $R^{a_2}_{s_1,s_2}$ 이 가능하므로 평균 보상 $R^{a_2}_{s_1}$ 을 계산할 수 있다. **그림2**에 대한 평균 보상은 다음과 같이 계산한다.

상태$s \xrightarrow{\text{행동}a}$	평균 보상(R^a_s)
$s_1 \xrightarrow{a_1}$	$R^{a_1}_{s_1}=\sum_{s\in\{s_1,s_2\}} p^{a_1}_{s_1,s}R^{a_1}_{s_1,s}=p^{a_1}_{s_1,s_1}R^{a_1}_{s_1,s_1}=1.0\times1=+1.0$
$s_1 \xrightarrow{a_2}$	$R^{a_2}_{s_1}=\sum_{s\in\{s_1,s_2\}} p^{a_2}_{s_1,s}R^{a_2}_{s_1,s}=0.7\times4+0.3\times5=+4.3$
$s_2 \xrightarrow{a_1}$	$R^{a_1}_{s_2}=\sum_{s\in\{s_1,s_2\}} p^{a_1}_{s_2,s}R^{a_1}_{s_2,s}=1.0\times1=+1.0$
$s_2 \xrightarrow{a_2}$	$R^{a_2}_{s_2}=\sum_{s\in\{s_1,s_2\}} p^{a_2}_{s_2,s}R^{a_2}_{s_2,s}=0.8\times(-3)+0.2\times2=-2.0$
$s_2 \xrightarrow{a_3}$	$R^{a_3}_{s_2}=\sum_{s\in\{s_1,s_2\}} p^{a_3}_{s_2,s}R^{a_3}_{s_2,s}=1.0\times0=0$

그림3

다음 **그림4**는 평균 보상(**그림3**)을 포함한 환경(**그림1**)이다.

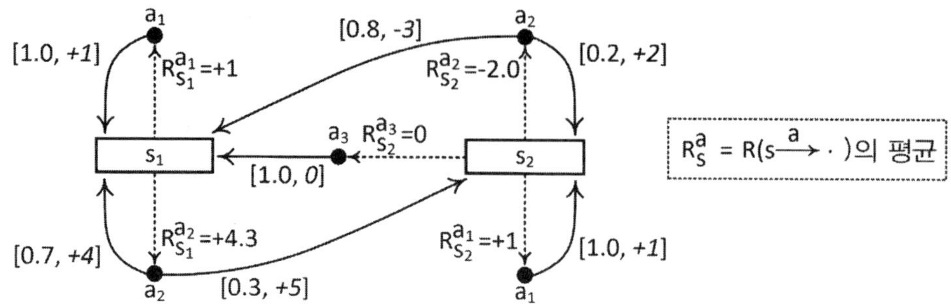

그림4

PART II 할인율(discount rate)

에이전트가 미래의 보상을 얼마나 고려할지를 결정해야 한다. 이때 사용하는 하이퍼파라미터를 할인율이라 하고 기호 γ로 나타낸다. 이 값은 0과 1 사이(포함)에 있으며, 사용 예제는 다음과 같다.

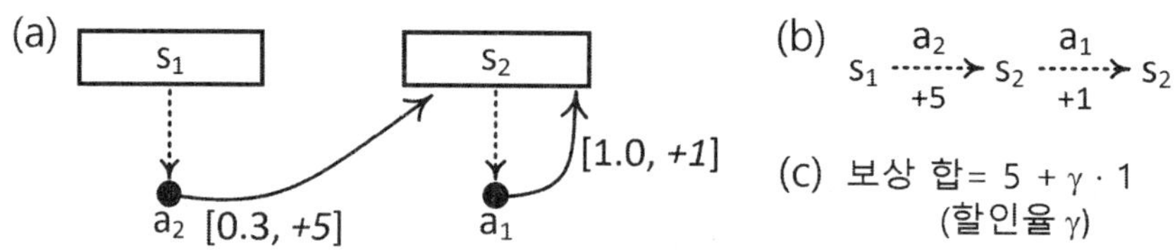

그림5

상태 s1에서 시작해서 아래와 같이 두 번 연속에서 행동한다고 가정하자.

$$s_1 \xrightarrow{a_2} s_2 \xrightarrow{a_1} s_2$$

이때, 당장 받는 보상(+5)을 기준으로 나중에 받는 보상(+1)을 할인하여 더한다.

$$(+5) + \gamma(+1)$$

PART III 정책 π

정책에는 결정적 정책과 확률적 정책이 있다.

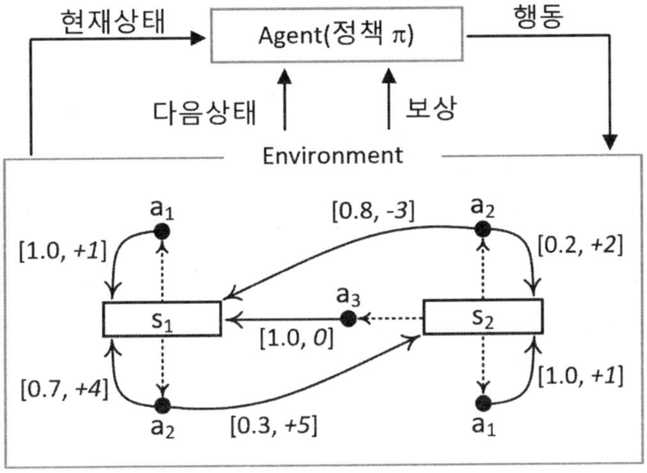

그림6

결정적 정책은 주어진 상태 s 에서 하나의 행동 a를 확률 1로 선택하는 정책이다. 예를 들면 다음과 같다.

상태 s	행동 a	결정적 정책 $\pi(a\|s)$
s_1	a_1	1
	a_2	0
s_2	a_1	0
	a_2	1

그림7

확률적 정책은 주어진 상태에서 여러 행동을 선택할 가능성이 있는 정책이다. 예를 들면 다음과 같다.

상태 s	행동 a	확률적 정책 $\pi(a\|s)$	합
s_1	a_1	1/2	1
	a_2	1/2	
s_2	a_1	1/3	1
	a_2	2/3	

그림8

주어진 상태 s_1 에서 행동 a_1과 a_2를 각각 선택할 가능성은 같고, 상태 s_2 에서 행동 a_1과 a_2를 선택할 가능성은 각각 1/3과 2/3이다. 유한개의 상태가 있을 때, 결정적 정책은 유한개이지만 확률적 정책은 무한개가 된다. 이러한 무한개의 정책 중에서 최적의 정책을 구하는 것이 강화학습의 목표라고 할 수 있다. 최적의 의미를 정의할 때 필요한 내용을 다음 PART에서 알아보자.

PART Ⅳ 정책 π로 행동할 때, 상태 s에서 평균 보상 $E_\pi\left[R_{t+1}\middle|S_t=s\right]$

상태 s 에서 정책 π을 따라 행동할 때, 보상의 평균 기호는 다음과 같다.

$$E_\pi\left[R_{t+1}\middle|S_t=s\right]$$

여기서 t 는 임의로 고정된 시각, S_t 는 상태의 확률변수, s 는 상태, R_{t+1}은 $S_t=s$ 에서 정책 π을 따라 행동했을 때 받는 보상의 확률변수이다. 따라서 다음과 같이 정의한다.

$$E_\pi\left[R_{t+1}\middle|S_t=s\right]=\sum_a \pi(a|s)E\left[R_{t+1}\middle|S_t=s,A_t=a\right]$$

여기서 $E\left[R_{t+1}\middle|S_t=s,A_t=a\right]$는 상태 s에서 행동 a를 할 때, 평균 보상 R_s^a 이므로

다음이 성립한다.

$$
\begin{aligned}
E_\pi\left[R_{t+1} \middle| S_t = s\right] &= \sum_a \pi(a|s) E\left[R_{t+1} \middle| S_t = s, A_t = a\right] \\
&= \sum_a \pi(a|s) R_s^a
\end{aligned}
$$

나머지 계산은 아래 **그림9**와 같다.

(a)

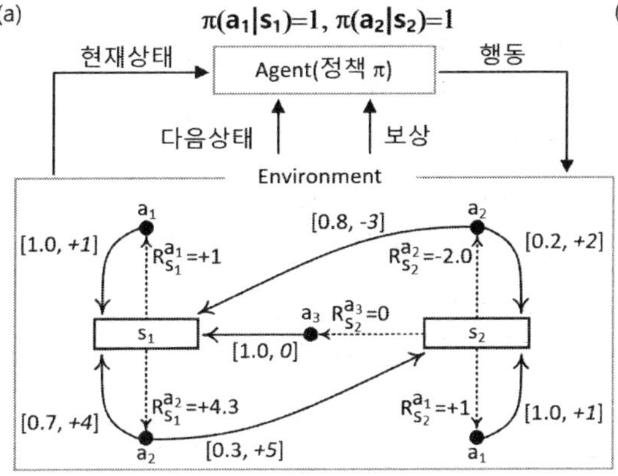

(b)

$$
\begin{aligned}
&E_\pi\left[R_{t+1} \middle| S_t = s_1\right] \\
&= \sum_a \pi(a|s_1) E\left[R_{t+1} \middle| S_t = s_1, A_t = a\right] \\
&= \pi(a_1|s_1) E\left[R_{t+1} \middle| S_t = s_1, A_t = a_1\right] \\
&\quad + \pi(a_2|s_1) E\left[R_{t+1} \middle| S_t = s_1, A_t = a_2\right] \\
&= 1 \times R_{s_1}^{a_1} + 0 \times R_{s_1}^{a_2} = +1
\end{aligned}
$$

그림9

PART V 정책 π로 행동할 때, 상태 가치(state value) $v_\pi(s)$

상태 가치 정의는 다음과 같다.

$$
\begin{aligned}
v_\pi(s) &= E_\pi\left[R_{t+1} + \gamma R_{t+2} + \gamma^2 R_{t+3} + \cdots \middle| S_t = s\right] \\
&= \sum_a \pi(a|s) E_\pi\left[R_{t+1} + \gamma R_{t+2} + \gamma^2 R_{t+3} + \cdots \middle| S_t = s, A_t = a\right]
\end{aligned}
$$

정의를 이용하여 상태 가치를 계산해 보자.

예제 1

그림10에서 $v_\pi(s_1)$과 $v_\pi(s_2)$를 구해보자.

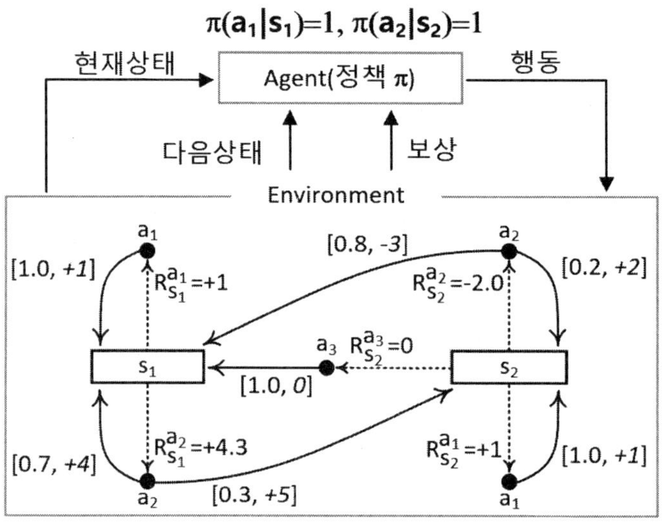

그림10

$$
\begin{aligned}
v_\pi(s_1) &= E_\pi\left[R_{t+1} + \gamma R_{t+2} + \gamma^2 R_{t+3} + \cdots \middle| S_t = s_1\right] \\
&= \sum_{a \in \{a_1, a_2\}} \pi(a|s_1) E_\pi\left[R_{t+1} + \gamma R_{t+2} + \gamma^2 R_{t+3} + \cdots \middle| S_t = s_1, A_t = a\right] \\
&= \pi(a_1|s_1) E_\pi\left[R_{t+1} + \gamma R_{t+2} + \gamma^2 R_{t+3} + \cdots \middle| S_t = s_1, A_t = a_1\right] \\
&\quad + \pi(a_2|s_1) E_\pi\left[R_{t+1} + \gamma R_{t+2} + \gamma^2 R_{t+3} + \cdots \middle| S_t = s_1, A_t = a_2\right] \\
&= E_\pi\left[R_{t+1} + \gamma R_{t+2} + \gamma^2 R_{t+3} + \cdots \middle| S_t = s_1, A_t = a_1\right] \\
&\quad \left\langle \because \pi(a_1|s_1) = 1,\ \pi(a_2|s_1) = 0 \right.
\end{aligned}
\tag{1}
$$

현재 상태 $S_t = s_1$ 에서 행동 $A_t = a_1$ 을 할 때, 다음 상태는 $S_{t+1} = s_1$ 이 된다. 그리고 미래 보상 $R_{t+i}\ (i \geq 2)$ 는 S_t 와 A_t 의 영향을 받지 않으므로 다음이 성립한다.

$$\begin{aligned}
&E_\pi\left[R_{t+1} + \gamma R_{t+2} + \gamma^2 R_{t+3} + \cdots \middle| S_t = s_1, A_t = a_1\right] \\
&= E\left[R_{t+1} \middle| S_t = s_1, A_t = a_1\right] \\
&\quad + \gamma E_\pi\left[R_{t+2} + \gamma R_{t+3} + \cdots \middle| S_t = s_1, A_t = a_1\right] \\
&= E\left[R_{t+1} \middle| S_t = s_1, A_t = a_1\right] \\
&\quad + \gamma E_\pi\left[R_{t+2} + \gamma R_{t+3} + \cdots \middle| S_t = s_1, A_t = a_1, S_{t+1} = s_1\right] \\
&= R_{s_1}^{a_1} + \gamma E_\pi\left[R_{t+2} + \gamma R_{t+3} + \cdots \middle| S_{t+1} = s_1\right]
\end{aligned} \tag{2}$$

식(1)에 있는 시각 t를 t+1로 변경한 후, 식(2)를 적용하면 다음이 성립한다.

$$\begin{aligned}
&\gamma E_\pi\left[R_{t+2} + \gamma R_{t+3} + \cdots \middle| S_{t+1} = s_1\right] \\
&= \gamma\left\{R_{s_1}^{a_1} + \gamma E_\pi\left[R_{t+3} + \gamma R_{t+4} + \cdots \middle| S_{t+2} = s_1\right]\right\} \\
&= \gamma R_{s_1}^{a_1} + \gamma^2 E_\pi\left[R_{t+3} + \gamma R_{t+4} + \cdots \middle| S_{t+2} = s_1\right]
\end{aligned} \tag{3}$$

식(2), (3)을 식(1)에 대입하면 다음이 성립한다.

$$\begin{aligned}
v_\pi(s_1) &= E_\pi\left[R_{t+1} + \gamma R_{t+2} + \gamma^2 R_{t+3} + \cdots \middle| S_t = s_1\right] \\
&= R_{s_1}^{a_1} + \gamma R_{s_1}^{a_1} + \gamma^2 E_\pi\left[R_{t+3} + \gamma R_{t+4} + \cdots \middle| S_{t+2} = s_1\right] \\
&= R_{s_1}^{a_1}\left(1 + \gamma + \gamma^2 + \cdots\right) \\
&= R_{s_1}^{a_1} \frac{1}{1-\gamma} \\
&= \frac{1}{1-\gamma}
\end{aligned} \tag{3}$$

$$\therefore v_\pi(s_1) = \frac{1}{1-\gamma} \tag{4}$$

참고1

할인율 $\gamma=0$ 이면 $v_\pi(s_1)=\frac{1}{1-\gamma}=1=R_{s_1}^{a_1}$ 이 된다.

같은 방법으로 상태 s_2 의 가치 $v_\pi(s_2)$를 구할 수 있다.

$$
\begin{aligned}
v_\pi(s_2) &= E_\pi\left[R_{t+1}+\gamma R_{t+2}+\gamma^2 R_{t+3}+\cdots \middle| S_t=s_2\right] \\
&= \sum_a \pi(a|s_2) E_\pi\left[R_{t+1}+\gamma R_{t+2}+\gamma^2 R_{t+3}+\cdots \middle| S_t=s_2, A_t=a\right] \\
&= E_\pi\left[R_{t+1}+\gamma R_{t+2}+\gamma^2 R_{t+3}+\cdots \middle| S_t=s_2, A_t=a_2\right] \\
&= E\left[R_{t+1} \middle| S_t=s_2, A_t=a_2\right]+\gamma E_\pi\left[R_{t+2}+\gamma R_{t+3}+\cdots \middle| S_t=s_2, A_t=a_2\right] \\
&= R_{s_2}^{a_2}+\gamma\begin{pmatrix} 0.8\cdot E_\pi\left[R_{t+2}+\gamma R_{t+3}+\cdots \middle| S_t=s_2, A_t=a_2, S_{t+1}=s_1\right] \\ +0.2\cdot E_\pi\left[R_{t+2}+\gamma R_{t+3}+\cdots \middle| S_t=s_2, A_t=a_2, S_{t+1}=s_2\right]\end{pmatrix} \\
&= R_{s_2}^{a_2}+\gamma\begin{pmatrix} 0.8\cdot E_\pi\left[R_{t+2}+\gamma R_{t+3}+\cdots \middle| S_{t+1}=s_1\right] \\ +0.2\cdot E_\pi\left[R_{t+2}+\gamma R_{t+3}+\cdots \middle| S_{t+1}=s_2\right]\end{pmatrix} \\
&= R_{s_2}^{a_2}+\gamma\left(0.8\cdot v_\pi(s_1)+0.2\cdot v_\pi(s_2)\right)
\end{aligned}
$$

$$
\begin{aligned}
(1-0.2\gamma)v_\pi(s_2) &= R_{s_2}^{a_2}+0.8\gamma v_\pi(s_1) \\
&= -2+0.8\gamma\frac{1}{1-\gamma}
\end{aligned}
$$

$$
v_\pi(s_2)=\frac{-2+0.8\gamma\frac{1}{1-\gamma}}{1-0.2\gamma}=\frac{-2+2.8\gamma}{(1-\gamma)(1-0.2\gamma)}
$$

$$
\therefore v_\pi(s_2)=\frac{-2+2.8\gamma}{(1-\gamma)(1-0.2\gamma)} \tag{5}
$$

참고2

두 상태 가치를 환경(**그림10**)에 추가하면 다음과 같다.

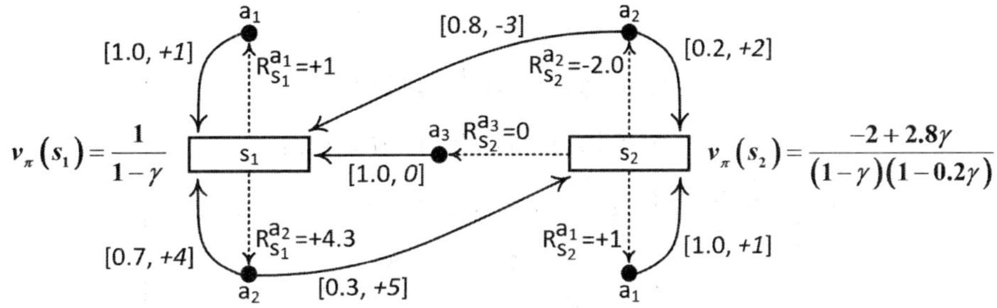

참고3

두 상태 가치를 구했으므로 상태 가치를 비교할 수 있다.

$$
\begin{aligned}
3.0\gamma \le 3 \;&\Rightarrow\; -2+2.8\gamma \le 1-0.2\gamma \\
&\Rightarrow\; \frac{-2+2.8\gamma}{1-0.2\gamma} \le 1 \\
&\Rightarrow\; \frac{-2+2.8\gamma}{(1-\gamma)(1-0.2\gamma)} \le \frac{1}{1-\gamma}
\end{aligned}
$$

$$\therefore v_\pi(s_2) = \frac{-2+2.8\gamma}{(1-\gamma)(1-0.2\gamma)} \le \frac{1}{1-\gamma} = v_\pi(s_1)$$

즉, 정책 π로 행동을 선택할 때, s_1 의 가치 $v_\pi(s_1)$이 s_2 의 가치 $v_\pi(s_2)$보다 더 큼을 알 수 있다$(0 \le \gamma < 1)$. 또한 정책 π가 바뀌면, 상태 가치가 다른 값이 될 수 있음을 알 수 있다. 다음 예제에서 확인해 보자.

예제 2

아래 **그림11**에서 $v_\pi(s_1)$과 $v_\pi(s_2)$를 구해보자.

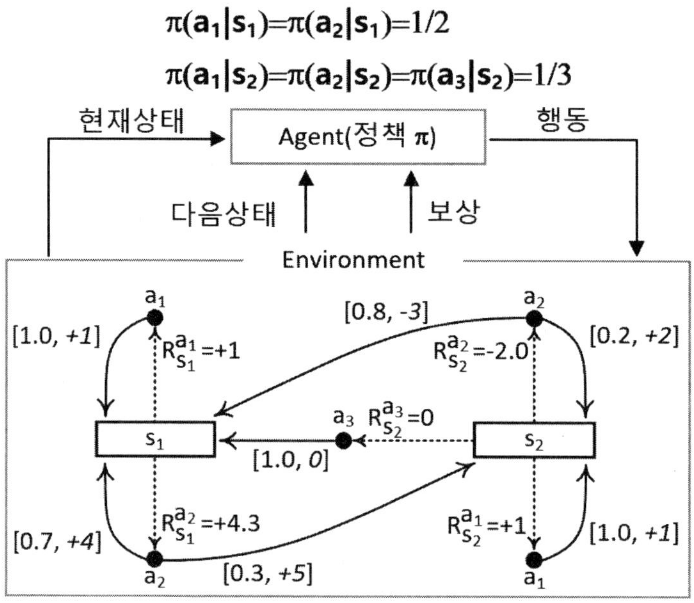

그림11

다음은 **그림10, 11**을 비교한 표이다.

	그림10	**그림11**
환경	같음	
정책	결정적(deterministic)	확률적(stochastic)
개수	결정적 정책은 유한개	확률적 정책은 무한개

위의 상태 가치 정의는 임의의 정책(결정적 또는 확률적 정책)에 대한 정의이므로, 확률적 정책을 따라 행동할 때도 상태 가치를 구하는 과정은 위에서 다룬 결정적 정책과 같다.

상태 가치 $v_\pi(s_1)$는 다음과 같다.

$$
\begin{aligned}
v_\pi(s_1) &= E_\pi\left[R_{t+1}+\gamma R_{t+2}+\gamma^2 R_{t+3}+\cdots \middle| S_t=s_1\right] \\
&= \sum_{a\in\{a_1,a_2\}} \pi(a|s_1)\, E_\pi\left[R_{t+1}+\gamma R_{t+2}+\gamma^2 R_{t+3}+\cdots \middle| S_t=s_1, A_t=a\right] \\
&= \frac{1}{2}E_\pi\left[R_{t+1}+\gamma R_{t+2}+\gamma^2 R_{t+3}+\cdots \middle| S_t=s_1, A_t=a_1\right] \\
&\quad +\frac{1}{2}E_\pi\left[R_{t+1}+\gamma R_{t+2}+\gamma^2 R_{t+3}+\cdots \middle| S_t=s_1, A_t=a_2\right] \\
&= \frac{1}{2}E\left[R_{t+1}\middle| S_t=s_1, A_t=a_1\right]+\frac{1}{2}\gamma E_\pi\left[R_{t+2}+\gamma R_{t+3}+\cdots \middle| S_t=s_1, A_t=a_1\right] \\
&\quad +\frac{1}{2}E\left[R_{t+1}\middle| S_t=s_1, A_t=a_2\right]+\frac{1}{2}\gamma E_\pi\left[R_{t+2}+\gamma R_{t+3}+\cdots \middle| S_t=s_1, A_t=a_2\right] \\
&= \frac{1}{2}R_{s_1}^{a_1}+\frac{1}{2}\gamma E_\pi\left[R_{t+2}+\gamma R_{t+3}+\cdots \middle| S_t=s_1, A_t=a_1, S_{t+1}=s_1\right] \\
&\quad +\frac{1}{2}R_{s_1}^{a_2}+\frac{1}{2}\gamma\begin{pmatrix} 0.7E_\pi\left[R_{t+2}+\gamma R_{t+3}+\cdots \middle| S_t=s_1, A_t=a_2, S_{t+1}=s_1\right] \\ +0.3E_\pi\left[R_{t+2}+\gamma R_{t+3}+\cdots \middle| S_t=s_1, A_t=a_2, S_{t+1}=s_2\right]\end{pmatrix} \\
&= \frac{1}{2}+\frac{1}{2}\gamma E_\pi\left[R_{t+2}+\gamma R_{t+3}+\cdots \middle| S_{t+1}=s_1\right] \\
&\quad +\frac{4.3}{2}+\frac{1}{2}\gamma\begin{pmatrix} 0.7E_\pi\left[R_{t+2}+\gamma R_{t+3}+\cdots \middle| S_{t+1}=s_1\right] \\ +0.3E_\pi\left[R_{t+2}+\gamma R_{t+3}+\cdots \middle| S_{t+1}=s_2\right]\end{pmatrix} \\
&= \frac{1}{2}+\frac{1}{2}\gamma v_\pi(s_1)+\frac{4.3}{2}+\frac{1}{2}\gamma\left\{0.7v_\pi(s_1)+0.3v_\pi(s_2)\right\}
\end{aligned}
$$

$$
\begin{aligned}
&v_\pi(s_1) = \frac{1}{2}+\frac{1}{2}\gamma v_\pi(s_1)+\frac{4.3}{2}+\frac{1}{2}\gamma\left\{0.7v_\pi(s_1)+0.3v_\pi(s_2)\right\} \\
&(2-1.7\gamma)v_\pi(s_1) = 5.3+0.3\gamma v_\pi(s_2)
\end{aligned}
$$

$$
\therefore\ v_\pi(s_1) = \frac{5.3+0.3\gamma v_\pi(s_2)}{2-1.7\gamma} \tag{6}
$$

상태 가치 $v_\pi(s_2)$는 다음과 같다.

$$
\begin{aligned}
v_\pi(s_2) &= E_\pi\left[R_{t+1}+\gamma R_{t+2}+\gamma^2 R_{t+3}+\cdots \middle| S_t = s_2\right] \\
&= \sum_{a\in\{a_1,a_2,a_3\}} \pi(a|s_2) E_\pi\left[R_{t+1}+\gamma R_{t+2}+\gamma^2 R_{t+3}+\cdots \middle| S_t = s_2, A_t = a\right] \\
&= \frac{1}{3}E_\pi\left[R_{t+1}+\gamma R_{t+2}+\gamma^2 R_{t+3}+\cdots \middle| S_t = s_2, A_t = a_1\right] \\
&\quad +\frac{1}{3}E_\pi\left[R_{t+1}+\gamma R_{t+2}+\gamma^2 R_{t+3}+\cdots \middle| S_t = s_2, A_t = a_2\right] \\
&\quad +\frac{1}{3}E_\pi\left[R_{t+1}+\gamma R_{t+2}+\gamma^2 R_{t+3}+\cdots \middle| S_t = s_2, A_t = a_3\right] \\
&= \frac{1}{3}E\left[R_{t+1} \middle| S_t = s_2, A_t = a_1\right]+\frac{1}{3}\gamma E_\pi\left[R_{t+2}+\gamma R_{t+3}+\cdots \middle| S_t = s_2, A_t = a_1\right] \\
&\quad +\frac{1}{3}E\left[R_{t+1} \middle| S_t = s_2, A_t = a_2\right]+\frac{1}{3}\gamma E_\pi\left[R_{t+2}+\gamma R_{t+3}+\cdots \middle| S_t = s_2, A_t = a_2\right] \\
&\quad +\frac{1}{3}E\left[R_{t+1} \middle| S_t = s_2, A_t = a_3\right]+\frac{1}{3}\gamma E_\pi\left[R_{t+2}+\gamma R_{t+3}+\cdots \middle| S_t = s_2, A_t = a_3\right] \\
&= \frac{1}{3}R_{s_2}^{a_1}+\frac{1}{3}\gamma E_\pi\left[R_{t+2}+\gamma R_{t+3}+\cdots \middle| S_t = s_2, A_t = a_1, S_{t+1} = s_2\right] \\
&\quad +\frac{1}{3}R_{s_2}^{a_2}+\frac{1}{3}\gamma\begin{pmatrix} 0.8E_\pi\left[R_{t+2}+\gamma R_{t+3}+\cdots \middle| S_t = s_2, A_t = a_2, S_{t+1} = s_1\right] \\ +0.2E_\pi\left[R_{t+2}+\gamma R_{t+3}+\cdots \middle| S_t = s_2, A_t = a_2, S_{t+1} = s_2\right]\end{pmatrix} \\
&\quad +\frac{1}{3}R_{s_2}^{a_3}+\frac{1}{3}\gamma E_\pi\left[R_{t+2}+\gamma R_{t+3}+\cdots \middle| S_t = s_2, A_t = a_3, S_{t+1} = s_1\right] \\
&= \frac{1}{3}+\frac{1}{3}\gamma E_\pi\left[R_{t+2}+\gamma R_{t+3}+\cdots \middle| S_{t+1} = s_2\right] \\
&\quad +\frac{1}{3}(-2)+\frac{1}{3}\gamma\begin{pmatrix} 0.8E_\pi\left[R_{t+2}+\gamma R_{t+3}+\cdots \middle| S_{t+1} = s_1\right] \\ +0.2E_\pi\left[R_{t+2}+\gamma R_{t+3}+\cdots \middle| S_{t+1} = s_2\right]\end{pmatrix} \\
&\quad +\frac{1}{3}0+\frac{1}{3}\gamma E_\pi\left[R_{t+2}+\gamma R_{t+3}+\cdots \middle| S_{t+1} = s_1\right] \\
&= \frac{1}{3}+\frac{1}{3}\gamma v_\pi(s_2)-\frac{2}{3}+\frac{1}{3}\gamma\begin{pmatrix} 0.8v_\pi(s_1) \\ +0.2v_\pi(s_2)\end{pmatrix}+\frac{1}{3}\gamma v_\pi(s_1)
\end{aligned}
$$

$$
v_\pi(s_2) = \frac{1}{3}+\frac{1}{3}\gamma v_\pi(s_2)-\frac{2}{3}+\frac{1}{3}\gamma\begin{pmatrix} 0.8v_\pi(s_1) \\ +0.2v_\pi(s_2)\end{pmatrix}+\frac{1}{3}\gamma v_\pi(s_1)
$$

$$
\left(1-\frac{1}{3}\gamma 1.2\right)v_\pi(s_2) = -\frac{1}{3}+\frac{1}{3}\gamma 1.8 v_\pi(s_1)
$$

$$\therefore v_\pi(s_2)=\frac{-1+1.8\gamma v_\pi(s_1)}{3-1.2\gamma} \tag{7}$$

식(6), (7)을 연립하면 다음과 같이 각 상태의 가치를 알 수 있다.

$$\begin{cases}(20-17\gamma)v_\pi(s_1)=53+3\gamma v_\pi(s_2)\\(30-12\gamma)v_\pi(s_2)=-10+18\gamma v_\pi(s_1)\end{cases}$$

$$(20-17\gamma)v_\pi(s_1)=53+3\gamma\frac{-10+18\gamma v_\pi(s_1)}{30-12\gamma}$$

$$(30-12\gamma)(20-17\gamma)v_\pi(s_1)=(30-12\gamma)53+3\gamma\{-10+18\gamma v_\pi(s_1)\}$$

$$\{(30-12\gamma)(20-17\gamma)-3\gamma18\gamma\}v_\pi(s_1)=(30-12\gamma)53-3\gamma10$$

$$6\cdot25(\gamma^2-5\gamma+4)v_\pi(s_1)=6(-111\gamma+265)$$

$$\therefore v_\pi(s_1)=\frac{1}{25}\frac{-111\gamma+265}{\gamma^2-5\gamma+4},\ v_\pi(s_2)=\frac{-10+18\gamma v_\pi(s_1)}{30-12\gamma} \tag{8}$$

지금까지 정책 π에 대한 상태 s의 가치 $v_\pi(s)$를 정의로 구했지만, 계산이 간단하지 않음을 알 수 있다. 만약 상태가 더 많아지고 정책이 확률적이면, 정의를 이용한 상태 가치 계산은 더 어렵게 되기 때문에 알고리즘을 사용하게 된다. 자세한 내용은 뒤에서 다룬다.

정책 π로 행동을 선택		
가치	가치를 구하는 방법	
	정의	알고리즘
상태 가치 $v_\pi(s)$	PART V	제4장
상태-행동 가치 $q_\pi(s,a)$	PART VI	

PART Ⅵ 정책 π로 행동을 선택할 때, 상태-행동 가치 $q_\pi(s,a)$

상태 s에서 행동 a의 가치인 $q_\pi(s,a)$의 정의는 다음과 같다.

$$q_\pi(s,a) = E_\pi\left[R_{t+1} + \gamma R_{t+2} + \gamma^2 R_{t+3} + \cdots \middle| S_t = s, A_t = a\right]$$

이 정의를 이용하여 상태-행동 가치를 구해보자.

예제 3

그림12에서 상태-행동 가치 $q_\pi(s,a)$를 구해보자.

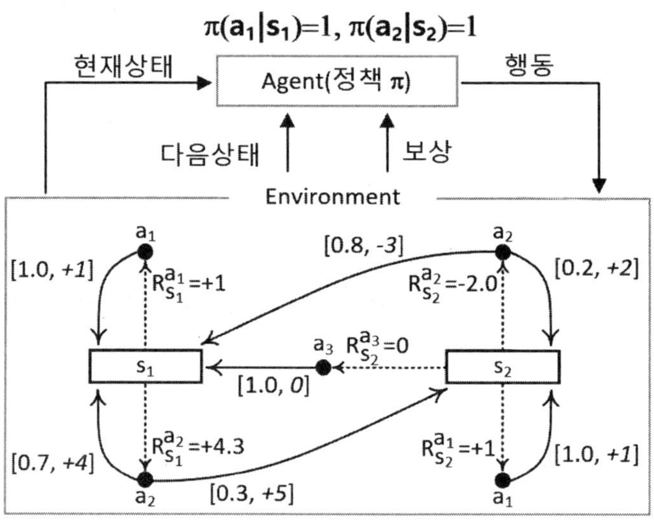

그림12 **그림10**과 같음

정책 π로 행동을 선택할 때, 상태 s_1에서 행동 a_1의 가치는 다음과 같다.

$$
\begin{aligned}
q_\pi(s_1,a_1) &= E_\pi\left[R_{t+1}+\gamma R_{t+2}+\gamma^2 R_{t+3}+\cdots \middle| S_t=s_1, A_t=a_1\right] \\
&= E\left[R_{t+1} \middle| S_t=s_1, A_t=a_1\right]+\gamma E_\pi\left[R_{t+2}+\gamma R_{t+3}+\cdots \middle| S_t=s_1, A_t=a_1\right] \\
&= R_{s_1}^{a_1}+\gamma E_\pi\left[R_{t+2}+\gamma R_{t+3}+\cdots \middle| S_t=s_1, A_t=a_1, S_{t+1}=s_1\right] \\
&= R_{s_1}^{a_1}+\gamma E_\pi\left[R_{t+2}+\gamma R_{t+3}+\cdots \middle| S_{t+1}=s_1\right] \\
&= R_{s_1}^{a_1}+\gamma v_\pi(s_1) \\
&= 1+\gamma\frac{1}{1-\gamma} \langle \because \text{그림12, 식 (4)}
\end{aligned}
$$

$$
\therefore q_\pi(s_1,a_1)=\frac{1}{1-\gamma} \tag{9}
$$

정책 π를 따를 때, 상태 s_1에서 행동 a_2의 가치는 다음과 같다.

$$
\begin{aligned}
q_\pi(s_1,a_2) &= E_\pi\left[R_{t+1}+\gamma R_{t+2}+\gamma^2 R_{t+3}+\cdots \middle| S_t=s_1, A_t=a_2\right] \\
&= E\left[R_{t+1} \middle| S_t=s_1, A_t=a_2\right]+\gamma E_\pi\left[R_{t+2}+\gamma R_{t+3}+\cdots \middle| S_t=s_1, A_t=a_2\right] \\
&= R_{s_1}^{a_2}+\gamma\begin{pmatrix} 0.7E_\pi\left[R_{t+2}+\gamma R_{t+3}+\cdots \middle| S_t=s_1, A_t=a_2, S_{t+1}=s_1\right] \\ +0.3E_\pi\left[R_{t+2}+\gamma R_{t+3}+\cdots \middle| S_t=s_1, A_t=a_2, S_{t+1}=s_2\right] \end{pmatrix} \\
&= R_{s_1}^{a_2}+\gamma\begin{pmatrix} 0.7E_\pi\left[R_{t+2}+\gamma R_{t+3}+\cdots \middle| S_{t+1}=s_1\right] \\ +0.3E_\pi\left[R_{t+2}+\gamma R_{t+3}+\cdots \middle| S_{t+1}=s_2\right] \end{pmatrix} \\
&= R_{s_1}^{a_2}+\gamma\left(0.7v_\pi(s_1)+0.3v_\pi(s_2)\right) \\
&= 4.3+\gamma\left(0.7\frac{1}{1-\gamma}+0.3\frac{-2+2.8\gamma}{(1-\gamma)(1-0.2\gamma)}\right) \langle \because \text{그림12, 식 (4), (5)}
\end{aligned}
$$

$$
\therefore q_\pi(s_1,a_2)=4.3+\gamma\left(0.7\frac{1}{1-\gamma}+0.3\frac{-2+2.8\gamma}{(1-\gamma)(1-0.2\gamma)}\right) \tag{10}
$$

정책 π를 따를 때, 상태 s_2에서 행동 a_1과 a_2의 가치는 다음과 같다.

$$
\begin{aligned}
q_\pi(s_2,a_1) &= E_\pi\left[R_{t+1}+\gamma R_{t+2}+\gamma^2 R_{t+3}+\cdots \middle| S_t=s_2, A_t=a_1\right] \\
&= E\left[R_{t+1} \middle| S_t=s_2, A_t=a_1\right]+\gamma E_\pi\left[R_{t+2}+\gamma R_{t+3}+\cdots \middle| S_t=s_2, A_t=a_1\right] \\
&= R_{s_2}^{a_1}+\gamma E_\pi\left[R_{t+2}+\gamma R_{t+3}+\cdots \middle| S_t=s_2, A_t=a_1, S_{t+1}=s_2\right] \\
&= R_{s_2}^{a_1}+\gamma E_\pi\left[R_{t+2}+\gamma R_{t+3}+\cdots \middle| S_{t+1}=s_2\right] \\
&= R_{s_2}^{a_1}+\gamma v_\pi(s_2) \\
&= 1+\gamma\frac{-2+2.8\gamma}{(1-\gamma)(1-0.2\gamma)} \langle\because \text{그림12, 식 (5)}
\end{aligned}
$$

$$
\therefore q_\pi(s_2,a_1)=1+\gamma\frac{-2+2.8\gamma}{(1-\gamma)(1-0.2\gamma)} \tag{11}
$$

$$
\begin{aligned}
q_\pi(s_2,a_2) &= E_\pi\left[R_{t+1}+\gamma R_{t+2}+\gamma^2 R_{t+3}+\cdots \middle| S_t=s_2, A_t=a_2\right] \\
&= E\left[R_{t+1} \middle| S_t=s_2, A_t=a_2\right]+\gamma E_\pi\left[R_{t+2}+\gamma R_{t+3}+\cdots \middle| S_t=s_2, A_t=a_2\right] \\
&= R_{s_2}^{a_2}+\gamma\begin{pmatrix} 0.8E_\pi\left[R_{t+2}+\gamma R_{t+3}+\cdots \middle| S_t=s_2, A_t=a_2, S_{t+1}=s_1\right] \\ +0.2E_\pi\left[R_{t+2}+\gamma R_{t+3}+\cdots \middle| S_t=s_2, A_t=a_2, S_{t+1}=s_2\right] \end{pmatrix} \\
&= R_{s_2}^{a_2}+\gamma\begin{pmatrix} 0.8E_\pi\left[R_{t+2}+\gamma R_{t+3}+\cdots \middle| S_{t+1}=s_1\right] \\ +0.2E_\pi\left[R_{t+2}+\gamma R_{t+3}+\cdots \middle| S_{t+1}=s_2\right] \end{pmatrix} \\
&= R_{s_2}^{a_2}+\gamma\left(0.8v_\pi(s_1)+0.2v_\pi(s_2)\right) \\
&= -2+\gamma\left(0.8\frac{1}{1-\gamma}+0.2\frac{-2+2.8\gamma}{(1-\gamma)(1-0.2\gamma)}\right) \langle\because \text{그림12, 식 (4), (5)}
\end{aligned}
$$

$$
\therefore q_\pi(s_2,a_2)=-2+\gamma\left(0.8\frac{1}{1-\gamma}+0.2\frac{-2+2.8\gamma}{(1-\gamma)(1-0.2\gamma)}\right) \tag{12}
$$

정책 π를 따를 때, 상태 s_2에서 행동 a_3의 가치는 다음과 같다.

$$q_\pi(s_2,a_3) = E_\pi\left[R_{t+1}+\gamma R_{t+2}+\gamma^2 R_{t+3}+\cdots \middle| S_t=s_2, A_t=a_3\right]$$

$$= E\left[R_{t+1} \middle| S_t=s_2, A_t=a_3\right] + \gamma E_\pi\left[R_{t+2}+\gamma R_{t+3}+\cdots \middle| S_t=s_2, A_t=a_3\right]$$

$$= R_{s_3}^{a_2} + \gamma E_\pi\left[R_{t+2}+\gamma R_{t+3}+\cdots \middle| S_t=s_2, A_t=a_3, S_{t+1}=s_1\right]$$

$$= R_{s_3}^{a_2} + \gamma E_\pi\left[R_{t+2}+\gamma R_{t+3}+\cdots \middle| S_{t+1}=s_1\right]$$

$$= R_{s_3}^{a_2} + \gamma v_\pi(s_1)$$

$$= 0+\gamma\frac{1}{1-\gamma} \langle \because \text{그림12, 식 (4)}$$

$$\therefore q_\pi(s_2,a_3) = \frac{\gamma}{1-\gamma} \tag{13}$$

참고4

상태 가치와 상태-행동 가치를 환경(**그림10**)에 추가하면 다음과 같다.

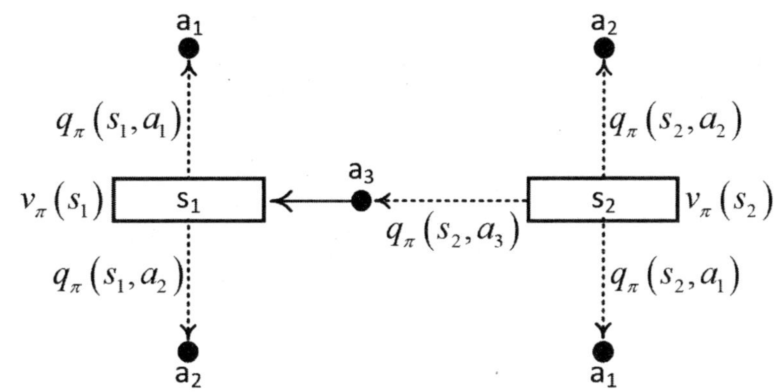

그림13

정책 π를 따를 때, 위에서 구한 상태 가치 $v_\pi(s)$와 상태-행동 가치 $q_\pi(s,a)$를 표로 정리하면 다음과 같다.

	s_1	
	a_1	a_2
$v_\pi(s)$	$\frac{1}{1-\gamma}$	
$q_\pi(s,a)$	$\frac{1}{1-\gamma}$	$4.3+\gamma\left(0.7\frac{1}{1-\gamma}+0.3\frac{-2+2.8\gamma}{(1-\gamma)(1-0.2\gamma)}\right)$

	s_2		
	a_1	a_2	a_3
$v_\pi(s)$	$\frac{-2+2.8\gamma}{(1-\gamma)(1-0.2\gamma)}$		
$q_\pi(s,a)$	$1+\frac{\gamma(-2+2.8\gamma)}{(1-\gamma)(1-0.2\gamma)}$	$-2+\gamma\left(0.8\frac{1}{1-\gamma}+0.2\frac{-2+2.8\gamma}{(1-\gamma)(1-0.2\gamma)}\right)$	$\frac{\gamma}{1-\gamma}$

위 표에서 알 수 있듯이 상태 가치 $v_\pi(s)$는 독립변수가 하나인 함수이고 상태-행동 가치 $q_\pi(s,a)$는 독립변수가 두 개인 다변수함수이다. 지금까지 계산한 상태-행동 가치는 정책이 결정적일 때 계산한 결과이고 다음 예제에서 확률적 정책일 때 상태-행동 가치를 구해보자.

예제 4

그림14에서 상태-행동 가치 $q_\pi(s,a)$를 구해보자.

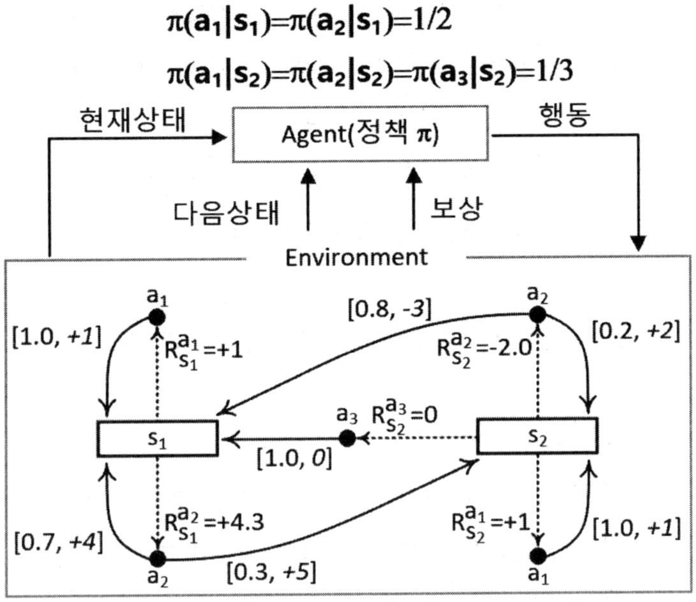

그림14 그림11과 동일

정책 π를 따를 때, 상태 s_1에서 행동 a_1의 가치는 다음과 같다.

$$
\begin{aligned}
q_\pi(s_1,a_1) &= E_\pi\left[R_{t+1}+\gamma R_{t+2}+\gamma^2 R_{t+3}+\cdots \middle| S_t=s_1, A_t=a_1\right] \\
&= E\left[R_{t+1} \middle| S_t=s_1, A_t=a_1\right]+\gamma E_\pi\left[R_{t+2}+\gamma R_{t+3}+\cdots \middle| S_t=s_1, A_t=a_1\right] \\
&= R_{s_1}^{a_1}+\gamma E_\pi\left[R_{t+2}+\gamma R_{t+3}+\cdots \middle| S_t=s_1, A_t=a_1, S_{t+1}=s_1\right] \\
&= R_{s_1}^{a_1}+\gamma E_\pi\left[R_{t+2}+\gamma R_{t+3}+\cdots \middle| S_{t+1}=s_1\right] \\
&= R_{s_1}^{a_1}+\gamma v_\pi(s_1) \\
&= 1+\gamma\frac{1}{25}\frac{-111\gamma+265}{\gamma^2-5\gamma+4} \langle \because \text{식 } (8)
\end{aligned}
$$

아래에서 나머지 상태-행동 가치 계산할 때도 식(8)을 사용하여 최종값을 구한다. 식(8)을 대입하는 과정은 생략한다.

정책 π를 따를 때, 상태 s_1에서 행동 a_2의 가치는 다음과 같다.

$$
\begin{aligned}
q_\pi(s_1,a_2) &= E_\pi\left[R_{t+1}+\gamma R_{t+2}+\gamma^2 R_{t+3}+\cdots \middle| S_t=s_1, A_t=a_2\right] \\
&= E\left[R_{t+1} \middle| S_t=s_1, A_t=a_2\right]+\gamma E_\pi\left[R_{t+2}+\gamma R_{t+3}+\cdots \middle| S_t=s_1, A_t=a_2\right] \\
&= R_{s_1}^{a_2}+\gamma\begin{pmatrix} 0.7\cdot E_\pi\left[R_{t+2}+\gamma R_{t+3}+\cdots \middle| S_t=s_1, A_t=a_2, S_{t+1}=s_1\right] \\ +0.3\cdot E_\pi\left[R_{t+2}+\gamma R_{t+3}+\cdots \middle| S_t=s_1, A_t=a_2, S_{t+1}=s_2\right] \end{pmatrix} \\
&= R_{s_1}^{a_2}+\gamma\begin{pmatrix} 0.7\cdot E_\pi\left[R_{t+2}+\gamma R_{t+3}+\cdots \middle| S_{t+1}=s_1\right] \\ +0.3\cdot E_\pi\left[R_{t+2}+\gamma R_{t+3}+\cdots \middle| S_{t+1}=s_2\right] \end{pmatrix} \\
&= 4.3+\gamma\left(0.7\cdot v_\pi(s_1)+0.3\cdot v_\pi(s_2)\right)
\end{aligned}
$$

정책 π를 따를 때, 상태 s_2에서 행동 a_1의 가치는 다음과 같다.

$$
\begin{aligned}
q_\pi(s_2,a_1) &= E_\pi\left[R_{t+1}+\gamma R_{t+2}+\gamma^2 R_{t+3}+\cdots \middle| S_t=s_2, A_t=a_1\right] \\
&= E\left[R_{t+1} \middle| S_t=s_2, A_t=a_1\right]+\gamma E_\pi\left[R_{t+2}+\gamma R_{t+3}+\cdots \middle| S_t=s_2, A_t=a_1\right] \\
&= R_{s_2}^{a_1}+\gamma E_\pi\left[R_{t+2}+\gamma R_{t+3}+\cdots \middle| S_t=s_2, A_t=a_1, S_{t+1}=s_2\right] \\
&= R_{s_2}^{a_1}+\gamma E_\pi\left[R_{t+2}+\gamma R_{t+3}+\cdots \middle| S_{t+1}=s_2\right] \\
&= 1+\gamma v_\pi(s_2)
\end{aligned}
$$

정책 π를 따를 때, 상태 s_2에서 행동 a_2, a_3의 가치는 다음과 같다.

$$
\begin{aligned}
q_\pi(s_2,a_2) &= E_\pi\left[R_{t+1}+\gamma R_{t+2}+\gamma^2 R_{t+3}+\cdots \middle| S_t=s_2, A_t=a_2\right] \\
&= E\left[R_{t+1} \middle| S_t=s_2, A_t=a_2\right]+\gamma E_\pi\left[R_{t+2}+\gamma R_{t+3}+\cdots \middle| S_t=s_2, A_t=a_2\right] \\
&= R_{s_2}^{a_2}+\gamma\begin{pmatrix} 0.8\cdot E_\pi\left[R_{t+2}+\gamma R_{t+3}+\cdots \middle| S_t=s_2, A_t=a_2, S_{t+1}=s_1\right] \\ +0.2\cdot E_\pi\left[R_{t+2}+\gamma R_{t+3}+\cdots \middle| S_t=s_2, A_t=a_2, S_{t+1}=s_2\right] \end{pmatrix} \\
&= R_{s_2}^{a_2}+\gamma\begin{pmatrix} 0.8\cdot E_\pi\left[R_{t+2}+\gamma R_{t+3}+\cdots \middle| S_{t+1}=s_1\right] \\ +0.2\cdot E_\pi\left[R_{t+2}+\gamma R_{t+3}+\cdots \middle| S_{t+1}=s_2\right] \end{pmatrix} \\
&= -2+\gamma\left(0.8\cdot v_\pi(s_1)+0.2\cdot v_\pi(s_2)\right)
\end{aligned}
$$

$$
\begin{aligned}
q_\pi(s_2,a_3) &= E_\pi\left[R_{t+1}+\gamma R_{t+2}+\gamma^2 R_{t+3}+\cdots \middle| S_t=s_2, A_t=a_3\right] \\
&= E\left[R_{t+1} \middle| S_t=s_2, A_t=a_3\right]+\gamma E_\pi\left[R_{t+2}+\gamma R_{t+3}+\cdots \middle| S_t=s_2, A_t=a_3\right] \\
&= R_{s_2}^{a_3}+\gamma E_\pi\left[R_{t+2}+\gamma R_{t+3}+\cdots \middle| S_t=s_2, A_t=a_3, S_{t+1}=s_1\right] \\
&= R_{s_2}^{a_3}+\gamma E_\pi\left[R_{t+2}+\gamma R_{t+3}+\cdots \middle| S_{t+1}=s_1\right] \\
&= 0+\gamma v_\pi(s_1)
\end{aligned}
$$

PART VII 벨만 기대 방정식 (Bellman expectation equation)

정책 π를 따라 행동을 선택할 때, **그림15**를 이용하여 직관적으로 상태 가치 $v_\pi(s)$를 $q_\pi(s,a)$로 나타낼 수 있다.

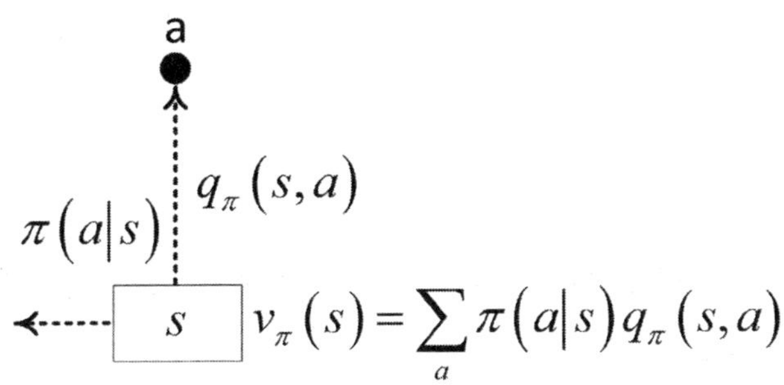

그림15

또는 아래와 같이 수식을 이용할 수 있다. 상태 가치 정의에서 시작한 후, $q_\pi(s,a)$의 정의를 이용하면 된다.

$$
\begin{aligned}
v_\pi(s) &= E_\pi\left[R_{t+1} + \gamma R_{t+2} + \gamma^2 R_{t+3} + \cdots \middle| S_t = s\right] \\
&= \sum_a \pi(a|s) E_\pi\left[R_{t+1} + \gamma R_{t+2} + \gamma^2 R_{t+3} + \cdots \middle| S_t = s, A_t = a\right] \\
&= \sum_a \pi(a|s) q_\pi(s,a)
\end{aligned}
$$

$$
\therefore v_\pi(s) = \sum_a \pi(a|s) q_\pi(s,a) \tag{14}
$$

정책 π를 따라 행동을 선택할 때, **그림16**을 이용하여 직관적으로 상태-행동 가치 $q_\pi(s,a)$를 $v_\pi(s)$로 나타낼 수 있다.

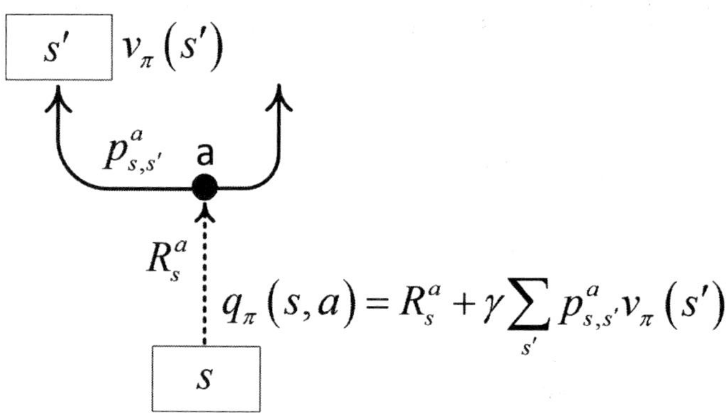

그림16

또는 아래와 같이 수식을 이용할 수 있다. 상태-행동 가치 정의에서 시작한 후, $v_\pi(s)$의 정의를 이용하면 된다.

$$
\begin{aligned}
q_\pi(s,a) &= E_\pi\left[R_{t+1} + \gamma R_{t+2} + \gamma^2 R_{t+3} + \cdots \middle| S_t = s, A_t = a\right] \\
&= E\left[R_{t+1} \middle| S_t = s, A_t = a\right] + \gamma E_\pi\left[R_{t+2} + \gamma R_{t+3} + \cdots \middle| S_t = s, A_t = a\right] \\
&= R_s^a + \gamma \sum_{s'} p(s'|s,a) E_\pi\left[R_{t+2} + \gamma R_{t+3} + \cdots \middle| S_t = s, A_t = a, S_{t+1} = s'\right] \\
&= R_s^a + \gamma \sum_{s'} p(s'|s,a) E_\pi\left[R_{t+2} + \gamma R_{t+3} + \cdots \middle| S_{t+1} = s'\right] \\
&= R_s^a + \gamma \sum_{s'} p(s'|s,a) v_\pi(s')
\end{aligned}
$$

$$
\therefore q_\pi(s,a) = R_s^a + \gamma \sum_{s'} p(s'|s,a) v_\pi(s') \tag{15}
$$

아래와 같이 식(15)를 (14)에 대입하면, 상태 가치만의 방정식(16)을 얻는다. 또는 **그림17**을 이용하여 직관적으로 식(16)을 얻을 수 있다.

$$
\begin{aligned}
v_\pi(s) &= E_\pi\left[R_{t+1} + \gamma R_{t+2} + \gamma^2 R_{t+3} + \cdots \middle| S_t = s\right] \\
&= \sum_a \pi(a|s) E\left[R_{t+1} + \gamma R_{t+2} + \gamma^2 R_{t+3} + \cdots \middle| S_t = s, A_t = a\right] \\
&= \sum_a \pi(a|s) q_\pi(s,a) \\
&= \sum_a \pi(a|s) \left\{R_s^a + \gamma \sum_{s'} p(s'|s,a) v_\pi(s')\right\}
\end{aligned}
$$

$$
\therefore v_\pi(s) = \sum_a \pi(a|s) \left\{R_s^a + \gamma \sum_{s'} p(s'|s,a) v_\pi(s')\right\} \tag{16}
$$

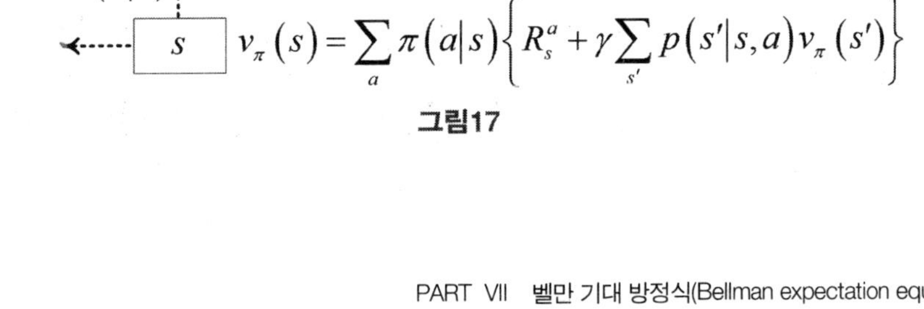

그림17

식(16)을 상태 가치 계산을 위한 벨만 기대 방정식(Bellman expectation equation for state values)이라고 한다.

마찬가지로 아래와 같이 식(14)를 (15)에 대입하면, 행동 가치만의 방정식(17)을 얻게 되고 이를 행동 가치 계산을 위한 벨만 기대 방정식(Bellman expectation equation for action values)이라고 한다. 또는 **그림18**을 이용하여 직관적으로 벨만 기대 방정식을 얻을 수 있다.

$$\begin{aligned} q_\pi(s,a) &= R_s^a + \gamma \sum_{s'} p(s'|s,a) v_\pi(s') \\ &= R_s^a + \gamma \sum_{s'} p(s'|s,a) \sum_{a'} \pi(a'|s') q_\pi(s',a') \end{aligned}$$

$$\therefore q_\pi(s,a) = R_s^a + \gamma \sum_{s'} p(s'|s,a) \sum_{a'} \pi(a'|s') q_\pi(s',a') \tag{17}$$

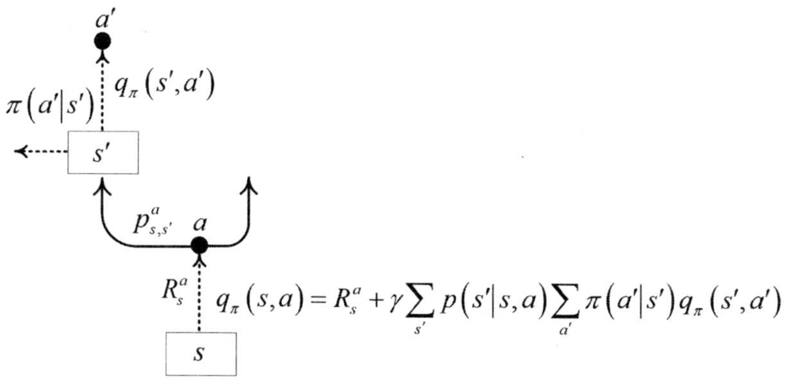

그림18

정리하면, $v_\pi(s)$를 $q_\pi(s,a)$으로 나타낸 식(14)와 반대로 $q_\pi(s,a)$를 $v_\pi(s)$로 나타낸 식(15)을 이용하여 상태 가치 $v_\pi(s)$만의 연립방정식인 벨만 기대 방정식과 상태-행동 가치 $q_\pi(s,a)$만의 연립방정식인 벨만 기대 방정식을 얻게 된다.

벨만 기대 방정식	$v_\pi(s) = \sum_a \pi(a|s) \left\{ R_s^a + \gamma \sum_{s'} p(s'|s,a) v_\pi(s') \right\}$
	$q_\pi(s,a) = R_s^a + \gamma \sum_{s'} p(s'|s,a) \sum_{a'} \pi(a'|s') q_\pi(s',a')$

예제 5

PART V의 예제1(결정적 정책)에서 구한 상태 가치를 벨만 방정식(16)으로 구할 수 있다. 즉, 방정식

$$v_\pi(s)=\sum_a \pi(a|s)\left\{R_s^a+\gamma\sum_{s'}p(s'|s,a)v_\pi(s')\right\}\quad (s=s_1,s_2)$$

을 사용하여 $v_\pi(s_1)$, $v_\pi(s_2)$를 구할 수 있다.

$$\begin{aligned}
v_\pi(s_1)&=\sum_a \pi(a|s_1)\left\{R_{s_1}^a+\gamma\sum_{s'}p(s'|s_1,a)v_\pi(s')\right\}\\
&=\pi(a_1|s_1)\left\{R_{s_1}^{a_1}+\gamma\sum_{s'}p(s'|s_1,a_1)v_\pi(s')\right\}\\
&\quad+\pi(a_2|s_1)\left\{R_{s_1}^{a_2}+\gamma\sum_{s'}p(s'|s_1,a_2)v_\pi(s')\right\}\\
&=1\times\left\{1+\gamma p(s_1|s_1,a_1)v_\pi(s_1)\right\}+0\\
&=1+\gamma v_\pi(s_1)\qquad \therefore v_\pi(s_1)=\frac{1}{1-\gamma}
\end{aligned}$$

$$\begin{aligned}
v_\pi(s_2)&=\sum_a \pi(a|s_2)\left\{R_{s_2}^a+\gamma\sum_{s'}p(s'|s_2,a)v_\pi(s')\right\}\\
&=\pi(a_1|s_2)\left\{R_{s_2}^{a_1}+\gamma\sum_{s'}p(s'|s_2,a_1)v_\pi(s')\right\}\\
&\quad+\pi(a_2|s_2)\left\{R_{s_2}^{a_2}+\gamma\sum_{s'}p(s'|s_2,a_2)v_\pi(s')\right\}\\
&\quad+\pi(a_3|s_2)\left\{R_{s_2}^{a_3}+\gamma\sum_{s'}p(s'|s_2,a_3)v_\pi(s')\right\}\\
&=0+1\times\left\{R_{s_2}^{a_2}+\gamma\sum_{s'}p(s'|s_2,a_2)v_\pi(s')\right\}+0\\
&=R_{s_2}^{a_2}+\gamma\left\{p(s_1|s_2,a_2)v_\pi(s_1)+p(s_2|s_2,a_2)v_\pi(s_2)\right\}\\
&=-2+\gamma\left\{0.8v_\pi(s_1)+0.2v_\pi(s_2)\right\}\qquad \therefore v_\pi(s_2)=\frac{-2+2.8\gamma}{(1-\gamma)(1-0.2\gamma)}
\end{aligned}$$

예제 6

PART V의 예제2(확률적 정책)에서 구한 상태 가치를 벨만 방정식(16)으로 구할 수 있다. 즉, 방정식

$$v_\pi(s)=\sum_a \pi(a|s)\left\{R_s^a+\gamma\sum_{s'}p(s'|s,a)v_\pi(s')\right\}\quad (s=s_1,s_2)$$

을 사용하여 $v_\pi(s_1)$, $v_\pi(s_2)$를 구할 수 있다.

$$\begin{aligned}
v_\pi(s_1)&=\sum_a \pi(a|s_1)\left\{R_{s_1}^a+\gamma\sum_{s'}p(s'|s_1,a)v_\pi(s')\right\}\\
&=\pi(a_1|s_1)\left\{R_{s_1}^{a_1}+\gamma\sum_{s'}p(s'|s_1,a_1)v_\pi(s')\right\}\\
&\quad+\pi(a_2|s_1)\left\{R_{s_1}^{a_2}+\gamma\sum_{s'}p(s'|s_1,a_2)v_\pi(s')\right\}\\
&=\frac{1}{2}\times\left\{1+\gamma p(s_1|s_1,a_1)v_\pi(s_1)\right\}+\frac{1}{2}\times\left[4.3+\gamma\left\{\begin{matrix}p(s_1|s_1,a_2)v_\pi(s_1)\\+p(s_2|s_1,a_2)v_\pi(s_2)\end{matrix}\right\}\right]\\
&=\frac{1}{2}\times\left\{1+\gamma v_\pi(s_1)\right\}+\frac{1}{2}\times\left[4.3+\gamma\left\{0.7v_\pi(s_1)+0.3v_\pi(s_2)\right\}\right]\\
&=\frac{5.3}{2}+\frac{1.7}{2}\gamma v_\pi(s_1)+\frac{0.3}{2}\gamma v_\pi(s_2)
\end{aligned}$$

$$\therefore 0=5.3+(1.7\gamma-2)v_\pi(s_1)+0.3\gamma v_\pi(s_2)$$

$$\begin{aligned}
v_\pi(s_2)&=\sum_a \pi(a|s_2)\left\{R_{s_2}^a+\gamma\sum_{s'}p(s'|s_2,a)v_\pi(s')\right\}\\
&=\pi(a_1|s_2)\left\{R_{s_2}^{a_1}+\gamma\sum_{s'}p(s'|s_2,a_1)v_\pi(s')\right\}\\
&\quad+\pi(a_2|s_2)\left\{R_{s_2}^{a_2}+\gamma\sum_{s'}p(s'|s_2,a_2)v_\pi(s')\right\}\\
&\quad+\pi(a_3|s_2)\left\{R_{s_2}^{a_3}+\gamma\sum_{s'}p(s'|s_2,a_3)v_\pi(s')\right\}
\end{aligned}$$

$$
\begin{aligned}
&= \frac{1}{3} \times \left\{ R_{s_2}^{a_1} + \gamma \sum_{s'} p(s'|s_2, a_1) v_\pi(s') \right\} \\
&\quad + \frac{1}{3} \times \left\{ R_{s_2}^{a_2} + \gamma \sum_{s'} p(s'|s_2, a_2) v_\pi(s') \right\} \\
&\quad + \frac{1}{3} \times \left\{ R_{s_2}^{a_3} + \gamma \sum_{s'} p(s'|s_2, a_3) v_\pi(s') \right\} \\
&= \frac{1}{3} \times \{1 + \gamma v_\pi(s_2)\} + \frac{1}{3} \times \begin{Bmatrix} -2 + 0.8\gamma v_\pi(s_1) \\ +0.2\gamma v_\pi(s_2) \end{Bmatrix} + \frac{1}{3} \times \{0 + \gamma v_\pi(s_1)\} \\
&= \frac{-1}{3} + \gamma \frac{1.8}{3} v_\pi(s_1) + \gamma \frac{1.2}{3} v_\pi(s_2)
\end{aligned}
$$

$$
\therefore 0 = -1 + 1.8\gamma v_\pi(s_1) + (1.2\gamma - 3) v_\pi(s_2)
$$

위 연립방정식을 풀면 PART V의 예제2에서 구한 상태 가치를 얻게 된다.

예제 7

PART VI의 예제3(결정적 정책)에서 구한 상태-행동 가치를 벨만 방정식(16)으로 구할 수 있다. 즉, 방정식

$$
q_\pi(s,a) = R_s^a + \gamma \sum_{s'} p(s'|s,a) \sum_{a'} \pi(a'|s') q_\pi(s',a') \quad \begin{pmatrix} s = s_1, s_2 \\ a = a_1, a_2, a_3 \end{pmatrix}
$$

을 사용하여 $q_\pi(s,a)$ 를 구할 수 있다.

$$
\begin{aligned}
q_\pi(s_1,a_1) &= R_{s_1}^{a_1} + \gamma \sum_{s'} p(s'|s_1,a_1) \sum_{a'} \pi(a'|s') q_\pi(s',a') \\
&= 1 + \gamma p(s_1|s_1,a_1) \sum_{a'} \pi(a'|s_1) q_\pi(s_1,a') \\
&= 1 + \gamma \cdot 1 \cdot \sum_{a'} \pi(a'|s_1) q_\pi(s_1,a') \\
&= 1 + \gamma \pi(a_1|s_1) q_\pi(s_1,a_1) \langle \because \pi(a_2|s_1) = \pi(a_3|s_1) = 0 \\
&= 1 + \gamma q_\pi(s_1,a_1)
\end{aligned}
$$

$$
\begin{aligned}
q_\pi(s_1,a_2) &= R_{s_1}^{a_2} + \gamma \sum_{s'} p(s'|s_1,a_2) \sum_{a'} \pi(a'|s') q_\pi(s',a') \\
&= 4.3 + \gamma \begin{Bmatrix} p(s_1|s_1,a_2) \sum_{a'} \pi(a'|s_1) q_\pi(s_1,a') \\ + p(s_2|s_1,a_2) \sum_{a'} \pi(a'|s_2) q_\pi(s_2,a') \end{Bmatrix} \\
&= 4.3 + \gamma \begin{Bmatrix} 0.7 \sum_{a'} \pi(a'|s_1) q_\pi(s_1,a') \\ +0.3 \sum_{a'} \pi(a'|s_2) q_\pi(s_2,a') \end{Bmatrix} \\
&= 4.3 + \gamma \begin{Bmatrix} 0.7 \pi(a_1|s_1) q_\pi(s_1,a_1) \\ +0.3 \pi(a_2|s_2) q_\pi(s_2,a_2) \end{Bmatrix} \\
&= 4.3 + \gamma \{ 0.7 q_\pi(s_1,a_1) + 0.3 q_\pi(s_2,a_2) \}
\end{aligned}
$$

$$
\begin{aligned}
q_\pi(s_2,a_1) &= R_{s_2}^{a_1} + \gamma \sum_{s'} p(s'|s_2,a_1) \sum_{a'} \pi(a'|s') q_\pi(s',a') \\
&= 1 + \gamma \begin{Bmatrix} p(s_1|s_2,a_1) \sum_{a'} \pi(a'|s_1) q_\pi(s_1,a') \\ + p(s_2|s_2,a_1) \sum_{a'} \pi(a'|s_2) q_\pi(s_2,a') \end{Bmatrix} \\
&= 1 + \gamma \begin{Bmatrix} 0 \cdot \sum_{a'} \pi(a'|s_1) q_\pi(s_1,a') \\ +1 \cdot \sum_{a'} \pi(a'|s_2) q_\pi(s_2,a') \end{Bmatrix} \\
&= 1 + \gamma \sum_{a'} \pi(a'|s_2) q_\pi(s_2,a') \\
&= 1 + \gamma \pi(a_2|s_2) q_\pi(s_2,a_2) \\
&= 1 + \gamma q_\pi(s_2,a_2)
\end{aligned}
$$

$$
\begin{aligned}
q_\pi(s_2,a_2) &= R_{s_2}^{a_2} + \gamma\sum_{s'} p(s'|s_2,a_2)\sum_{a'}\pi(a'|s')q_\pi(s',a') \\
&= -2+\gamma\begin{Bmatrix} p(s_1|s_2,a_2)\sum_{a'}\pi(a'|s_1)q_\pi(s_1,a') \\ +p(s_2|s_2,a_2)\sum_{a'}\pi(a'|s_2)q_\pi(s_2,a') \end{Bmatrix} \\
&= -2+\gamma\begin{Bmatrix} 0.8\sum_{a'}\pi(a'|s_1)q_\pi(s_1,a') \\ +0.2\sum_{a'}\pi(a'|s_2)q_\pi(s_2,a') \end{Bmatrix} \\
&= -2+\gamma\begin{Bmatrix} 0.8\pi(a_1|s_1)q_\pi(s_1,a_1) \\ +0.2\pi(a_2|s_2)q_\pi(s_2,a_2) \end{Bmatrix} \\
&= -2+\gamma\{0.8q_\pi(s_1,a_1)+0.2q_\pi(s_2,a_2)\}
\end{aligned}
$$

$$
\begin{aligned}
q_\pi(s_2,a_3) &= R_{s_2}^{a_3} + \gamma\sum_{s'} p(s'|s_2,a_3)\sum_{a'}\pi(a'|s')q_\pi(s',a') \\
&= 0+\gamma\begin{Bmatrix} 1\cdot\sum_{a'}\pi(a'|s_1)q_\pi(s_1,a') \\ +0\cdot\sum_{a'}\pi(a'|s_2)q_\pi(s_2,a') \end{Bmatrix} \\
&= \gamma\sum_{a'}\pi(a'|s_1)q_\pi(s_1,a') \\
&= \gamma\pi(a_1|s_1)q_\pi(s_1,a_1) \\
&= \gamma q_\pi(s_1,a_1)
\end{aligned}
$$

$$
\therefore\begin{cases} q_\pi(s_1,a_1)=1+\gamma q_\pi(s_1,a_1) \\ q_\pi(s_1,a_2)=4.3+\gamma\{0.7q_\pi(s_1,a_1)+0.3q_\pi(s_2,a_2)\} \\ q_\pi(s_2,a_1)=1+\gamma q_\pi(s_2,a_2) \\ q_\pi(s_2,a_2)=-2+\gamma\{0.8q_\pi(s_1,a_1)+0.2q_\pi(s_2,a_2)\} \\ q_\pi(s_2,a_3)=\gamma q_\pi(s_1,a_1) \end{cases}
$$

위 연립방정식을 풀면 PART VI의 예제3에서 구한 상태-행동 가치를 얻게 된다.

예제 8

PART VI의 예제4(확률적 정책)에서 구한 상태-행동 가치를 벨만 방정식(16)으로 구할 수 있다. 즉, 방정식

$$q_\pi(s,a) = R_s^a + \gamma \sum_{s'} p(s'|s,a) \sum_{a'} \pi(a'|s') q_\pi(s',a') \quad \begin{pmatrix} s = s_1, s_2, \\ a = a_1, a_2, a_3 \end{pmatrix}$$

을 사용하여 $q_\pi(s,a)$ 를 구할 수 있다.

$$\begin{aligned} q_\pi(s_1,a_1) &= R_{s_1}^{a_1} + \gamma \sum_{s'} p(s'|s_1,a_1) \sum_{a'} \pi(a'|s') q_\pi(s',a') \\ &= 1 + \gamma \begin{Bmatrix} p(s_1|s_1,a_1) \sum_{a'} \pi(a'|s_1) q_\pi(s_1,a') \\ +p(s_2|s_1,a_1) \sum_{a'} \pi(a'|s_2) q_\pi(s_2,a') \end{Bmatrix} \\ &= 1 + \gamma \left\{ 1 \cdot \sum_{a'} \pi(a'|s_1) q_\pi(s_1,a') + 0 \cdot \sum_{a'} \pi(a'|s_2) q_\pi(s_2,a') \right\} \\ &= 1 + \gamma \{ \pi(a_1|s_1) q_\pi(s_1,a_1) + \pi(a_2|s_1) q_\pi(s_1,a_2) \} \\ &= 1 + \gamma \left\{ \frac{1}{2} q_\pi(s_1,a_1) + \frac{1}{2} q_\pi(s_1,a_2) \right\} \end{aligned}$$

$$\therefore 0 = 2 + (\gamma - 2) q_\pi(s_1,a_1) + \gamma q_\pi(s_1,a_2)$$

$$\begin{aligned} q_\pi(s_1,a_2) &= R_{s_1}^{a_2} + \gamma \sum_{s'} p(s'|s_1,a_2) \sum_{a'} \pi(a'|s') q_\pi(s',a') \\ &= 4.3 + \gamma \begin{Bmatrix} p(s_1|s_1,a_2) \sum_{a'} \pi(a'|s_1) q_\pi(s_1,a') \\ +p(s_2|s_1,a_2) \sum_{a'} \pi(a'|s_2) q_\pi(s_2,a') \end{Bmatrix} \\ &= 4.3 + \gamma \left\{ 0.7 \sum_{a'} \pi(a'|s_1) q_\pi(s_1,a') + 0.3 \sum_{a'} \pi(a'|s_2) q_\pi(s_2,a') \right\} \\ &= 4.3 + \gamma \begin{Bmatrix} 0.7\pi(a_1|s_1) q_\pi(s_1,a_1) + 0.7\pi(a_2|s_1) q_\pi(s_2,a_2) \\ +0.3\pi(a_1|s_2) q_\pi(s_2,a_1) + 0.3\pi(a_2|s_2) q_\pi(s_2,a_2) \\ +0.3\pi(a_3|s_2) q_\pi(s_2,a_3) \end{Bmatrix} \end{aligned}$$

$$
= 4.3 + \gamma \left\{ \begin{array}{l} 0.7\frac{1}{2}q_\pi(s_1, a_1) + 0.7\frac{1}{2}q_\pi(s_2, a_2) \\ +0.3\frac{1}{3}q_\pi(s_2, a_1) + 0.3\frac{1}{3}q_\pi(s_2, a_2) \\ +0.3\frac{1}{3}q_\pi(s_2, a_3) \end{array} \right\}
$$

나머지 상태-행동 가치도 위와 같은 방법으로 구한다. 그 결과 얻게 되는 연립방정식을 풀면 PART VI의 예제4에서 구한 상태-행동 가치를 얻게 된다.

PART VIII 벨만 최적 방정식(Bellman optimality equation)

다음을 만족하는 하나의 결정적(deterministic) 정책 π_* 존재한다.

$$
v_{\pi_*}(s) \geq v_\pi(s) \quad (\forall \pi, s)
$$

그리고 모든 s, a에 대하여 다음 식이 성립한다.

$$
v_*(s) \overset{def}{=} \max_\pi v_\pi(s) = v_{\pi_*}(s)
$$

$$
q_*(s,a) \overset{def}{=} \max_\pi q_\pi(s,a) = q_{\pi_*}(s,a)
$$

$$
\pi_*(a|s) = \begin{cases} 1 & \left(a = \arg\max_a q_*(s,a)\right) \\ 0 & \left(a \neq \arg\max_a q_*(s,a)\right) \end{cases}
$$

여기서 $v_*(s)$, $q_*(s,a)$를 각각 최적의 상태 가치(optimal state value), 최적의 행동 가치(optimal action value)라 하고, $a_* = \arg\max_a q_*(s,a)$라 하면 다음이 성립한다.

$$q_*(s,a_*) = \max_a q_*(s,a)$$

$v_*(s)$, $q_*(s,a)$ 의 관계식은 다음과 같다.

$$\begin{aligned}
v_*(s) &= \max_\pi v_\pi(s) \\
&= \max_\pi \sum_a \pi(a|s) q_\pi(s,a) \\
&\le \max_\pi \sum_a \pi(a|s) q_*(s,a) \left\langle \because q_*(s,a) = \max_\pi q_\pi(s,a) \right. \\
&\le \max_\pi \sum_a \pi(a|s) \left\{ \max_a q_*(s,a) \right\} \\
&= \max_a q_*(s,a)
\end{aligned}$$

$$\begin{aligned}
v_*(s) &= \max_\pi v_\pi(s) \\
&\ge v_{\pi_*}(s) \\
&= \sum_a \pi_*(a|s) q_{\pi_*}(s,a) \\
&= \pi_*(a_*|s) q_{\pi_*}(s,a_*) \\
&= q_*(s,a_*) \\
&= \max_a q_*(s,a)
\end{aligned}$$

$$\therefore v_*(s) = \max_a q_*(s,a)$$

$$\begin{aligned}
q_*(s,a) &= \max_\pi q_\pi(s,a) \\
&= \max_\pi \left\{ R_s^a + \gamma \sum_{s'} p(s'|s,a) v_\pi(s') \right\} \\
&= R_s^a + \gamma \sum_{s'} p(s'|s,a) \max_\pi v_\pi(s') \\
&= R_s^a + \gamma \sum_{s'} p(s'|s,a) v_*(s')
\end{aligned}$$

$$\therefore q_*(s,a) = R_s^a + \gamma \sum_{s'} p(s'|s,a) v_*(s')$$

앞에서 얻은 결과를 사용하면 다음이 성립한다.

• 상태 가치 계산을 위한 벨만 최적 방정식

$$\begin{aligned} v_*(s) &= \max_a q_*(s,a) \\ &= \max_a \left\{ R_s^a + \gamma \sum_{s'} p(s'|s,a) v_*(s') \right\} \end{aligned}$$

• 상태-행동 가치 계산을 위한 벨만 최적 방정식

$$\begin{aligned} q_*(s,a) &= R_s^a + \gamma \sum_{s'} p(s'|s,a) v_*(s') \\ &= R_s^a + \gamma \sum_{s'} p(s'|s,a) \max_{a'} q_*(s',a') \end{aligned}$$

벨만 기대 방정식과 벨만 최적화 방정식을 정리하면 아래와 같다.

벨만 기대 방정식	$v_\pi(s) = \sum_a \pi(a\|s) \left\{ R_s^a + \gamma \sum_{s'} p(s'\|s,a) v_\pi(s') \right\}$
	$q_\pi(s,a) = R_s^a + \gamma \sum_{s'} p(s'\|s,a) \sum_{a'} \pi(a'\|s') q_\pi(s',a')$
벨만 최적 방정식	$v_*(s) = \max_a \left\{ R_s^a + \gamma \sum_{s'} p(s'\|s,a) v_*(s') \right\}$
	$\underbrace{q_*(s,a)}_{\text{현재 } q \text{ value}} = R_s^a + \gamma \sum_{s'} p(s'\|s,a) \max_{a'} \underbrace{q_*(s',a')}_{\text{미래 } q \text{ value}}$

강화학습에 사용하는 기본 코드

제 3 장

PART I 환경 코드

PART II 정책 코드

PART III 환경-정책 상호작용 코드

강화학습에 사용하는 환경 코드(PART I), 정책 코드(PART II), 환경과 정책의 상호작용 코드(PART III)를 알아보자. 이때 사용할 기본 그림은 아래와 같다.

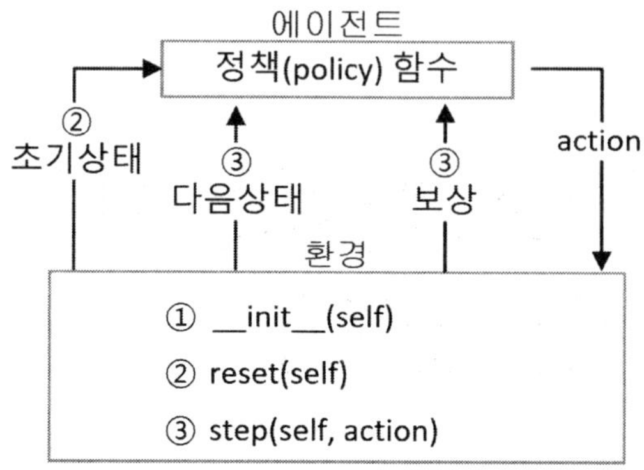

그림1

① __init__: 함수 reset과 step에 필요한 변수(self.states, self.actions. self.trans) 정의

② reset: ①에서 정의한 변수를 사용하여 초기 상태(self.current_state)를 출력

③ step: ①, ②에서 정의한 변수를 사용하여 현재 상태를 저장. Action이 들어오면 다음 상태(next_state)와 보상(reward)을 반환

①, ②, ③의 관계를 아래 **그림2**로 나타내자.

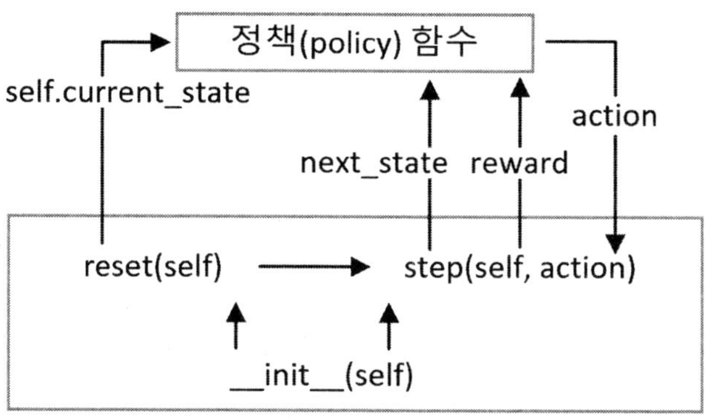

그림2

PART I 환경 코드

환경을 어떻게 코드로 구현하는지를 알아보자. 이를 위하여 환경만을 그림으로 나타내자.

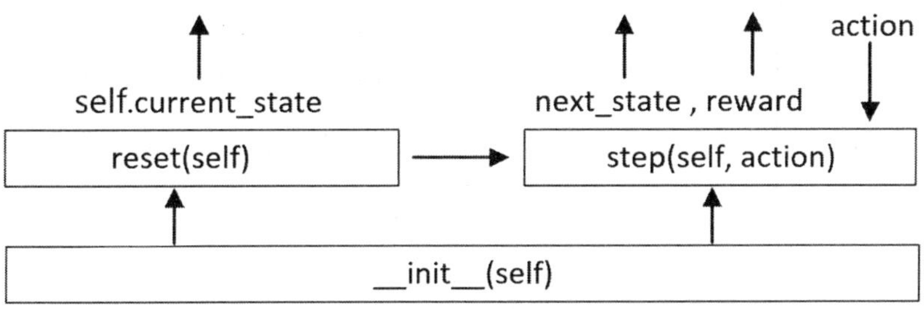

그림3

예제 1

제1, 2장에서 설명한 아래 **그림4를 그림**3과 같은 구조를 가지는 코드로 구현하는 과정을 알아보자.

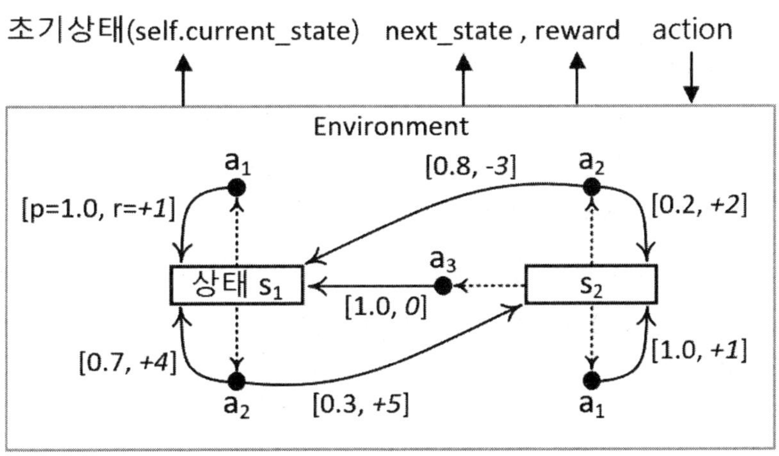

그림4

먼저, **그림4**의 환경을 **그림5**와 같이 나타내자. 그리고 **그림5**와 같은 구조를 가지는 코드를 **그림6**과 같이 작성한다.

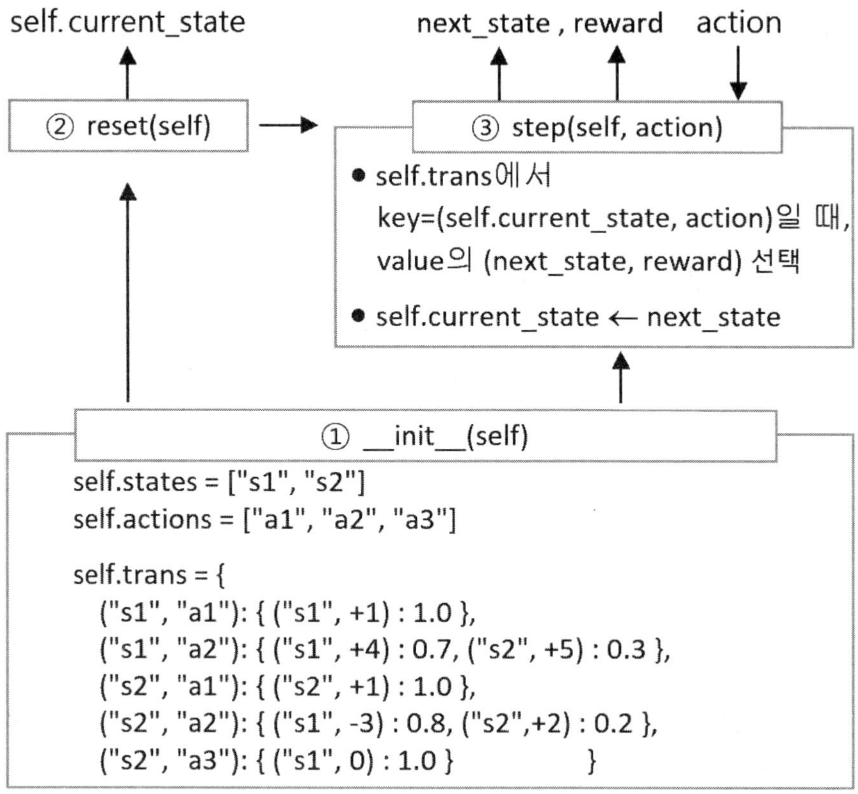

그림5

①에서 self.trans(**그림5**)는 딕셔너리(dictionary) 자료형으로 key는 (현재 상태, 행동)이고 value는 {(다음 상태, 보상) : 전이확률}이다.

②에서 출력하는 self.current_state는 환경의 모든 상태를 저장한 ①의 self.states에서 무작위로 추출한 하나의 상태이다.

③에 action이 들어오면 ①의 self.trans를 사용하여 next_state와 reward를 반환한다. 그리고 환경의 현재 상태는 next_state가 되고 이를 self.current_state에 저장한다.

환경 이름을 SimpleEnvironment라 할 때, **그림5**를 **그림6**과 같이 코드로 구현할 수 있다.

```
1 import random
2
3 class SimpleEnvironment:
4   def __init__(self):
5     self.states = ["s1", "s2"]
6     self.actions = ["a1", "a2", "a3"]
7
8     self.trans = {
9       # (state, action) : {(next_state, reward): probability}
10      ("s1", "a1") : {("s1",+1): 1},
11      ("s1", "a2") : {("s1",+4): 0.7, ("s2",+5): 0.3},
12      ("s2", "a1") : {("s2",+1): 1},
13      ("s2", "a2") : {("s1",-3): 0.8, ("s2",+2): 0.2},
14      ("s2", "a3") : {("s1",0): 1}
15    }
16
17  def reset(self):
18    self.current_state = random.choice(self.states)
19    return self.current_state
20
21  def step(self, action):
22    trans_value = self.trans[(self.current_state, action)]
23    next_state, reward = random.choice(
24                          list( trans_value.items( ) ) )[0]
25    self.current_state = next_state
26    return next_state, reward
```

그림6

Line 22: trans_value에는 key 값이 (self.current_state, action)인 value를 저장

Line 23~24: trans_value = {("s1",+4) : 0.7, ("s2",+5) : 0.3}일 때, list(trans_value.items( ))는 [(('s1', 4), 0.7), (('s2', 5), 0.3)]으로 두 개 원소(길이 = 2)를 가진다. random.choice는 원소 중 1개 ((상태, 보상), 확률)을 무작위로 추출하여 반환한다. 반환값 ((상태, 보상), 확률)의 0번째 성분인 (상태, 보상)을 next_state, reward에 각각 저장한다.

예제 2

아래 **그림7**의 환경(a), (b)를 코드 구조(c)와 같이 나타낼 수 있다.

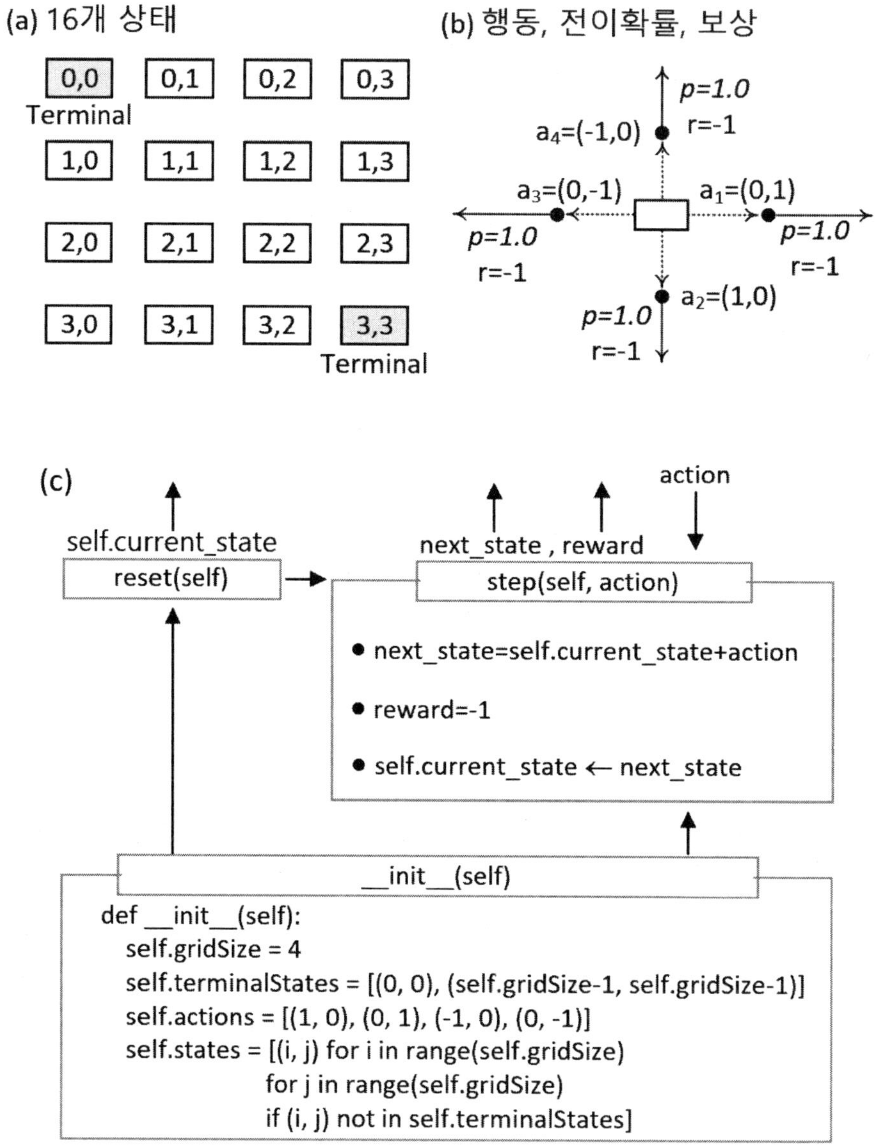

그림7

환경 이름을 GridEnv라 할 때, **그림7**을 **그림8**과 같이 코드로 구현할 수 있다.

```
1 import random
2
3 class GridEnv:
4   def __init__(self):
5     self.gridSize = 4
6     self.terminalStates = [(0, 0), (self.gridSize-1, self.gridSize-1)]
7     self.actions = [(1, 0), (0, 1), (-1, 0), (0, -1)]
8     self.states = [(i, j) for i in range(self.gridSize)
9                    for j in range(self.gridSize)
10                   if (i, j) not in self.terminalStates]
11
12  def reset(self):
13    self.current_state = random.choice(self.states)
14    return self.current_state
15
16  def step(self, action):
17    next_state = (self.current_state[0] + action[0],
18                  self.current_state[1] + action[1])
19    reward = -1
20    self.current_state = next_state
21    return next_state, reward
22
23 env = GridEnv()
```

그림8

Line 6: 모든 terminal 상태를 env.terminalStates에 저장한다.

Line 7: 모든 행동을 env.actions에 저장한다.

Line 8~10: 모든 non-terminal 상태를 env.states에 저장한다. 이 변수에는 non-terminal 상태가 없음을 기억하자.

Line 12~14: 함수 reset은 환경이 에이전트에게 처음으로 제공하는 상태를 반환한다. 이 상태를 env.states에서 선택했으므로 non-terminal이고 환경의 현재 상태가 된다. 저장 변수가 env.current_state임을 기억하자.

Line 16~21: 함수 env.step에 들어가는 action은 에이전트의 정책이 만든다. Action이 만들어지는 과정을 알아보자. 먼저, env.reset( )이 반환한 환경의 현재 상태가 정책에 들어가면, 정책 내부에서 현재 상태(env.current_state)와 더하여 grid 내부에 있게 되는 행동을 선택하게 된다. 그러므로 다음 상태(next_state)인

env.current_state + action이 grid 내부에 있게 된다. 보상은 음의 보상으로 -1이다. 마지막으로 함수 env.step(action) 내부에서 환경의 현재 상태를 next_state로 변경함을 기억하자.

PART II 정책 코드

아래 **그림9**의 결정적(deterministic) 정책(policy)을 코드로 구현하면 **그림10**이다.

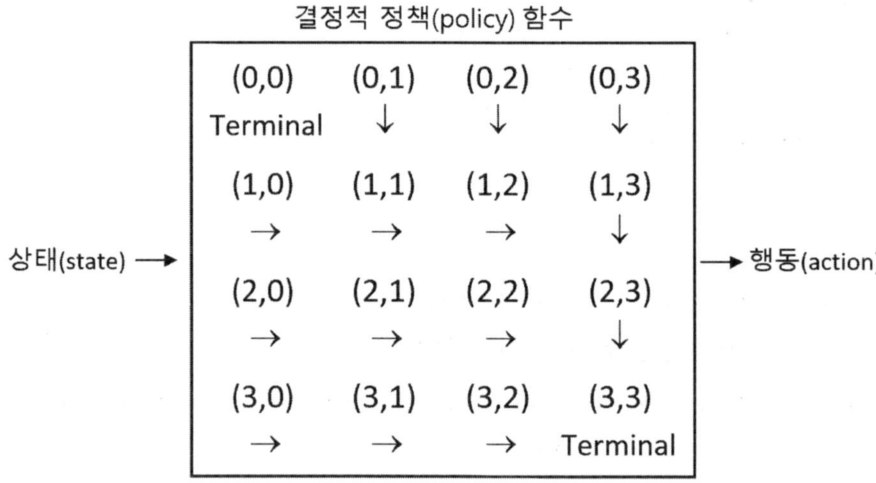

그림9

Terminal 상태에서는 행동(action)이 없고 나머지 상태에서는 행동을 결정적으로 정의했다. 이를 코드로 구현하면 아래와 같다.

```
1 def deterministic_policy(state):
2   if state[0] == 0 or state[1] == 3:
3     # Top row (excluding terminal states)
4     return (1, 0)  # Move down
5   else:
6     return (0, 1)  # Move right
```

그림10

Line 1~6: 결정적 정책에 들어오는 state는 환경(env)이 만든다. 상태가 terminal이 되면, 환경과 정책의 상호작용이 끝나므로 terminal state가 정책으로 들어가지 않는다. 따라서 정책을 정의할 때, terminal 상태를 처리하는 코드가 필요 없다.

그림9를 보면, 현재 상태(state)와 행동(action)을 더한 결과는 다음 상태(next_state)가 되고 grid 내부에 있게 된다. 그러므로 env가 자신의 상태를 deterministic_policy에 제공하고, deterministic_policy는 행동을 반환하여 env로 들여보내는 상호작용을 한다. 환경의 상태가 terminal이 되면, 이런 상호작용은 끝난다.

아래와 같은 확률적 정책(stochastic policy)을 생각해 보자.

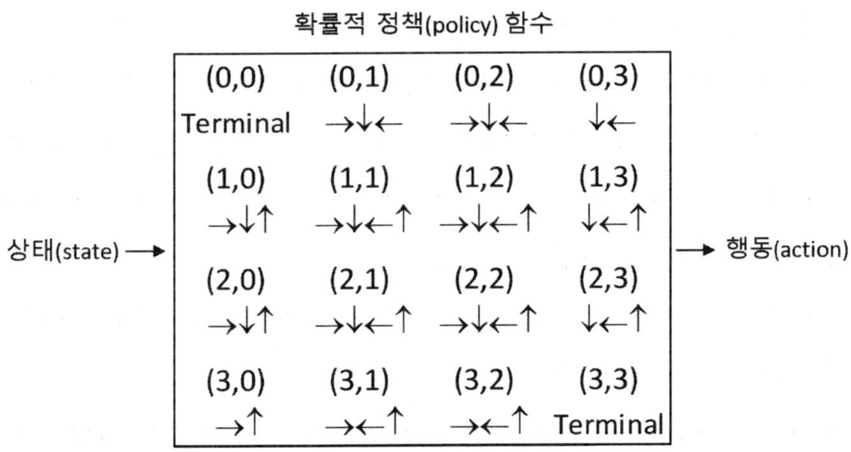

그림11

Terminal 상태에서는 행동(action)이 없다. 나머지 상태(state)에서는 무작위로 행동하여 다음 상태(next_state)가 grid 내부에 있도록 정의했다. 예를 들면, 상태(0, 1)에서 가능한 행동은 오른쪽, 아래, 왼쪽이고 각각을 선택할 확률은 1/3이다. 코드로 구현하면 **그림12**가 된다.

```
1 def stochastic_policy(state):
2
3   while True:
4
5     action = random.choice(env.actions)
6     next_state = (state[0] + action[0], state[1] + action[1])
7
8     if 0 <= next_state[0] < env.gridSize \
9       and 0 <= next_state[1] < env.gridSize:
10      return action
```

그림12

Line 1: 확률적 정책에 들어오는 state는 환경(env)이 만든다. 상태가 terminal이 되면, 환경과 정책의 상호작용이 끝나므로 terminal state가 정책으로 들어갈 수 없다. 따라서 정책을 정의할 때, terminal 상태를 처리하는 코드가 필요 없다.

Line 3: 네 가지 행동(오른쪽, 아래, 왼쪽, 위) 중에서 하나를 무작위로 선택하므로 **그림11**과 같이 non-terminal 상태에서 불가능한 행동(상태와 더했을 때 grid 밖으로 나가게 되는 행동)이 선택될 수 있다. 그러므로 무작위로 선택한 행동이 가능한 행동이 될 때까지 while 문을 반복한다.

Line 5~6: 정책으로 들어온 상태(state)와 무작위로 선택한 행동(action)을 더하여 다음 상태(next_state)를 만든다.

Line 8~10: 만약 next_state가 grid 내부에 있으면 action을 반환한다. 그렇지 않으면 while 문 처음으로 이동한다.

앞에서 설명한 결정적 정책과 환경을 연결하면 아래 그림과 같다.

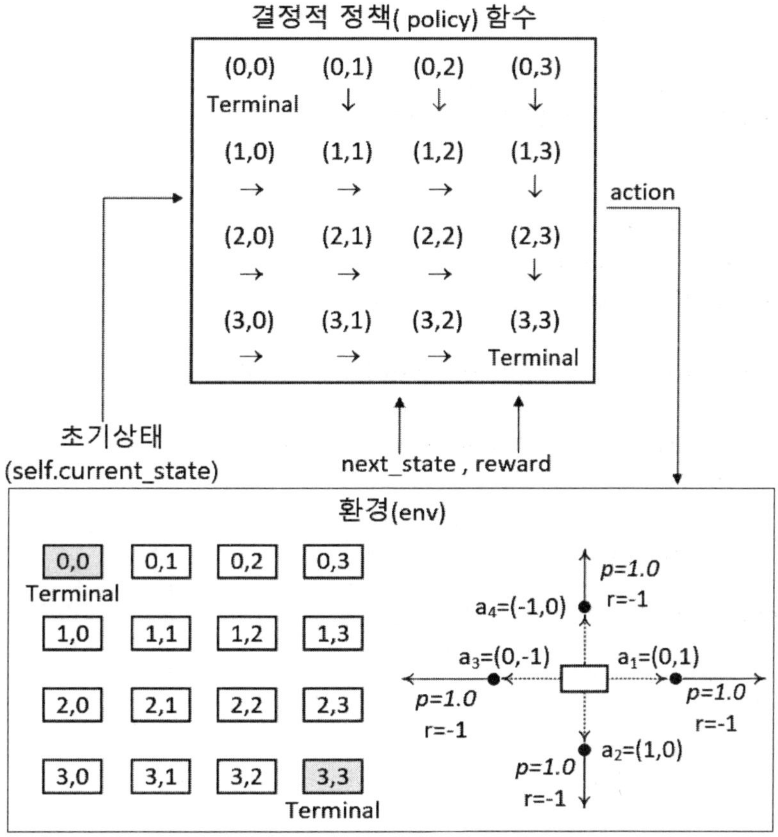

그림13

환경 코드는 **그림8**에 있고 정책 코드는 **그림10**에 있다. 정책 코드의 body에 있는 env가 환경 클래스 GridEnv의 인스턴스이고 GridEnv의 __init__(self)가 self만을 인자로 받기 때문에 env는 다음과 같다.

env = GridEnv( )

그리고 deterministic policy를 가지는 에이전트와 환경이 5회 이하로 상호작용한 내용을 출력하면 다음과 같다.

```
1 # 여기에 환경 GridEnv 코드(그림8)
2 # 여기에 정책 deterministic_policy 코드(그림10)
3
4 env = GridEnv()
5
6 print("env-policy 상호작용 5회 이하")
7 print("현재상태, 행동, 다음상태, 보상")
8
9 state = env.reset()
10 for _ in range(5):
11   action = deterministic_policy(state)
12   next_state, reward = env.step(action)
13
14   print(f"{state}, {action}, {next_state}, {reward}")
15
16   if next_state in env.terminalStates:
17     break
18
19   state = next_state
```

```
env-policy 상호작용 5회 이하
현재상태, 행동, 다음상태, 보상
(2, 0), (0, 1), (2, 1), -1
(2, 1), (0, 1), (2, 2), -1
(2, 2), (0, 1), (2, 3), -1
(2, 3), (1, 0), (3, 3), -1
```

그림14

Line 16~17: next_state가 terminal이면 for 문을 빠져나가므로, terminal state가 line 11에 있는 함수 deterministic_policy에 들어가지 않는다. 즉, deterministic_ policy에는 위에서 설명한 대로 non-terminal 상태만 들어가게 된다.

1번째 상호작용 출력을 보면, 현재 상태(2, 0)에서 오른쪽으로 이동하는 행동(0, 1)을 한다. 그 결과 다음 상태는 (2, 1)이 되고 보상은 -1을 받았음을 알 수 있다. 마지막 상호작용 출력을 보면, 현재 상태 (2, 3)에서 아래로 이동하는 행동 (1, 0)을 하여 다음 상태가 terminal 상태 (3, 3)이 되므로 상호작용이 끝났음을 알 수 있다. Line 9에서 초기 상태가 무작위 상태이므로 위 상호작용 코드를 실행할 때마다 출력이 다를 수 있다.

앞에서 설명한 확률적 정책과 환경을 연결하면 아래 그림과 같다.

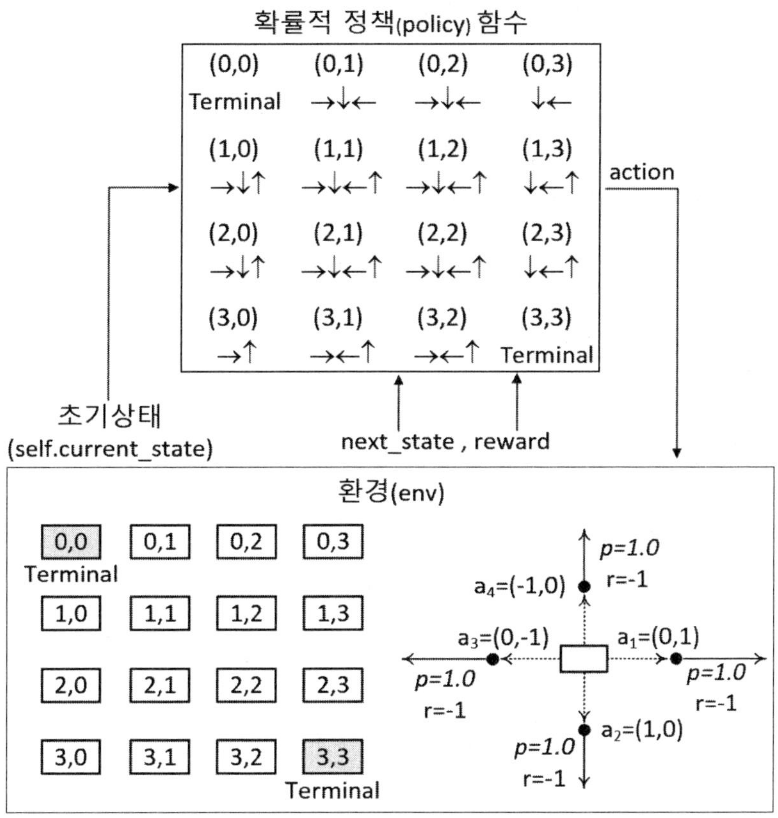

그림15

환경 코드는 **그림8**에 있고 정책 코드는 **그림12**에 있다. 정책 코드의 body에 있는 env가 환경 클래스 GridEnv의 인스턴스이고 GridEnv의 __init__(self)이므로 다음과 같다.

env = GridEnv( )

그리고 환경과 stochastic policy를 가지는 에이전트가 5회 이내로 상호작용한 내용을 출력하면 다음과 같다.

```
# 여기에 환경 GridEnv 코드(그림8)
# 여기에 정책 stochastic_policy 코드(그림12)

env = GridEnv()

print("env-policy 상호작용 5회 이하")
print("현재상태, 행동, 다음상태, 보상")

state = env.reset()
for _ in range(5):
  action = stochastic_policy(state)
  next_state, reward = env.step(action)

  print(f"{state}, {action}, {next_state}, {reward}")

  if next_state in env.terminalStates:
    break

  state = next_state
```

```
env-policy 상호작용 5회 이하
현재상태, 행동, 다음상태, 보상
(3, 2), (0, -1), (3, 1), -1
(3, 1), (0, -1), (3, 0), -1
(3, 0), (0, 1), (3, 1), -1
(3, 1), (-1, 0), (2, 1), -1
(2, 1), (-1, 0), (1, 1), -1
```

그림16

상호작용을 최대 5회로 정했기 때문에 terminal 상태에 도착하지 않아도 상호작용은 끝난다.

예제1에 대한 정책 코드는 제4장에서 다룬다.

동적 계획법 (Dynamic programming)

제 4 장

PART I 벨만 기대 방정식의 해를 코딩으로 구하기

PART II 최적의 정책을 코딩으로 구하기: 정책 반복(policy iteration)

PART III 최적의 정책을 코딩으로 구하기: 가치 반복(value iteration)

다음을 만족하는 정책 π_* 를 찾는 알고리즘을 알아보자.

$$v_{\pi_*}(s) \ge v_\pi(s) \quad (\forall \pi, s)$$

이러한 정책을 제2장에서 최적의 정책이라 했고 아래 벨만 방정식을 이용한다.

벨만 기대 방정식	$v_\pi(s) = \sum_a \sum_{s'} \pi(a \mid s) p(s' \mid s, a) \{ R^a_{s,s'} + \gamma v_\pi(s') \}$ (1)
벨만 최적 방정식	$v_*(s) = \max_a \sum_{s'} \{ R^a_{s,s'} + \gamma v_*(s') \}$ (2)

그림1

최적의 정책을 구할 때, 식(1)을 사용하면 정책 반복(policy iteration), 식(2)를 사용하면 가치 반복(value iteration) 알고리즘이라고 한다. 두 알고리즘 모두 최적의 정책('큰 문제')을 찾기 위하여, 각각의 상태(state)에 대한 최적의 행동 또는 그 상태의 가치('작은 하위 문제')를 계산하게 된다. 이처럼 큰 문제를 작은 하위 문제로 나누어서 해결하는 방법을 '동적 계획법(또는 동적 프로그래밍)'이라고 한다. 동적 프로그래밍을 사용하는 이유는, 한 번 계산된 상태의 가치를 다시 사용하여 다른 상태의 가치를 계산할 수 있으므로 전체 문제('큰 문제')를 효율적으로 해결하기 때문이다.

제4장에서는 다룰 내용은 다음과 같다.

PART I: 정책 π 를 따라 행동할 때, 식(1)을 사용하여 상태 s 의 가치를 구하는 과정을 다룬다. 이를 정책 평가(policy evaluation)라고 한다.

PART II: 최적의 정책을 policy iteration으로 구하는 과정을 다룬다.

PART III: 최적의 정책을 value iteration으로 구하는 과정을 다룬다.

PART I 벨만 기대 방정식의 해를 코딩으로 구하기

벨만 기대 방정식	$v_\pi(s)=\sum_a\sum_{s'}\pi(a\|s)\,p(s'\|s,a)\{R^a_{s,s'}+\gamma v_\pi(s')\}$ (1)

연립 방정식(1)의 해는 정책 π 를 따라 행동할 때, 상태 s 의 가치이다. 코딩으로 해를 구할 수 있도록 식(1)을 수열 형태로 변형하자.

$$v_\pi(s)=\sum_a\pi(a|s)\left\{R^a_s+\gamma\sum_{s'}p(s'|s,a)v_\pi(s')\right\}$$

$$\xrightarrow{\text{수열}} v_{k+1}(s)=\sum_a\pi(a|s)\left\{R^a_s+\gamma\sum_{s'}p(s'|s,a)v_k(s')\right\}$$

그림2

편의상 수열을 만들 때, 정책 기호 π 를 생략했다. R^a_s 는 상태 s 에서 행동 a 를 선택할 때 받는 보상의 평균인데, 평균을 구하기 전의 보상 $R^a_{s,s'}$ 을 이용하기 위하여 $R^a_s=\sum_{s'}p(s'|s,a)R^a_{s,s'}$ 를 위 점화식(**그림2**)에 대입하면 다음이 성립한다.

$$\begin{aligned}
v_{k+1}(s)&=\sum_a\pi(a|s)\left\{R^a_s+\gamma\sum_{s'}p(s'|s,a)v_k(s')\right\}\\
&=\sum_a\pi(a|s)\left\{\sum_{s'}p(s'|s,a)R^a_{s,s'}+\gamma\sum_{s'}p(s'|s,a)v_k(s')\right\}\\
&=\sum_a\pi(a|s)\sum_{s'}p(s'|s,a)\{R^a_{s,s'}+\gamma v_k(s')\}\\
&=\sum_a\sum_{s'}\pi(a|s)\,p(s'|s,a)\{R^a_{s,s'}+\gamma v_k(s')\}
\end{aligned}$$

$$\therefore v_{k+1}(s)=\sum_a\sum_{s'}\pi(a|s)\,p(s'|s,a)\{R^a_{s,s'}+\gamma v_k(s')\},\ v_0=0 \qquad (3)$$

제2장에서 다룬 결정적 정책과 확률적 정책에 대하여 수열 (3)의 극한을 코드로 구현해 보자.

예제 1

아래 결정적 정책을 따를 때, 식(3)으로 상태 가치를 구하는 과정을 알아보자.

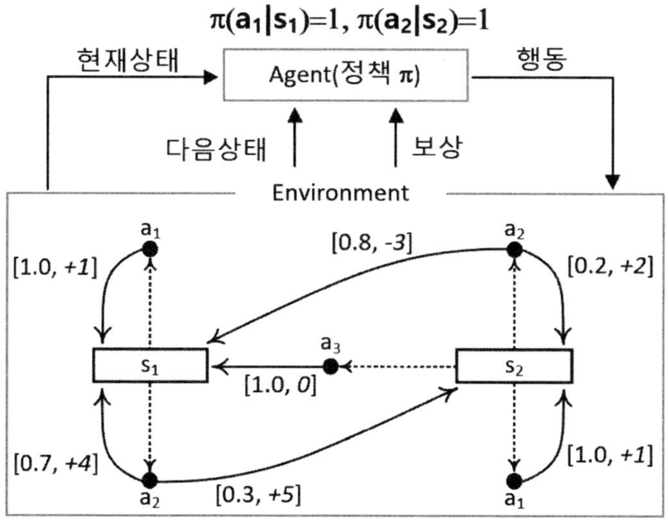

그림3

정책이 결정적이므로 다음과 같이 나타낼 수 있다.

$$\pi(a|s)=\begin{cases}1 & (a=\pi(s))\\0 & (a\neq\pi(s))\end{cases}$$

따라서 두 개 시그마가 있는 점화식(3)을 식(4)와 같이 한 개로 나타낼 수 있다.

$$\begin{aligned}v_{k+1}(s)&=\sum_{a}\sum_{s'}\pi(a|s)\,p(s'|s,a)\left\{R_{s,s'}^{a}+\gamma v_k(s')\right\}\\&=\sum_{s'}p(s'|s,\pi(s))\left\{R_{s,s'}^{\pi(s)}+\gamma v_k(s')\right\}\end{aligned}\qquad(4)$$

식(4)를 코드로 구현할 때, 아래 식(5)와 같은 형식을 사용한다.

$$v(s) \leftarrow \sum_{s'} p(s'|s,\pi(s))\left\{R_{s,s'}^{\pi(s)} + \gamma v(s')\right\} \tag{5}$$

아래 **그림4**는 식(5)를 구현하기 위한 의사코드(pseudocode)이다.

① $\textit{for } s \textit{ in } \text{env.states}:$

② $\quad \text{sum\_s'} \leftarrow 0$

③ $\quad \textit{for } \left(s', R_{s,s'}^{\pi(s)}\right),\ p(s'|s,\pi(s)) \textit{ in } \text{env.trans}\left[(s,\pi(s))\right]\text{.items():}$

④ $\qquad \text{sum\_s'} \leftarrow \text{sum\_s'} + p(s'|s,\pi(s))\left\{R_{s,s'}^{\pi(s)} + \gamma v(s')\right\}$

⑤ $\quad v(s) \leftarrow \text{sum\_s'}$

그림4

그림3의 환경을 제3장의 **그림6**에서 클래스 SimpleEnvironment로 정의했고, 이 클래스의 인스턴스가 env이다. env.states는 **그림3**의 모든 상태 s 를 모아 놓은 리스트이다. env.trans는 dictionary이고 key는 (현재상태, 행동)이고 value는 {(다음상태, 보상): 전이확률}이다. 의사코드인 **그림4**의 각 line을 설명하면 다음과 같다.

①: 각각의 상태 s 에 대한 가치 $v(s)$ 를 구해야 하므로, s 에 대한 for 문으로 시작한다.

②: 변수 sum_s′는 $\sum_{s'}$ 을 계산할 때 사용한다.

③: 식(5) 계산에 필요한 다음 상태와 보상이 $\left(s', R_{s,s'}^{\pi(s)}\right)$ 이고 이때의 전이확률은 $p(s'|s,\pi(s))$ 이다. Dictionary $\left\{\left(s', R_{s,s'}^{\pi(s)}\right) : p(s'|s,\pi(s))\right\}$ 는 dictionary로 정의된 env.trans에서 key $(s,\pi(s))$ 의 value이다.

④: 식(5)의 우변을 계산한다.

⑤: 식(5)에 해당한다.

의사코드를 코드로 구현하면 다음과 같다.

```
# 상수
gamma=0.5 # 할인율
theta=1e-10 # 업데이트 멈춤 상수
# 여기에 환경 SimpleEnvironment 코드(제3장 그림6)

def policy(state):
  if state=="s1":
    action="a1"
  else:
    action="a2"
  return action

def policy_evaluation( ):
  # Initialize a value function with zeros
  v = {state: 0 for state in env.states}

  while True:
    delta = 0 # delta=max{abs(v_{k}(s)-v_{k+1}(s))| s=s_1, s_2}

    # Update each state
    for state in env.states:
      old_v = v[state] # v_{k}(s)
      sum_s1 = 0 # sum_s'
      # Calculate the expected value of the state
      for (next_state, reward), trans_prob in env.trans[(state, policy(state))].items():
          sum_s1 += trans_prob * (reward + gamma * v[next_state])

      # Update the value function
      v[state] = sum_s1 # v_{k+1}(s)

      # Calculate the maximum change in the value function
      delta = max(delta, abs(old_v - v[state]))

    # Check for convergence
    if delta < theta:
      break
  return v

env = SimpleEnvironment( )
policy_evaluation( )
```

그림5

그림5의 while True:에서 사용한 수렴 판정식은 다음과 같다.

$$\max\left\{\left|v_k(s_1)-v_{k+1}(s_1)\right|,\ \left|v_k(s_2)-v_{k+1}(s_2)\right|\right\}<\text{theta}$$

판정식의 의사코드는 다음과 같다.

$$\begin{aligned}&\text{delta=0}\\&\textit{for s in } \text{env.state}:\\&\quad \text{delta}=\max\left\{\text{delta},\ \left|v_k(s)-v_{k+1}(s)\right|\right\}\\&\text{delta}<\text{theta}\end{aligned}$$

참고1

$$\begin{aligned}v_{k+1}(s_1)&=\sum_a \pi(a|s_1)\left\{R_{s_1}^a+\gamma\sum_{s'}p(s'|s_1,a)v_k(s')\right\}\\&=\pi(a_1|s_1)\left\{R_{s_1}^{a_1}+\gamma\sum_{s'}p(s'|s_1,a_1)v_k(s')\right\}\\&\quad+\pi(a_2|s_1)\left\{R_{s_1}^{a_2}+\gamma\sum_{s'}p(s'|s_1,a_2)v_k(s')\right\}\\&=\pi(a_1|s_1)\left\{R_{s_1}^{a_1}+\gamma p(s_1|s_1,a_1)v_k(s_1)\right\}\\&\quad+\pi(a_2|s_1)\left[R_{s_1}^{a_2}+\gamma\left\{\begin{aligned}&p(s_1|s_1,a_2)v_k(s_1)\\&+p(s_2|s_1,a_2)v_k(s_2)\end{aligned}\right\}\right]\\&=1\cdot\left\{R_{s_1}^{a_1}+\gamma p(s_1|s_1,a_1)v_k(s_1)\right\}\\&=R_{s_1}^{a_1}+\gamma p(s_1|s_1,a_1)v_k(s_1)\\&=p(s_1|s_1,a_1)R_{s_1,s_1}^{a_1}+\gamma p(s_1|s_1,a_1)v_k(s_1)\\&=p(s_1|s_1,a_1)\left\{R_{s_1,s_1}^{a_1}+\gamma v_k(s_1)\right\}\end{aligned}$$

$$
\begin{aligned}
v_{k+1}(s_2) &= \sum_a \pi(a|s_2)\left\{R^a_{s_2} + \gamma\sum_{s'} p(s'|s_2,a)v_k(s')\right\} \\
&= \pi(a_2|s_2)\left\{R^{a_2}_{s_2} + \gamma\sum_{s'} p(s'|s_2,a_2)v_k(s')\right\} \\
&= 1\cdot\left\{R^{a_2}_{s_2} + \gamma\left\{p(s_1|s_2,a_2)v_k(s_1) + p(s_2|s_2,a_2)v_k(s_2)\right\}\right\} \\
&= p(s_1|s_2,a_2)R^{a_2}_{s_2,s_1} + p(s_2|s_2,a_2)R^{a_2}_{s_2,s_2} \\
&\quad + \gamma\left\{p(s_1|s_2,a_2)v_k(s_1) + p(s_2|s_2,a_2)v_k(s_2)\right\} \\
&= p(s_1|s_2,a_2)R^{a_2}_{s_2,s_1} + \gamma p(s_1|s_2,a_2)v_k(s_1) \\
&\quad + p(s_2|s_2,a_2)R^{a_2}_{s_2,s_2} + \gamma p(s_2|s_2,a_2)v_k(s_2) \\
&= \sum_{s'}\left\{p(s'|s_2,a_2)R^{a_2}_{s_2,s_i} + \gamma p(s'|s_2,a_2)v_k(s')\right\} \\
&= \sum_{s'} p(s'|s_2,a_2)\left\{R^{a_2}_{s_2,s_i} + \gamma v_k(s')\right\}
\end{aligned}
$$

예제 2

아래 확률적 정책을 따를 때, 식(3)으로 상태 가치를 구하는 과정을 알아보자.

$$\pi(a_1|s_1)=\pi(a_2|s_1)=1/2$$

$$\pi(a_1|s_2)=\pi(a_2|s_2)=\pi(a_3|s_2)=1/3$$

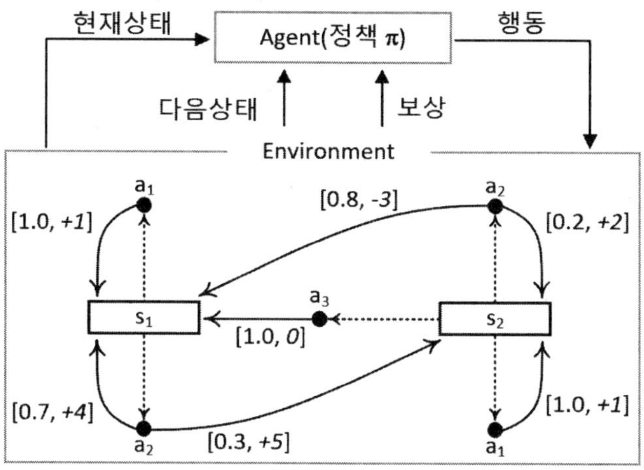

그림6

식(3)은 아래와 같다.

$$v_{k+1}(s) = \sum_{a}\sum_{s'} \pi(a|s)\, p(s'|s,a)\left\{R_{s,s'}^{a} + \gamma v_k(s')\right\}$$

위 식을 코드로 구현할 때, 아래 식과 같은 형식을 사용한다.

$$v(s) \leftarrow \sum_{a}\sum_{s'} \pi(a|s)\, p(s'|s,a)\left\{R_{s,s'}^{a} + \gamma v(s')\right\}$$

위 수식의 의사코드는 다음과 같다.

```
for s in env.states:
    sum_as′ ← 0
    dict_action_prob=policy(s)
    for a, π(a|s) in dict_action_prob.item():
        for (s′, R^a_{s,s′}), p(s′|s,a) in env.trans[(s,a)].items():
            sum_as′ ← sum_as′ + π(a|s) p(s′|s,a){R^a_{s,s′} + γv(s′)}
    v(s) ← sum_as′
```

그림7

$\text{policy}(s)$는 아래와 같이 dictionary를 반환한다. key는 행동 a 이고 value는 행동을 선택한 확률 $\pi(a|s)$ 이다. 확률값은 위 **그림6**과 같다.

$$\text{policy}(s_1) = \left\{"a_1":\frac{1}{2},\ "a_2":\frac{1}{2}\right\}$$
$$\text{policy}(s_2) = \left\{"a_1":\frac{1}{3},\ "a_2":\frac{1}{3},\ "a_3":\frac{1}{3}\right\}$$

의사코드 **그림7**에서 변수 sum_as′는 $\sum_{a}\sum_{s'}$ 을 계산할 때 사용한다. 나머지 line은 **그림6**의 설명과 같다. 의사코드를 코드로 구현하면 다음과 같다.

```python
# 상수
gamma=0.5 # 할인율
theta=1e-10 # 업데이트 멈춤 상수
# 여기에 환경 SimpleEnvironment 코드(제3장 그림6)

def policy(state):
    if state == "s1":
        return {"a1": 1/2, "a2": 1/2}
    else:
        return {"a1": 1/3, "a2": 1/3, "a3": 1/3}

def policy_evaluation( ):
    v = {state: 0 for state in env.states}

    while True:
        delta = 0

        # Update each state
        for state in env.states:
            old_v = v[state]
            sum_as1 = 0 # sum_as'
            dict_action_prob = policy(state)

            for action, action_prob in dict_action_prob.items():
                for (next_state, reward), trans_prob in env.trans[state, action].items():
                    sum_as1 += action_prob * trans_prob * (reward + gamma * v[next_state])

            # Update the value function
            v[state] = sum_as1

            # Calculate the maximum change in the value function
            delta = max(delta, abs(old_v - v[state]))

        # Check for convergence
        if delta < theta:
            break
    return v

env = SimpleEnvironment( )
policy_evaluation( )
```

그림8

PART II

최적의 정책을 코딩으로 구하기: 정책 반복(policy iteration)

정책 반복은 아래 두 과정을 반복하는 방법이다.

- 정책 평가(policy evaluation, PART I)

$$v_{k+1}(s) = \sum_a \sum_{s'} \pi(a|s)\, p(s'|s,a)\left\{R^a_{s,s'} + \gamma v_k(s')\right\}$$

$$v(s) \leftarrow \sum_a \sum_{s'} \pi(a|s)\, p(s'|s,a)\left\{R^a_{s,s'} + \gamma v(s')\right\} \qquad (6)$$

- 정책 개선(policy improvement)

$$q_\pi(s,a) = R^a_s + \gamma \sum_{s'} p(s'|s,a)\, v_\pi(s')$$
$$\pi_1(s) = \arg\max_a q_\pi(s,a)$$

- 업데이트된 π_1에 대하여 정책 평가와 개선을 반복하여 π_2를 얻음
- 업데이트된 π_2에 대하여 정책 평가와 개선을 반복하여 π_3를 얻음
- 업데이트된 π_3에 대하여 정책 평가와 개선을 반복하여 π_4를 얻음
- 업데이트 전후의 정책이 같으면$(\pi_n = \pi_{n+1})$ 반복을 종료

이를 정리하면 다음과 같다.

정책 평가	$v(s) \leftarrow \sum_{s'} p(s' \mid s, \pi(s)) \{ R_{s,s'}^{\pi(s)} + \gamma v(s') \}$
정책 개선	$q_\pi(s,a) = R_s^a + \gamma \sum_{s'} p(s' \mid s,a) v_\pi(s')$ $\pi_{new}(s) = \arg\max_a q_\pi(s,a)$
반복 멈춤 기준	업데이트해도 정책이 변하지 않으면 반복을 멈춤

정책 π 를 π_{new} 로 업데이트하는 방식을 그리디(greedy) 방식이라고 한다.

예제 3

아래 무작위 정책을 따를 때, 식(3)으로 최적의 정책을 구하는 과정을 알아보자.

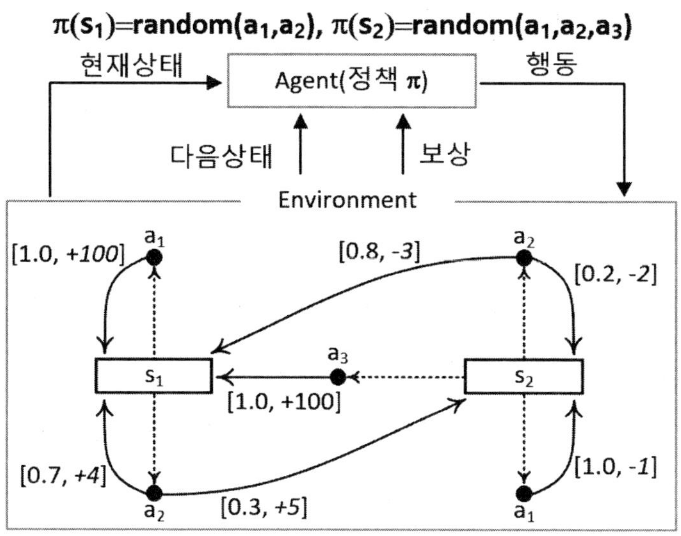

그림9

그림9의 환경은 최적의 정책을 계산하지 않고도 알 수 있도록 **그림6**의 보상을 다르게 수정했다: 최적의 정책은 상태 s_1 에서 행동 a_1 선택과 상태 s_2 에서 행동 a_3 선택임을 직관적으로 알 수 있다. 즉,

$$\pi_*(s) = \begin{cases} a_1 & (s = s_1) \\ a_3 & (s = s_2) \end{cases}$$

정책 반복(policy iteration) 알고리즘이 위 π_*를 찾는지 아래 순서로 확인해 보자.

Step1. 환경 정의

Step2. 초기 정책 정의

Step3. 정책 평가 함수 정의

Step4. 정책 반복 함수 정의(정책 평가 함수, 정책 개선, 반복 중단 기준 포함)

Step5. 정책 반복 함수 실행

- **Step1. 환경 정의**

그림9에 있는 환경을 코딩하면 아래와 같다.

```
import random, numpy as np

gamma=0.5 # 할인율
theta=1e-10 # 업데이트 멈춤 상수

class SimpleEnvironment:
  def __init__(self):
    self.states = ["s1", "s2"]
    self.actions = ["a1", "a2", "a3"]

    self.trans = {
      # (state, action) : {(next_state, reward): probability}
      ("s1", "a1"): {("s1",+100): 1},
      ("s1", "a2"): {("s1",+4): 0.7, ("s2",+5): 0.3},
      ("s2", "a1"): {("s2",+1): 1},
      ("s2", "a2"): {("s1",-3): 0.8, ("s2",-2): 0.2},
      ("s2", "a3"): {("s1",+100): 1}
    }

  def reset(self):
    self.current_state = random.choice(self.states)
    return self.current_state

```

```
    def step(self, action):
        trans_value = self.trans[(self.current_state, action)]
        next_state, reward = random.choice(list(trans_value.items()))[0]
        self.current_state = next_state
        return next_state, reward

env = SimpleEnvironment()
```

그림10

- **Step2. 초기 정책 정의**

초기 정책은 **그림9**에 있는 무작위 정책으로 아래와 같다.

$$\pi(s_1) = random(a_1, a_2),\ \pi(s_2) = random(a_1, a_2, a_3)$$

아래 코드에서 위 정책을 나타내는 policy를 dictionary로 정의했다. 상태 s_1 에서 선택할 수 없는 행동 a_3를 if문으로 처리했다.

```
policy = {state: random.choice(
                [action for action in env.actions
                if not (state == "s1" and action == "a3")]
                        ) for state in env.states}
```

그림11

- **Step3. 정책 평가 함수 정의**

그림9의 policy_evaluation( )과 같다.

정책 평가	$v(s) \leftarrow \sum_{s'} p(s' \mid s, \pi(s)) \{ R_{s,s'}^{\pi(s)} + \gamma v(s') \}$

```

def policy_evaluation(env, policy, gamma=0.5, theta=1e-10):
  v = {state: 0 for state in env.states}
  while True:
    delta = 0
    for state in env.states:
      old_v = v[state]
      sum_s1 = 0
      for (next_state, reward), trans_prob  in env.trans[(state, policy[state])].items():
          sum_s1 += trans_prob * (reward + gamma * v[next_state])
      v[state] = sum_s1
      delta = max(delta, abs(old_v - v[state]))
    if delta < theta:
        break
  return v
```

그림12

- **Step4. 정책 반복 함수 정의**

정책 개선	$q_\pi(s,a) = R_s^a + \gamma \sum_{s'} p(s' \mid s,a) v_\pi(s')$ $\pi_{new}(s) = \arg\max_a q_\pi(s,a)$
반복 멈춤 기준	업데이트해도 정책이 변하지 않으면 반복을 멈춤

```

def policy_iteration( ):
  v = {state: 0 for state in env.states}
  while True:
    # policy evaluation
    v = policy_evaluation( )
    # policy improvement
    policy_stable = True
    for state in env.states:
      old_action = policy[state]
      q_values = []
      relevant_actions = [action for (s, action) in env.trans.keys() if s == state]
      for action in relevant_actions:
        q_value = 0
```

```
                for (next_state, reward), trans_prob in env.trans[(state, action)].items():
                    q_value += trans_prob * (reward + gamma * v[next_state])
                q_values.append(q_value)
            best_action = relevant_actions[np.argmax(q_values)]
            policy[state] = best_action
            if old_action != best_action:
                policy_stable = False

        if policy_stable:
            break
    return policy
```

그림13

- **Step5. 정책 반복함수 실행**

```

policy = policy_iteration(env, policy)
print("optimal policy:", policy)
```

```
optimal policy: {'s1': 'a1', 's2': 'a3'}
```

PART III 최적의 정책을 코딩으로 구하기: 가치 반복(value iteration)

가치 반복	$for\ a\ in$ relevant_actions : $q_*(s,a)=\sum_{s'}\{R^a_{s,s'}+\gamma v_*(s')\}$ $v_*(s)\leftarrow \max_a q_*(s,a)$
반복 멈춤 기준	업데이트해도 정책이 변하지 않으면 반복을 멈춤

그림14

정책 반복(policy iteration)은 **그림1**의 식(1)을 사용했지만, 가치 반복(value iteration)은 **그림1**의 식(2)를 사용하여 최적의 상태 가치를 구한다.

$$v_*(s) = \max_a \sum_{s'} \left\{ R^a_{s,s'} + \gamma v_*(s') \right\} \tag{2}$$

식(2)를 구현하는 의사코드는 위 **그림14**와 같다. 즉, 벨만 최적 방정식을 사용하여 가치 반복을 구현한다. 여기서 relevant_actions은 상태 s 마다 가능한 행동을 모아 놓은 리스트로, 정책 반복에서 사용한 변수이다. 우리가 찾으려는 것은 최적의 가치가 아니고 최적의 정책이므로 가치 반복으로 최적의 가치를 찾은 후(Step1), 이를 이용하여 최적의 정책을 찾는다(Step2). 코드로 Step1, Step2를 구현하면 다음과 같다.

```
# 여기에 정책 반복에서 사용한 환경 코드 env(그림6)
# 여기에 정책 반복에서 사용한 초기 정책 코드 policy(그림7)

def value_iteration( ):
  v = {state: 0 for state in env.states}

  # Step1. 최적의 상태 가치 찾기
  while True:
    delta = 0
    for state in env.states:
      old_v = v[state]
      q_values = []
      relevant_actions = [action for (s, action) in env.trans.keys() if s == state]
      for action in relevant_actions:
        q_value = 0
        for (next_state, reward), trans_prob in env.trans[(state, action)].items():
          q_value += trans_prob * (reward + gamma * v[next_state])
        q_values.append(q_value)
      v[state] = max(q_values)
      delta = max(delta, abs(old_v - v[state]))

    if delta < theta:
      break

  # Step2. 최적의 정책 찾기
  for state in env.states:
    q_values = []
    relevant_actions = [action for (s, action) in env.trans.keys() if s == state]
```

```
    for action in relevant_actions:
      q_value = 0
      for (next_state, reward), trans_prob in env.trans[(state, action)].items():
        q_value += trans_prob * (reward + gamma * v[next_state])
      q_values.append(q_value)
    # Assign the action that has the maximum q_value to the policy
    policy[state] = relevant_actions[np.argmax(q_values)]
  return policy

optimal_policy = value_iteration( )

print("Optimal Policy:", optimal_policy)
```

```
optimal policy: {'s1': 'a1', 's2': 'a3'}
```

그림15

제 5 장

몬테카를로 (Monte Carlo, MC)

동적 계획법(제4장)은 벨만 방정식을 사용하므로 상태, 전이확률과 보상을 알아야 한다. 즉, 동적 계획법은 환경을 알 때(모델을 알 때) 사용하는 방법이므로 모델 기반 방법이라고 한다. 모델을 모를 때(model free) 사용하는 방법으로 몬테카를로(Monte Carlo, MC) 방법이 있는데, 아래 세 가지로 나누어 알아보자.

- **에피소드(episode)**

모델 프리(model free)인 MC에서는 벨만 방정식을 사용할 수 없다. 그러므로 상태 가치나 행동 가치를 구하기 위해서는, 에이전트가 환경과 상호작용하여 다음과 같은 경험(에피소드)을 수집해야 한다(PART I).

$$\text{에피소드(episode): } \langle s_0,\ a_0,\ r_1,\ s_1,\ a_1,\ r_2,\ s_2,\ \cdots\ ,\ s_{T-1},\ a_{T-1},\ r_T,\ s_T \rangle$$

위 에피소드는 시각 $t=0$ 에서 시작하여 $t=T$ 에서 끝난다. 환경은 현재 상태 s_0 를 에이전트에게 알려주고, 에이전트는 행동 a_0 을 하여 보상 r_1 을 받는다. 그리고 환경은 다음 상태 s_1 이 된다. 이런 상호작용이 $t=T$ 에서 끝났다. 이런 연속된 상태, 행동, 보상의 나열을 에피소드(episode)라고 한다.

- **처음 방문 MC(first visit MC)과 모든 방문 MC(every visit MC)**

에피소드를 사용하여 상태 가치, 행동 가치와 최적의 정책을 구하는 방법으로 first visit(처음 방문)과 every visit(모든 방문) 방법이 있다(PART II).

- **중요도 표본추출 MC(importance sampling MC)**

주어진 정책 π로 에피소드를 수집하여 상태 가치, 행동 가치와 최적의 정책을 구하려고 할 때, 에피소드 수집이 어려울 수 있다. 이때 π와 다른 정책 b로 에피소드를 수집하여 해결하는 방법을 중요도 표본추출 MC(importance sampling MC in RL)라고 한다(PART III). 여기서 π를 목표 정책(target policy), b를 행동 정책(behavior policy)

이라고 한다.

위 세 가지 내용을 설명하는 예제 번호는 아래와 같다.

MC 방법			찾으려는 내용		
			Prediction		Control
			상태 가치	행동 가치	최적 정책
on–policy*		first–visit	예제1	예제2	예제3
		every–visit	예제4	예제5	예제6
off–policy**	importance sampling(IS)	first–visit + IS	예제7	예제8	예제9
		every–visit + IS	예제10	예제11	예제12

*: behavior policy만 있음, **: behavior policy와 target policy가 있음

그림1

고정된 하나의 정책에 대하여 상태 가치와 행동 가치를 구할 때, 예측(Prediction)이라고 한다. 최적의 정책을 찾을 때, 제어(Control)라고 한다.

에피소드(episode)

환경과 정책 π를 알면 에피소드를 수집할 수 있다.

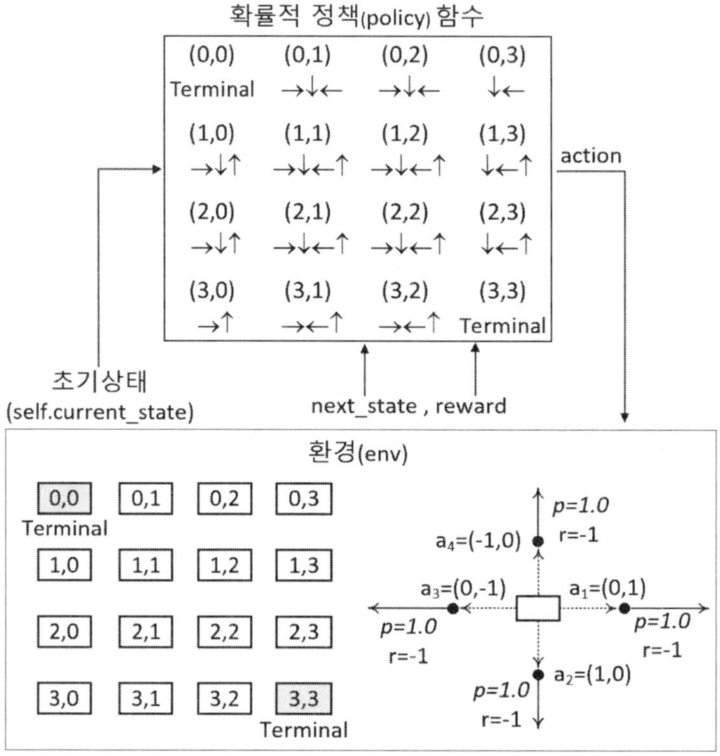

그림2 환경의 좌표평면에서 수직 아래 방향이 양의 x축이다.

```
# 여기에 환경 코드 env(제3장 그림8)
# 여기에 확률적 정책 코드 stochastic_policy(제3장 그림12)

num_episodes=2
episode_data = []
for episode in range(num_episodes):
    state = env.reset()
    while state not in env.terminalStates:
        action = stochastic_policy(state)
        next_state, reward = env.step(action)
        episode_data.append((episode, state, action, reward, next_state))
        state = next_state

episode_data
```

그림3

아래는 **그림3**을 실행하여 얻은 결과이다. 2개 에피소드(num_episode=2)를 수집했고 0번째는 길이가 6이고 환경의 start state (0, 2)에서 action (0, 1)을 선택하여 reward -1을 받고 환경의 상태(next_state)는 (0, 3)이 되었으며 terminal state는 (0, 0)이다. 1번째 에피소드는 길이가 4이고 start state는 (2, 2)이고 terminal state는 (0, 0)이다.

Episode	State	Action	Reward	Next State
0	(0, 2)	(0, 1)	-1	(0, 3)
0	(0, 3)	(1, 0)	-1	(1, 3)
0	(1, 3)	(0, -1)	-1	(1, 2)
0	(1, 2)	(0, -1)	-1	(1, 1)
0	(1, 1)	(0, -1)	-1	(1, 0)
0	(1, 0)	(-1, 0)	-1	(0, 0)
1	(2, 2)	(-1, 0)	-1	(1, 2)
1	(1, 2)	(-1, 0)	-1	(0, 2)
1	(0, 2)	(0, -1)	-1	(0, 1)
1	(0, 1)	(0, -1)	-1	(0, 0)

그림4

참고로, 확률적 정책이므로 코드를 재실행하면 위와 다른 결과를 얻을 수 있다.

PART II 처음 방문(first-visit) MC와 모든 방문(every-visit) MC

아래 **그림5**의 1번째와 2번째 에피소드에서 상태 s 의 처음 방문(first-visit), 반환값과 상태 가치 $v(s)$ 를 알아보자.

<table>
<tr><td></td><td>상태 가치 $v(s)$</td></tr>
<tr><td>first
–visit</td><td>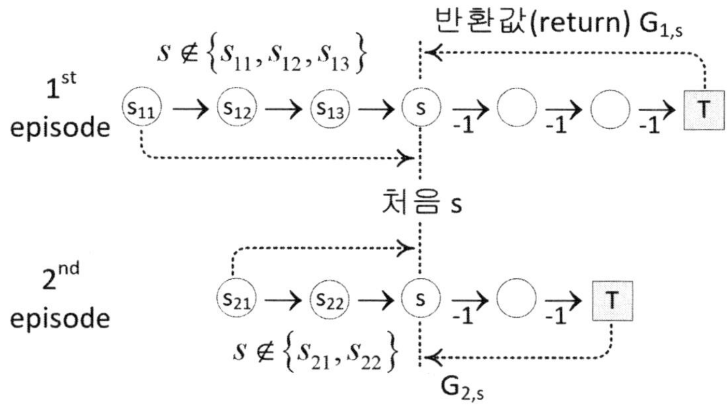
</td></tr>
<tr><td></td><td>$v(s)=\frac{1}{2}\left(G_{1,s}+G_{2,s}\right)$
$G_{1,s}=(-1)+\gamma\cdot(-1)+\gamma^2\cdot(-1)$
$G_{2,s}=(-1)+\gamma\cdot(-1)$</td></tr>
</table>

그림5 처음 방문(first–visit)으로 구하는 상태 가치

그림5의 1번째 에피소드에서 '처음 s'는 시작 상태 s_{11} 을 출발하여 (상태 s_{12} 와 s_{13} 을 지나서) 이전에 없던 상태 s 의 방문을 의미한다. 즉, 처음 방문(first-visit)이다. 그리고 반환값 $G_{1,s}$ 는 상태 s 에서 terminal 상태까지 받는 보상 총합이다.

$$G_{1,\,s} = (-1)+\gamma\cdot(-1)+\gamma^2\cdot(-1),\ \gamma\text{는 할인율}$$

그림5의 2번째 에피소드에서 '처음 s'는 시작 상태 s_{21}을 출발하여 (상태 s_{22}를 지나서) 처음으로 상태 s를 방문(visit)했음을 나타낸다. 그리고 반환값 $G_{2,s}$는 상태 s에서 terminal 상태까지 받는 보상 총합이다.

$$G_{2,s} = (-1) + \gamma \cdot (-1)$$

1번째, 2번째 에피소드에서 상태 s가 각각 받는 보상 총합이 각각 $G_{1,s}$, $G_{2,s}$이므로 상태 가치 $v(s)$는 다음과 같이 평균으로 정의한다.

$$v(s) = \frac{1}{2}\left(G_{1,s} + G_{2,s}\right)$$

N개 에피소드에서 $v(s)$는 다음과 같이 정의한다.

$$v(s) = \frac{1}{N}\sum_{i=1}^{N} G_{i,s} \left(N = \text{에피소드 개수}\right)$$

아래 **그림6**에는 1개 에피소드가 있고 ♣는 first-visit 상태를 나타낸다.

[1] (1,0)♣ → (2,0) → (3,0) → (2,0) → (3,0) → (3,1) → (3,0) → (2,0) → (2,1) → (3,1) → (3,2) → (3,3)

[2] (1,0) → (2,0)♣ → (3,0) → (2,0) → (3,0) → (3,1) → (3,0) → (2,0) → (2,1) → (3,1) → (3,2) → (3,3)

[3] (1,0) → (2,0) → (3,0)♣ → (2,0) → (3,0) → (3,1) → (3,0) → (2,0) → (2,1) → (3,1) → (3,2) → (3,3)

[4] (1,0) → (2,0) → (3,0) → (2,0) → (3,0) → (3,1)♣ → (3,0) → (2,0) → (2,1) → (3,1) → (3,2) → (3,3)

[5] (1,0) → (2,0) → (3,0) → (2,0) → (3,0) → (3,1) → (3,0) → (2,0) → (2,1)♣ → (3,1) → (3,2) → (3,3)

[6] (1,0) → (2,0) → (3,0) → (2,0) → (3,0) → (3,1) → (3,0) → (2,0) → (2,1) → (3,1) → (3,2)♣ → (3,3)

그림6

그림6과 같이 1개 에피소드에 11개 상태를 방문(최종 상태 제외)하지만, first-visit에서는 처음 방문한 6개 상태만 가치를 구한다.

그림7의 1번째와 2번째 에피소드에서 상태 s 의 모든 방문(every-visit), 반환값과 상태 가치 $v(s)$ 를 알아보자.

	상태 가치 $v(s)$
every –visit	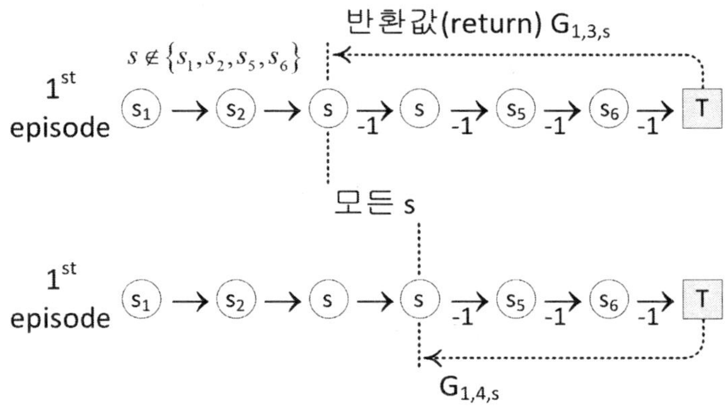
	$v(s)=\frac{1}{2}(G_{1,3,s}+G_{1,4,s})$ $G_{1,3,s}=(-1)+\gamma\cdot(-1)+\gamma^2\cdot(-1)+\gamma^3\cdot(-1)$ $G_{1,4,s}=(-1)+\gamma\cdot(-1)+\gamma^2\cdot(-1)$

그림7 모든 방문(every–visit) 상태 가치

그림7에서 '모든 s'는 모든(every) 상태를 방문(visit)한다는 의미이다. 에피소드는 1개이고 상태 s 가 두 번 있으므로 반환값도 두 개$(G_{1,3,s},\ G_{1,4,s})$가 된다. 보상 총합 $G_{1,3,s}$, $G_{1,4,s}$과 상태 가치 $v(s)$는 **그림7**과 같이 계산한다. 만약 $s_5 = s$ 이면 다음과 같이 계산한다.

$$v(s)=\frac{1}{3}(G_{1,3,s}+G_{1,4,s}+G_{1,5,s}),\ G_{1,5,s}=(-1)+\gamma\cdot(-1)$$

아래 **그림8**에는 1개 에피소드가 있고 ♣는 every-visit 상태를 나타낸다.

[1] ♣(1,0) → (2,0) → (3,0) → (2,0) → (3,0) → (3,1) → (3,0) → (2,0) → (2,1) → (3,1) → (3,2) → (3,3)

[2] (1,0) → ♣(2,0) → (3,0) → (2,0) → (3,0) → (3,1) → (3,0) → (2,0) → (2,1) → (3,1) → (3,2) → (3,3)

[3] (1,0) → (2,0) → ♣(3,0) → (2,0) → (3,0) → (3,1) → (3,0) → (2,0) → (2,1) → (3,1) → (3,2) → (3,3)

[4] (1,0) → (2,0) → (3,0) → ♣(2,0) → (3,0) → (3,1) → (3,0) → (2,0) → (2,1) → (3,1) → (3,2) → (3,3)

[5] (1,0) → (2,0) → (3,0) → (2,0) → ♣(3,0) → (3,1) → (3,0) → (2,0) → (2,1) → (3,1) → (3,2) → (3,3)

[6] (1,0) → (2,0) → (3,0) → (2,0) → (3,0) → ♣(3,1) → (3,0) → (2,0) → (2,1) → (3,1) → (3,2) → (3,3)

[7] (1,0) → (2,0) → (3,0) → (2,0) → (3,0) → (3,1) → ♣(3,0) → (2,0) → (2,1) → (3,1) → (3,2) → (3,3)

[8] (1,0) → (2,0) → (3,0) → (2,0) → (3,0) → (3,1) → (3,0) → ♣(2,0) → (2,1) → (3,1) → (3,2) → (3,3)

[9] (1,0) → (2,0) → (3,0) → (2,0) → (3,0) → (3,1) → (3,0) → (2,0) → ♣(2,1) → (3,1) → (3,2) → (3,3)

[10] (1,0) → (2,0) → (3,0) → (2,0) → (3,0) → (3,1) → (3,0) → (2,0) → (2,1) → ♣(3,1) → (3,2) → (3,3)

[11] (1,0) → (2,0) → (3,0) → (2,0) → (3,0) → (3,1) → (3,0) → (2,0) → (2,1) → (3,1) → ♣(3,2) → (3,3)

그림8

그림8과 같이 1개 에피소드에 11개 상태(최종 상태는 제외)를 방문하므로 every-visit에서는 11개 상태를 모두 방문한다. 상태 s 의 가치를 구할 때, s 를 방문한 각각에서 반환값을 구하여 평균을 계산한다. 예를 들면, 상태(2, 0)를 세 번([2], [4], [8]) 방문하므로 $G_{1,2,s}$, $G_{1,4,s}$, $G_{1,8,s}$ 를 구하여 평균한다.

$$v(s) = \frac{1}{3}\left(G_{1,2,s} + G_{1,4,s} + G_{1,8,s}\right)$$

$$G_{1,i,s} = \sum_{k=1}^{12-i} \gamma^{k-1} \cdot (-1) \ (i = 2,4,8)$$

그림9의 1번째와 2번째 에피소드에서 상태-행동 순서쌍 (s,a)의 처음 방문 (first-visit), 반환값과 행동 가치 $q(s,a)$를 알아보자.

<table>
<tr><td></td><td>행동 가치 $q(s,a)$</td></tr>
<tr><td>first
–visit</td><td>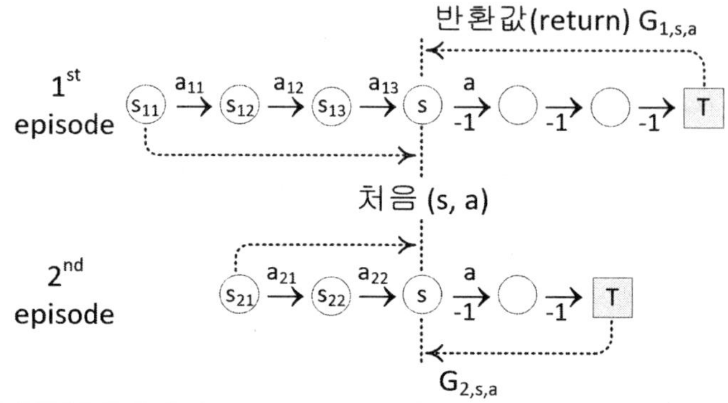
</td></tr>
<tr><td></td><td>$q(s,a)=\frac{1}{2}(G_{1,s,a}+G_{2,s,a})$
$G_{1,s,a}=(-1)+\gamma\cdot(-1)+\gamma^2\cdot(-1)$
$G_{2,s,a}=(-1)+\gamma\cdot(-1)$</td></tr>
</table>

그림9 처음 방문(first–visit) 행동 가치

그림9의 1번째 에피소드에서 '처음 $(s,\ a)$'는 상태-행동 순서쌍 $(s_{11},\ a_{11})$을 출발하여 $(s,\ a)$를 처음(first)으로 방문(visit)했다는 의미이다. 순서쌍 (상태, 행동)이 처음 방문 기준이므로 상태 또는 행동이 다르면 다른 방문이 된다. 예를 들면, 다음과 같다.

$$(s_{11},\ a_{11}) \neq (s,\ a) \Leftrightarrow s_{11} \neq s \text{ or } a_{11} \neq a$$

반환값 $G_{1,s,a}$는 $(s,\ a)$에서 terminal 상태까지 받는 보상 총합으로 다음과 같다.

$$G_{1,s,a}=(-1)+\gamma\cdot(-1)+\gamma^2\cdot(-1)$$

그림9의 2번째 에피소드에서 '처음 $(s,\ a)$'는 상태-행동 순서쌍 $(s_{21},\ a_{21})$을 출발하여 처음(first)으로 $(s,\ a)$를 방문(visit)했다는 의미이다. 그리고 반환값 $G_{2,s,a}$는 $(s,\ a)$에서 terminal 상태까지 받는 보상 총합이다.

$$G_{2,s,a} = (-1) + \gamma \cdot (-1)$$

1번째, 2번째 에피소드에서 상태-행동 순서쌍 $(s,\ a)$가 각각 받는 보상 총합이 $G_{1,s,a}$, $G_{2,s,a}$ 이므로 행동 가치 $q(s,a)$는 다음과 같이 평균으로 정의한다.

$$q(s,a) = \frac{1}{2}\left(G_{1,s,a} + G_{2,s,a}\right)$$

N개 에피소드에서 $q(s,a)$는 다음과 같다.

$$q(s,a) = \frac{1}{N}\sum_{i=1}^{N} G_{i,s,a} \left(N = \text{에피소드 개수}\right)$$

정리하면, 각 에피소드에서 처음 방문한 상태-행동 순서쌍 $(s,\ a)$의 반환값을 계산하고 이들을 평균하면 $(s,\ a)$의 가치가 된다.

그림10의 1번째와 2번째 에피소드에서 상태-행동 순서쌍 (s,a)의 모든 방문(every-visit), 반환값과 행동 가치 $q(s,a)$를 알아보자.

	행동 가치 $q(s,a)$
every-visit	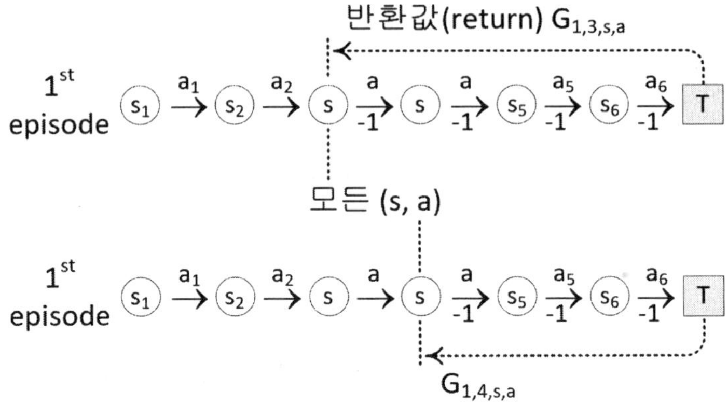
	$q(s,a)=\frac{1}{2}\left(G_{1,3,s,a}+G_{1,4,s,a}\right)$ $G_{1,3,s,a}=(-1)+\gamma\cdot(-1)+\gamma^2\cdot(-1)+\gamma^4\cdot(-1)$ $G_{1,4,s,a}=(-1)+\gamma\cdot(-1)+\gamma^2\cdot(-1)$

그림10 모든 방문(every-visit) 행동 가치

그림10에서 '모든 (s,a)'는 모든(every) 상태-행동 순서쌍을 방문(visit)한다는 의미이다. 에피소드는 1개이고 (s,a)가 두 번 있으므로 반환값도 두 개$\left(G_{1,3,s,a},\ G_{1,4,s,a}\right)$가 된다. 행동 가치는 **그림7**과 같이 계산한다.

앞에서 설명한 내용을 예제1~6에서 코드로 구현한다.

MC 방법		찾으려는 내용		
		Prediction		Control
		상태 가치	행동 가치	최적 정책
on-policy	first-visit	예제1	예제2	예제3
	every-visit	예제4	예제5	예제6

예제 1

그림2에 대하여 first-visit으로 state value를 구하는 코드를 작성하자.
환경 env는 다음과 같다.

```
import random
gamma=0.5
class GridEnv:
 def __init__(self):
  self.gridSize = 4
  self.terminalStates = [(0, 0), (self.gridSize-1, self.gridSize-1)]
  self.actions = [(1, 0), (0, 1), (-1, 0), (0, -1)]
  self.states = [(i, j) for i in range(self.gridSize)
           for j in range(self.gridSize)
           if (i, j) not in self.terminalStates]

 def reset(self):
  self.current_state = random.choice(self.states)
  return self.current_state

 def step(self, action):
  next_state = (self.current_state[0] + action[0],
       self.current_state[1] + action[1])
  self.current_state = next_state
  return next_state, -1

env = GridEnv()

```

그림11

에피소드를 수집할 정책과 상태 가치 함수는 다음과 같다.

```
def stochastic_policy(state):
 while True:
  action = random.choice(env.actions)
  next_state = (state[0] + action[0], state[1] + action[1])
  if 0 <= next_state[0] < env.gridSize and 0 <= next_state[1] < env.gridSize:
   return action
```

그림12

```
import collections

def mc_first_visit_stateValue(num_episodes):
  returns_sum = collections.defaultdict(float)
  returns_count = collections.defaultdict(int)
  V = collections.defaultdict(float)

  for episode in range(num_episodes):
    state = env.reset() # state=nonterminal=env.current_state
    episode_data = []
    while state not in env.terminalStates:
      action = stochastic_policy(state)
      next_state, reward = env.step(action)
      episode_data.append((state, action, reward))
      state = next_state

    states_visited = set()
    G = 0  # 보상 총합
    for t in range(len(episode_data)-1, -1, -1):
      state, _, reward = episode_data[t]
      G = gamma*G + reward
      if state not in states_visited:
        states_visited.add(state)
        returns_sum[state] += G
        returns_count[state] += 1
        V[state] = returns_sum[state] / returns_count[state]
  return V
```

그림13

1,000개 에피소드를 first-visit으로 계산한 상태 가치를 출력하는 코드이다.

```
V = mc_first_visit_stateValue(num_episodes=1000)

print("State : Value")
for state, value in sorted(V.items()):
    print(f"{state} : {value:.2f}")
```

그림14

위 **그림14**의 출력을 표로 나타내면 아래와 같다.

상태 가치

		x			
		0	**1**	**2**	**3**
y	**0**	0	-1.419	-1.83168743	-1.921551595
	1	-1.424	-1.7798	-1.89064	-1.8335164
	2	-1.83357581	-1.88776	-1.7798	-1.419
	3	-1.923836725	-1.829687	-1.418	0

상태의 가치는 최종 상태인 (0, 0) 또는 (3, 3)에 도달하기 위하여 선택한 행동(오른쪽, 아래, 왼쪽, 위)의 횟수가 적을수록 커짐을 알 수 있다. 예를 들면, 상태(0, 1)에서 최종 상태(0, 0)에 도착하기 위하여 행동한 횟수는 1이지만, 상태(0, 2)에서는 행동한 횟수가 2이므로 상태(0, 1) 가치가 상태(0, 2)의 가치보다 크다.

$$v(0,1) = -1.424 > -1.833 = v(0,2)$$

또한 상태(2, 0)에서 한 번 행동으로 이동할 수 있는 세 개 상태(1, 0), (3, 0), (2, 1)의 가치를 비교하면 다음과 같다.

$$\begin{aligned} & v(1,0) = -1.424 \\ & v(3,0) = -1.92 \\ & v(2,0) = -1.89 \\ & \therefore v(1,0) > \max\{v(3,0),\ v(2,1)\} \end{aligned}$$

따라서 상태(2, 0)에서 이동할 때, 세 개 상태 중에서 가치가 높은 상태(1, 0)로 이동하는 행동(-1, 0)을 선택한다. 상태 가치 대신 다음 예제와 같이 행동 가치를 구하면 최적의 행동을 쉽게 찾을 수 있다.

예제 2

그림2에 대하여 first-visit로 state-action value를 구하는 코드를 작성하자.

그림15는 state-action value이고 **그림11**은 state value 코드로, 두 코드의 차이점은 line 19, 24~29이다.

```
1 # 여기에 환경 코드 env(그림11)
2 # 여기에 확률적 정책 코드 stochastic_policy(그림12)
3 import collections
4
5 def mc_first_visit_stateActionValue(num_episodes, gamma=0.5):
6   returns_sum = collections.defaultdict(float)
7   returns_count = collections.defaultdict(int)
8   Q = collections.defaultdict(float)
9
10   for episode in range(num_episodes):
11     state = env.reset()
12     episode_data = []
13     while state not in env.terminalStates:
14       action = stochastic_policy(state)
15       next_state, reward = env.step(action)
16       episode_data.append((state, action, reward))
17       state = next_state
18
19     states_actions_visited = set() ## 상태 가치와 다름
20     G = 0
21     for t in range(len(episode_data)-1, -1, -1):
22       state, action, reward = episode_data[t]
23       G = gamma*G + reward
24       sa = (state, action) ##
25       if sa not in states_actions_visited: ##
26         states_actions_visited.add(sa) ##
27         returns_sum[sa] += G ##
28         returns_count[sa] += 1 ##
29         Q[sa] = returns_sum[sa] / returns_count[sa] ##
30   return Q
31
32 num_episodes = 10000
33 Q = mc_first_visit_stateActionValue(num_episodes)
34
35 for state_action, value in sorted(Q.items()):
36   print(f"State-Action: {state_action}, Q-Value: {value:.2f}")
```

그림15

그림15의 출력은 아래와 같다. 출력의 앞부분은 아래와 같다. 상태(0, 1)에서 가능한 행동은 (0, -1), (0, 1), (1, 0)이고, 이 중에서 최종 상태에 도착하는 행동(0, -1)의 가치가 가장 높음을 알 수 있다. 그래서 아래 **그림16**의 상태(0, 1)에서 행동(0, -1)에 해당하는 화살표가 있다. 상태(0, 2)에서 가능한 행동도 (0, -1), (0, 1), (1, 0)으로 세 개이고, 이 중에서 행동(0, -1)의 가치가 가장 높음을 알 수 있다. 그래서 그림16을 보면 상태(0, 2)에서 행동(0, -1)에 해당하는 화살표가 있다.

State-Action: Q-Value
((0, 1), (0, -1)) : -1.0
((0, 1), (0, 1)) : -1.949821548360134
((0, 1), (1, 0)) : -1.9372060406366007
((0, 2), (0, -1)) : -1.7533430883019019
((0, 2), (0, 1)) : -1.97014188426947
((0, 2), (1, 0)) : -1.968999554970923
이하 생략

아래 **그림16**의 화살표는 각 상태에서 최고의 가치를 가지는 행동이다.

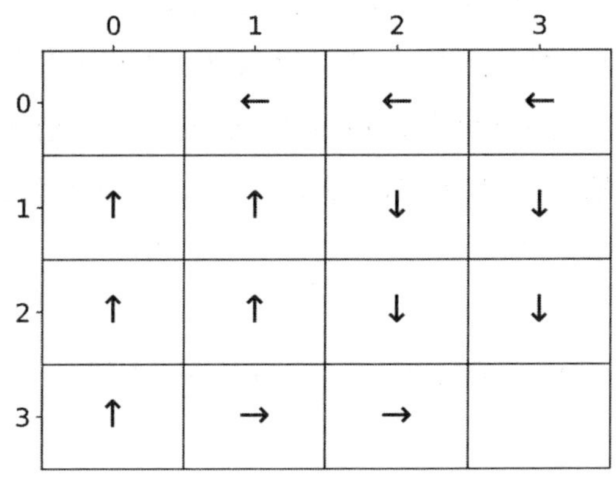

그림16

예제 3

그림2에 대하여 first-visit로 optimal policy를 구하는 코드를 작성하자.

```
1 # 여기에 환경 코드 env(그림11)
2
3 def valid_actions(state, env):
4   valid_actions = []
5   for action in env.actions:
6     next_state = (state[0] + action[0], state[1] + action[1])
7     if 0 <= next_state[0] < env.gridSize and 0 <= next_state[1] < env.gridSize:
8       valid_actions.append(action)
9   return valid_actions
10
11 def epsilon_greedy_policy(state, Q, epsilon=0.1):# behavior policy
12   actions = valid_actions(state, env)
13   if random.random() < epsilon:
14     return random.choice(actions)
15   else:
16     return max(actions, key=lambda action: Q[(state, action)])
```

그림16

각 상태에서 가능한 행동을 반환하는 함수 valid_actions( )와 에피소드를 수집할 때 사용할 함수 epsilon_greedy_policy( )는 다음과 같다. **그림2**의 환경을 보면 행동은 네 가지(위, 아래, 오른쪽, 왼쪽) 이지만 각 상태에서 가능한 행동은 세 개 또는 두 개일 수 있다. 이를 **그림2**의 정책에 표시했고 코드로 구현한 함수가 valid_actions( )이다. 주어진 상태에서 행동을 결정할 때, epsilon의 가능성으로 각 행동을 탐험(exploration)한다.

Line 14: actions 중에서 무작위로 하나의 action을 선택

1-epsilon의 가능성으로 최고의 가치를 가지는 행동을 선택하는 탐욕적(greedy) 정책을 함수 epsilon_greedy_policy( )에서 구현했다.

Line 16: state가 주어졌을 때, actions에서 action을 차례대로 꺼내서 Q[(state, action)] 값을 계산하여 최대가 되는 action을 반환한다.

최적의 정책을 구하기 위하여 아래 **그림17**에서 정책 평가(line 28~46)와 정책 개선 (47~50)을 사용했다.

```
17
18 import collections
19
20 def mc_first_visit_control(num_episodes, epsilon=0.1, gamma=0.5):
21  Q = collections.defaultdict(float)
22  returns_sum = collections.defaultdict(float)
23  returns_count = collections.defaultdict(int)
24  policy = {state: random.choice(valid_actions(state, env))
25       for state in env.states}
26
27  for episode in range(num_episodes):
28   # Policy Evaluation: Generate episode and update Q-values
29   state = env.reset() # state=nonterminal
30   episode_data = []
31   while state not in env.terminalStates:
32    action = epsilon_greedy_policy(state, Q, epsilon)
33    next_state, reward = env.step(action)
34    episode_data.append((state, action, reward))
35    state = next_state
36   G = 0
37   states_actions_visited = set()
38   for t in range(len(episode_data)-1, -1, -1):
39    state, action, reward = episode_data[t]
40    G = gamma * G + reward
41    sa = (state, action)
42    if sa not in states_actions_visited:
43     states_actions_visited.add(sa)
44     returns_sum[sa] += G
45     returns_count[sa] += 1
46     Q[sa] = returns_sum[sa] / returns_count[sa]
47   # Policy Improvement: Update the policy to be greedy
48   for state in policy.keys():
49    policy[state] = max(valid_actions(state, env),
50             key=lambda action: Q[(state, action)])
51  return policy, Q
```

그림17

아래 **그림18**은 main이다.

```

num_episodes = 10000
policy, Q = mc_first_visit_control(num_episodes)

for state, action in sorted(policy.items()):
  print(f"State: {state}, Optimal Action: {action}")
for state_action, value in sorted(Q.items()):
  print(f"State-Action: {state_action}, Q-Value: {value:.2f}")
```

그림18

그림18의 출력 중, 앞부분은 다음과 같다. 상태(0, 1)에서 최적의 행동은 (0, -1), 상태(0, 2)에서 최적의 행동은 (0, -1)이고 상태(0, 3)에서 최적의 행동은 (1, 0)이다. 상태(0, 1)에서 가능한 행동은 (0, -1), (0, 1), (1, 0)이고 각각의 가치를 계산하면 −1.00, -1.79, -1.77이므로 상태(0, 1)에서 최적의 행동은 (0, -1)임을 확인할 수 있다.

State: (0, 1), Optimal Action: (0, -1)

State: (0, 2), Optimal Action: (0, -1)

State: (0, 3), Optimal Action: (1, 0)

State: (1, 0), Optimal Action: (-1, 0)

State: (1, 1), Optimal Action: (0, -1)

State: (1, 2), Optimal Action: (0, -1)

State: (1, 3), Optimal Action: (1, 0)

State: (2, 0), Optimal Action: (-1, 0)

State: (2, 1), Optimal Action: (0, 1)

State: (2, 2), Optimal Action: (1, 0)

State: (2, 3), Optimal Action: (1, 0)

이하 생략

State-Action: ((0, 1), (0, -1)), Q-Value: -1.00

State-Action: ((0, 1), (0, 1)), Q-Value: -1.79

State-Action: ((0, 1), (1, 0)), Q-Value: -1.77

이하 생략

각 상태에서 최고의 가치를 가지는 행동은 아래 **그림19**와 같다.

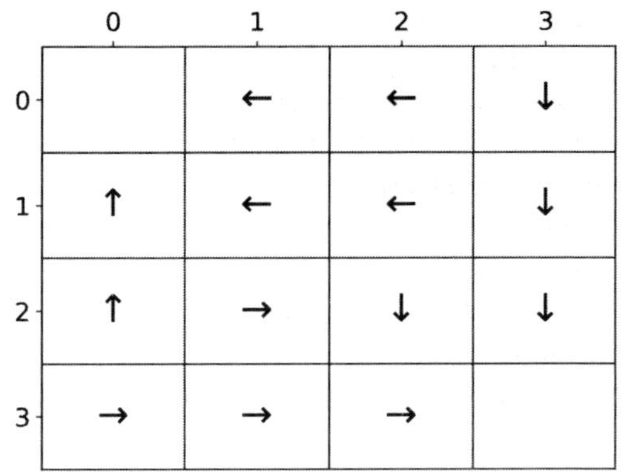

그림19

예제 4

그림2에 대하여 every-visit로 state value를 구하는 코드를 작성하자.

예제1(**그림13~14**)에서 first-visit에 해당하는 코드를 every-visit으로 변경하고 방문한 상태를 저장한 변수인 states_visited를 삭제한다.

 # 변경 전

```
def mc_first_visit_stateValue(num_episodes):

  states_visited = set()
  G = 0  # 보상 총합
  for t in range(len(episode_data)-1, -1, -1):
    state, _, reward = episode_data[t]
    G = gamma*G + reward
    if state not in states_visited:
      states_visited.add(state)
      returns_sum[state] += G
      returns_count[state] += 1
      V[state] = returns_sum[state] / returns_count[state]
  return V

V = mc_first_visit_stateValue(num_episodes=1000)
```

 # 변경 후

```
def mc_every_visit_stateValue(num_episodes):

#    states_visited = set()
    G = 0  # 보상 총합
    for t in range(len(episode_data)-1, -1, -1):
      state, _, reward = episode_data[t]
      G = gamma*G + reward
#      if state not in states_visited:
#        states_visited.add(state)
      returns_sum[state] += G
      returns_count[state] += 1
      V[state] = returns_sum[state] / returns_count[state]
  return V

V = mc_every_visit_stateValue(num_episodes=1000)
```

그림20

그리고 출력을 grid에 나타내면 다음과 같다. 예제1의 출력과 숫자는 다르지만, 두 출력 모두 어떤 상태에서 출발해도 최종 상태에 이르는 최단 경로를 제공한다.

상태 가치

		x			
		0	**1**	**2**	**3**
y	**0**	0	-1.645	-1.9274185	-1.962907641
	1	-1.639	-1.8994	-1.95654	-1.9273213
	2	-1.9277816	-1.9562	-1.8996	-1.637
	3	-1.964276246	-1.9262012	-1.632	0

그림21

예제 5

그림2에 대하여 every-visit로 state-action value를 구하는 코드를 작성하자.

예제2(**그림15**)에서 있는 first-visit을 아래와 같이 every-visit으로 수정하면 된다.

 # 변경 후

```
def mc_every_visit_stateActionValue(num_episodes, gamma=0.5):

#   states_actions_visited = set()
    G = 0
    for t in range(len(episode_data)-1, -1, -1):
      state, action, reward = episode_data[t]
      G = gamma*G + reward
      sa = (state, action)
#       if sa not in states_actions_visited:
#           states_actions_visited.add(sa)
      returns_sum[sa] += G
      returns_count[sa] += 1
      Q[sa] = returns_sum[sa] / returns_count[sa]
  return Q

Q = mc_every_visit_stateActionValue(num_episodes)
```

그림22

각 상태에서 최고의 가치를 가지는 행동은 아래 그림과 같다. 예제2와 다르지만, 두 출력 모두 최종 상태에 이르는 최단 경로를 제공한다.

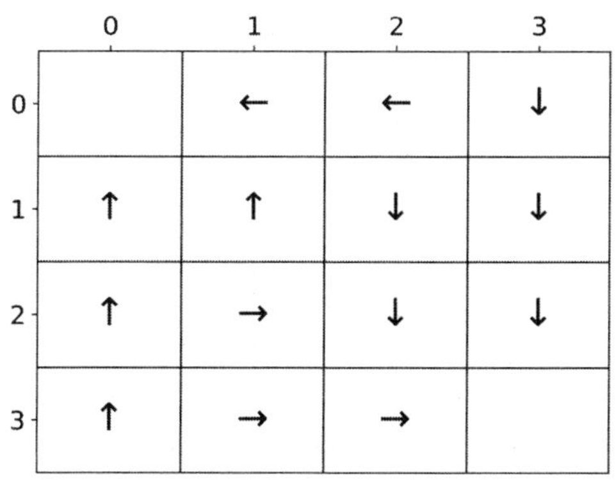

그림23

예제 6

그림2에 대하여 every-visit로 optimal policy를 구하는 코드를 작성하자.

예제3(**그림17, 18**)에서 first-visit에 해당하는 코드를 아래와 같이 주석 처리한다.

 # 변경 후

```
def mc_every_visit_control(num_episodes, epsilon=0.1, gamma=0.5):

#   states_actions_visited = set()
    for t in range(len(episode_data)-1, -1, -1):
      state, action, reward = episode_data[t]
      G = gamma * G + reward
      sa = (state, action)
#       if sa not in states_actions_visited:
#         states_actions_visited.add(sa)
      returns_sum[sa] += G
      returns_count[sa] += 1

      Q[sa] = returns_sum[sa] / returns_count[sa]
    # Policy Improvement: Update the policy to be greedy
    for state in policy.keys():
      policy[state] = max(valid_actions(state, env),
                    key=lambda action: Q[(state, action)])
  return policy, Q

policy, Q = mc_every_visit_control(num_episodes)
```

그림24

예제3과 마찬가지로 최종 상태에 이르는 최단 경로를 제공한다.

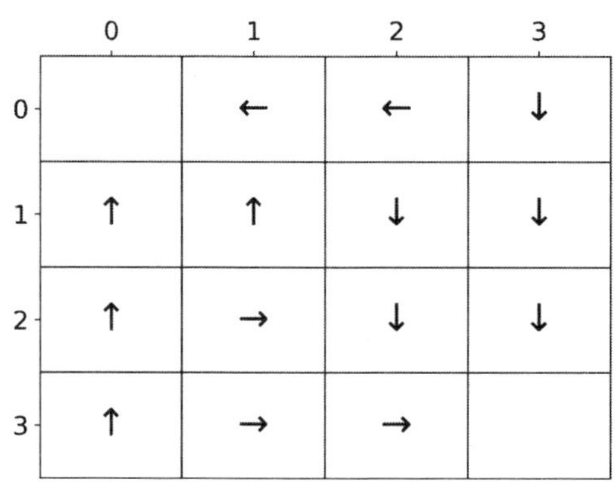

그림25

PART III 중요도 표본추출 MC (importance sampling MC)

주어진 정책 π(목표 정책 target policy)으로는 에피소드 수집이 어려울 때, 다른 정책 b(행동 정책 behavior policy)로 에피소드를 수집하여 정책 π의 상태 가치, 행동 가치와 최적의 정책을 구하는 방법이 importance sampling MC이다. 아래 **그림26**과 같이 importance sampling(IS)을 사용하여 first-visit 방법으로 상태 가치를 구한다.

그림5의 first-visit 방법과 공통점은 처음 방문한 상태만 가치는 구하는 것이다. 차이점은 **그림1**에서 설명한 target policy가 있고 없음이다. IS-first visit에는 target policy가 있으므로 아래 표와 같이 상태 가치를 구할 때, importance sampling 가중치 w를 사용한다.

	상태 가치
First vist (**그림5**)	$v(s)=\frac{1}{2}\left(G_{1,s}+G_{2,s}\right)$
IS–first vist (**그림26**)	$v(s)=\frac{1}{2}\left(w_1 G_{1,s}+w_2 G_{2,s}\right)$ $w_1=\frac{\pi(a\vert s)}{b(a\vert s)}\cdot\frac{\pi(a_{14}\vert s_{14})}{b(a_{14}\vert s_{14})}\cdot\frac{\pi(a_{15}\vert s_{15})}{b(a_{15}\vert s_{15})}$ $w_2=\frac{\pi(a\vert s)}{b(a\vert s)}\cdot\frac{\pi(a_{24}\vert s_{24})}{b(a_{24}\vert s_{24})}$

위의 가중치 w의 정의를 보면 상태 s에서 terminal 상태까지 행동 action을 알아야 한다. 그래서 first visit과 달리 IS-first visit 그림에는 상태 s에서 terminal 상태까지 선택한 행동 action이 있다(**그림26**). IS-every visit도 IS-first visit과 마찬가지로 상태 s의 가치를 구할 때, importance sampling 가중치 w를 사용하므로 상태 s에서 terminal 상태까지 행동 action을 알아야 한다.

<table>
<tr><th></th><th>상태 가치 $v(s)$</th></tr>
<tr><td>First visit
(그림5)</td><td>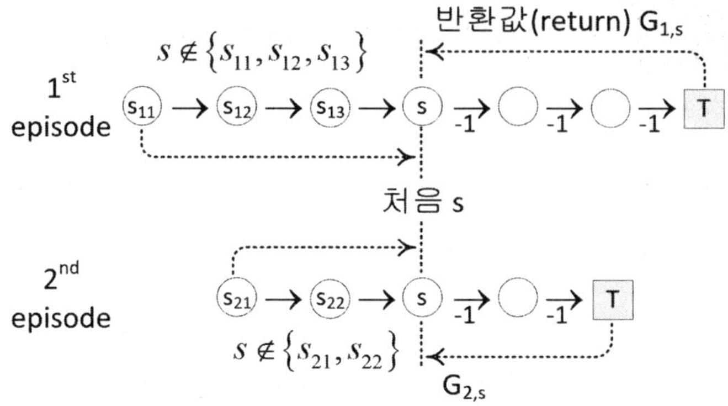
</td></tr>
<tr><td rowspan="2">IS–
first visit</td><td>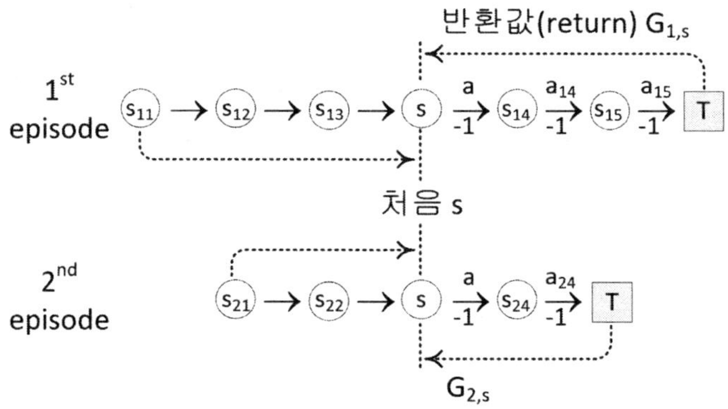
</td></tr>
<tr><td>

$$v(s)=\frac{1}{2}\left(w_1 G_{1,s}+w_2 G_{2,s}\right)$$

$$w_1=\frac{\pi(a|s)}{b(a|s)}\cdot\frac{\pi(a_{14}|s_{14})}{b(a_{14}|s_{14})}\cdot\frac{\pi(a_{15}|s_{15})}{b(a_{15}|s_{15})}$$

$$w_2=\frac{\pi(a|s)}{b(a|s)}\cdot\frac{\pi(a_{24}|s_{24})}{b(a_{24}|s_{24})}$$

$$G_{1,s}=(-1)+\gamma\cdot(-1)+\gamma^2\cdot(-1)$$

$$G_{2,s}=(-1)+\gamma\cdot(-1)$$

</td></tr>
</table>

그림26

아래 **그림27**과 같이 importance sampling(IS)을 사용하여 IS-every visit 방법으로 state value를 구한다.

<table>
<tr><th></th><th>상태 가치 $v(s)$</th></tr>
<tr><td>Every visit
(그림7)</td><td>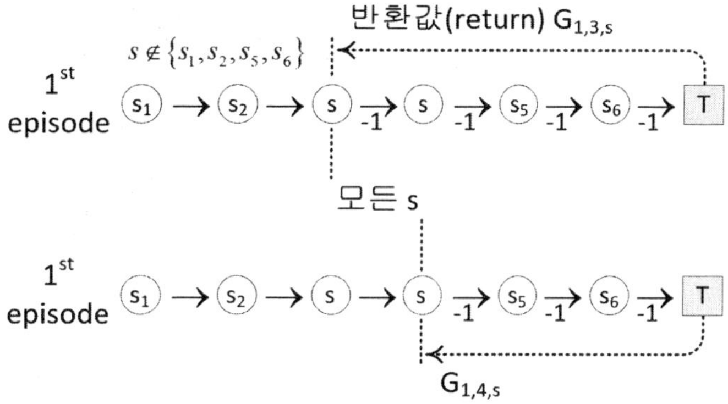
</td></tr>
<tr><td rowspan="2">IS–
every visit</td><td>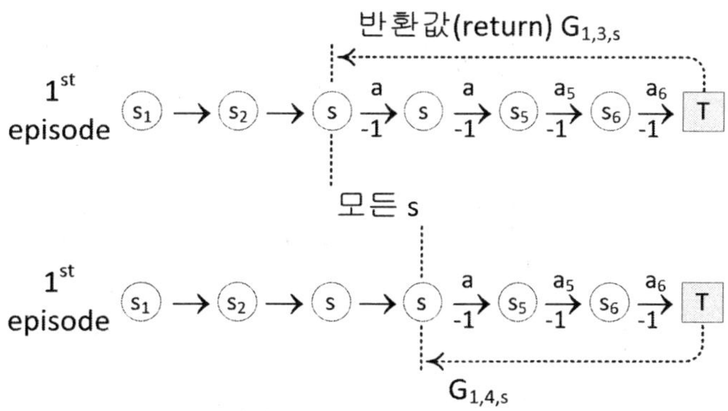
</td></tr>
<tr><td>

$$v(s)=\frac{1}{2}\left(w_1 G_{1,3,s}+w_2 G_{1,4,s}\right)$$

$$w_1=\frac{\pi(a|s)}{b(a|s)}\cdot\frac{\pi(a|s)}{b(a|s)}\cdot\frac{\pi(a_5|s_5)}{b(a_5|s_5)}\cdot\frac{\pi(a_6|s_6)}{b(a_6|s_6)}$$

$$w_2=\frac{\pi(a|s)}{b(a|s)}\cdot\frac{\pi(a_5|s_5)}{b(a_5|s_5)}\cdot\frac{\pi(a_6|s_6)}{b(a_6|s_6)}$$

$$G_{1,3,s}=(-1)+\gamma\cdot(-1)+\gamma^2\cdot(-1)+\gamma^3\cdot(-1)$$

$$G_{1,4,s}=(-1)+\gamma\cdot(-1)+\gamma^2\cdot(-1)$$

</td></tr>
</table>

그림27

아래 **그림28**과 같이 IS-first visit 방법으로 state-action value를 구한다.

<table>
<tr><th></th><th>행동 가치 $q(s,a)$</th></tr>
<tr><td>First visit
(그림9)</td><td>
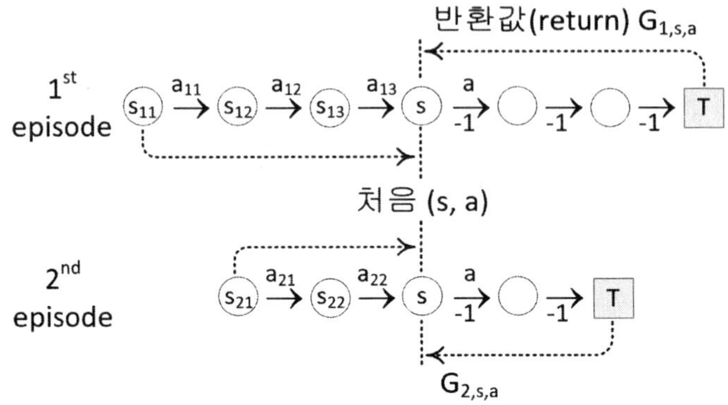

</td></tr>
<tr><td rowspan="2">IS-
first visit</td><td>
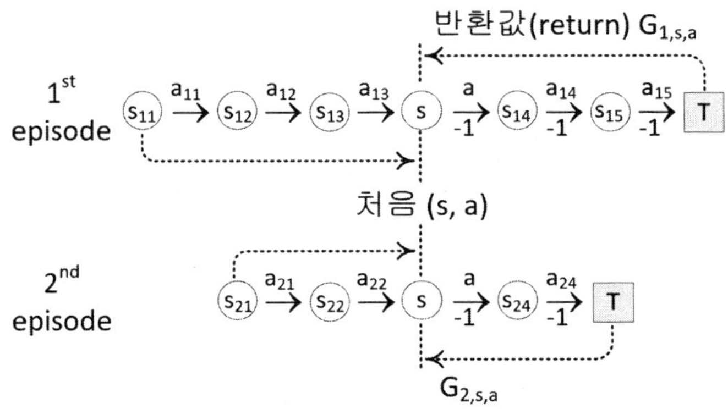

</td></tr>
<tr><td>
$$q(s,a)=\frac{1}{2}\left(w_1 G_{1,s,a}+w_2 G_{2,s,a}\right)$$
$$w_1=\frac{\pi(a|s)}{b(a|s)}\cdot\frac{\pi(a_{14}|s_{14})}{b(a_{14}|s_{14})}\cdot\frac{\pi(a_{15}|s_{15})}{b(a_{15}|s_{15})}$$
$$w_2=\frac{\pi(a|s)}{b(a|s)}\cdot\frac{\pi(a_{24}|s_{24})}{b(a_{24}|s_{24})}$$
$$G_{1,s,a}=(-1)+\gamma\cdot(-1)+\gamma^2\cdot(-1)$$
$$G_{2,s,a}=(-1)+\gamma\cdot(-1)$$
</td></tr>
</table>

그림28

아래 **그림29**와 같이 IS-every visit 방법으로 state-action value를 구한다.

<table>
<tr><th></th><th>행동 가치 $q(s,a)$</th></tr>
<tr><td>Every visit
(그림10)</td><td>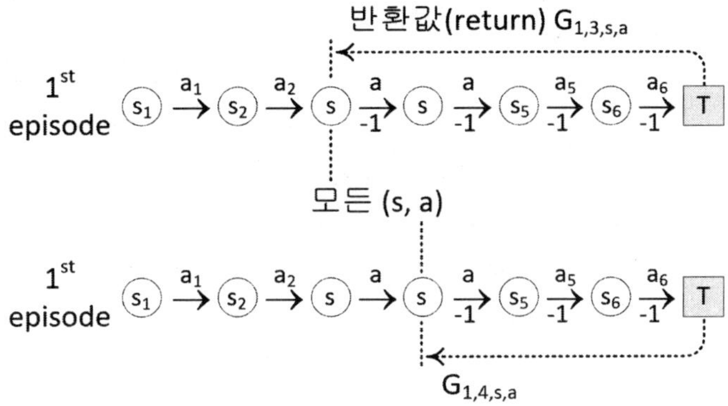
</td></tr>
<tr><td rowspan="2">IS–
every visit</td><td>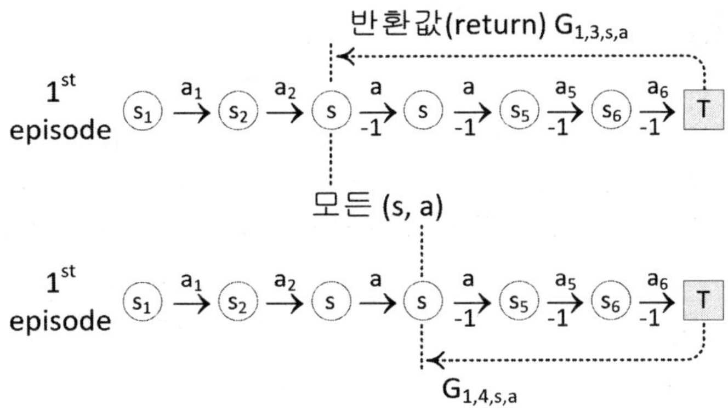
</td></tr>
<tr><td>

$$q(s,a)=\frac{1}{2}\left(w_1G_{1,3,s,a}+w_2G_{1,4,s,a}\right)$$

$$w_1=\frac{\pi(a|s)}{b(a|s)}\cdot\frac{\pi(a|s)}{b(a|s)}\cdot\frac{\pi(a_5|s_5)}{b(a_5|s_5)}\cdot\frac{\pi(a_6|s_6)}{b(a_6|s_6)}$$

$$w_2=\frac{\pi(a|s)}{b(a|s)}\cdot\frac{\pi(a_5|s_5)}{b(a_5|s_5)}\cdot\frac{\pi(a_6|s_6)}{b(a_6|s_6)}$$

$$G_{1,3,s,a}=(-1)+\gamma\cdot(-1)+\gamma^2\cdot(-1)+\gamma^3\cdot(-1)$$

$$G_{1,4,s,a}=(-1)+\gamma\cdot(-1)+\gamma^2\cdot(-1)$$

</td></tr>
</table>

그림29

아래와 같이 PART II에서 다룬 내용에 importance sampling을 추가하여 상태 가치 코드, 상태-행동 가치 코드와 최적의 정책 코드를 예제7~12에서 알아보자.

MC 방법			찾으려는 내용		
			Prediction		Control
			상태 가치	행동 가치	최적 정책
on-policy*		first-visit	예제1	예제2	예제3
		every-visit	예제4	예제5	예제6
off-policy**	importance sampling(IS)	first-visit + IS	예제7	예제8	예제9
		every-visit + IS	예제10	예제11	예제12

*: behavior policy만 있음, **: behavior와 target policy가 있음

그림30

참고

그림26~29에서 사용한 importance sampling은 반환값의 평균(에피소드 개수로 반환값을 나눔)을 구한 것으로 ordinary importance sampling이라고 한다. 에피소드 개수 대신 가중치의 합을 사용하면 weighted importance sampling이라고 한다.

	상태 가치와 행동 가치
Ordinary importance sampling	$v(s)=\frac{1}{2}\left(w_1 G_{1,s}+w_2 G_{2,s}\right)$
	$q(s,a)=\frac{1}{2}\left(w_1 G_{1,s,a}+w_2 G_{2,s,a}\right)$
Weighted importance sampling	$v(s)=\frac{1}{w_1+w_2}\left(w_1 G_{1,s}+w_2 G_{2,s}\right)$
	$q(s,a)=\frac{1}{w_1+w_2}\left(w_1 G_{1,s,a}+w_2 G_{2,s,a}\right)$

그림31

Ordinary importance sampling은 불편 추정량이다(부록에서 증명).

$$E_b\left[\frac{1}{2}\left(w_1 G_{1,s}+w_2 G_{2,s}\right)\middle| S=s\right]=v_\pi(s)$$

Weighted importance sampling은 불편 추정량은 아니지만 분산이 적어 널리 사용된다.

예제 7

예제1에서 first visit으로 구한 state value를 importance sampling first visit으로 구해보자. 아래 **그림32**에서 behavior policy(b)는 각 상태에서 가능한 행동 중 하나를 무작위로 선택한다. Grid 내에 있어야 하므로 behavior policy(b)가 행동을 선택할 확률 b(a|s)는 1/4, 1/3, 1/2 중 하나가 된다(**그림2**). Target policy(pi)는 다음 상태가 최고의 상태 가치를 가지는 행동을 선택하므로 행동을 선택할 확률 pi(a|s)는 1.0이다(**그림32**, line 28).

```
1 # 여기에 환경 코드 env(그림11)
2
3 def valid_actions(state):
4   valid_actions = []
5   for action in env.actions:
6     next_state = (state[0] + action[0], state[1] + action[1])
7     if 0 <= next_state[0] < env.gridSize and 0 <= next_state[1] < env.gridSize:
8       valid_actions.append(action)
9   return valid_actions
10
11 def behavior_policy(state):
12   actions = valid_actions(state)
13   while True:
14     action = random.choice(actions)
15     next_state = (state[0] + action[0], state[1] + action[1])
16     if 0 <= next_state[0] < env.gridSize and 0 <= next_state[1] < env.gridSize:
17       return action, 1/len(actions) # 무작위, b(a|s)=1/len(valid_actions(state))
18
19 def target_policy(state, V):
20   max_value = float('-inf')
21   best_action = None
22   for action in valid_actions(state):
23     next_state = (state[0] + action[0], state[1] + action[1])
24     value = V[next_state]
25     if value > max_value:
26       max_value = value
27       best_action = action
28   return best_action, 1.0 # greedy이므로 pi(a|s)=1.0
```

그림32

아래 **그림33**은 함수 importance sampling first visit과 main이다.

```python

import collections

def mc_first_visit_importance_sampling(num_episodes, gamma=0.5):
    returns_sum = collections.defaultdict(float)
    returns_count = collections.defaultdict(int)
    V = collections.defaultdict(float)

    for episode in range(num_episodes):
        state = env.reset() # state=nonterminal=env.current_state
        episode_data = []
        while state not in env.terminalStates:
            action, b_prob = behavior_policy(state)
            next_state, reward = env.step(action)
            episode_data.append((state, action, reward, b_prob))
            state = next_state
        G = 0  # the return
        W = 1  # importance sampling ratio
        for t in range(len(episode_data)-1, -1, -1):
            state, action, reward, b_prob = episode_data[t]
            G = gamma*G + reward
            # Check if this state is first-visit
            if state not in [x[0] for x in episode_data[:t]]:
                pi_action, pi_prob = target_policy(state, V)
                if action != pi_action:
                    break
                    # bahavior policy로 수집한 행동이 target policy의 행동과 다르면 break
                returns_sum[state] += W * G
                returns_count[state] += W
                # Note: W is 1 or 0 here as target policy is deterministic
                V[state] = returns_sum[state] / returns_count[state]
                W *= min(1, pi_prob / max(b_prob, 1e-10))
    return V

random.seed(1)
num_episodes = 10000
V = mc_first_visit_importance_sampling(num_episodes)
print("State : Value")
for state, value in sorted(V.items()):
    print(f"{state} : {value:.2f}")
```

그림33

출력을 표로 나타내면 아래와 같고 최종 상태 (0, 0) 또는 (3, 3)에 이르는 최단 경로를 제공한다.

상태 가치

		x			
		0	1	2	3
y	0	0	-1	-1.5622	-1.84331
	1	-1.004	-1.5459	-1.81858	-1.5552
	2	-1.5523	-1.82764	-1.5496	-1
	3	-1.84615	-1.5635	-1	0

그림34

그림33의 line 53~54를 보면, 상태 A에서 behavior_policy로 선택한 action이 target policy의 action과 다르면 현재 에피소드 E에서 상태 가치 계산을 중단하고 다음 에피소드로 이동한다. 그 결과 에피소드 E에 있는 경험 중, 상태 A보다 앞서 경험한 상태는 사용하지 않는다. 즉, terminal 상태에서 출발하여 first visit 방식으로 상태 A를 방문하고 상태 A에서의 행동이 target policy의 행동과 일치하는지를 확인한다. 만약 일치하지 않으면 현재의 에피소드에서 상태 방문을 중단한다. 중단하지 않으려면 break 대신에 continue를 사용하면 된다(아래 예제10 참고).

```
if action != pi_action: # line 22
  #break
  continue
```

위와 같이 break 대신 continue를 사용하면, 상태 A의 가치를 계산하지 않지만, 현재의 에피소드에서 상태 방문을 계속한다.
그림33의 line 60은 가중치 W가 커지지 않도록 하지만, 여기서는 pi_prob=1.0이고 b_prob은 1/4, 1/3, 1/2 중 하나이므로 아래와 같다.

```
W *= pi_prob/b_prob # line 60
```

예제 8

예제2에서 first visit으로 구한 state-action value를 importance sampling first visit으로 구해보자.

```
1 # 여기에 환경 코드 env(그림11)
2
3 def valid_actions(state):
4     valid_actions = []
5     for action in env.actions:
6         next_state = (state[0] + action[0], state[1] + action[1])
7         if 0 <= next_state[0] < env.gridSize and 0 <= next_state[1] < env.gridSize:
8             valid_actions.append(action)
9     return valid_actions
10
11 def behavior_policy(state):
12     actions = valid_actions(state)
13     while True:
14         action = random.choice(actions)
15         next_state = (state[0] + action[0], state[1] + action[1])
16         if 0 <= next_state[0] < env.gridSize and 0 <= next_state[1] < env.gridSize:
17             return action, 1/len(actions)
18             # 무작위이므로 b(a|s)=1/len(valid_actions(state))
19
20 def target_policy(state, Q):
21     return max(Q[state], default=behavior_policy(state)[0]), 1.0
```

그림35

- Line 20~21: 함수 target_policy는 행동(pi_action)과 이 행동의 확률(pi_prob) 1.0을 반환한다. A가 dictionary일 때, max(A, default=B) 의미는 다음과 같다.

dictionary A	A의 keys 중에서 value가 최대인 key를 반환함
옵션 default=B	A가 empty일 때, B에 적힌 방법으로 값을 반환함

그림36

예를 들면,

Q={(3, 2): {(0, 1): -1.0, (1, 0): 10.0}}, state=(3, 2)일 때,

Q[state]의 keys인 (0, 1)과 (1, 0) 중에서 value가 최대인 key는 (1, 0)이다.

따라서 max(Q[state])는 (1, 0)이다.

```
import collections
def mc_first_visit_importance_sampling(num_episodes, gamma=0.6):
    returns_sum = collections.defaultdict(float)
    returns_count = collections.defaultdict(int)
    Q = collections.defaultdict(dict)

    for episode in range(num_episodes):
        state = env.reset()
        episode_data = []
        while state not in env.terminalStates:
            action, b_prob = behavior_policy(state)
            next_state, reward = env.step(action)
            episode_data.append((state, action, reward, b_prob))
            state = next_state
        G = 0
        W = 1
        for t in range(len(episode_data) - 1, -1, -1):
            state, action, reward, b_prob = episode_data[t]
            G = gamma * G + reward
            sa = (state, action)
            if sa not in [(x[0], x[1]) for x in episode_data[:t]]:
                pi_action, pi_prob = target_policy(state, Q)
                if action != pi_action:
                    break
                returns_sum[sa] += W * G
                returns_count[sa] += 1
                Q[state][action] = returns_sum[sa] / returns_count[sa]
                W *= min(1, pi_prob / max(b_prob, 1e-10))
    return Q

random.seed(4)
num_episodes = 10000
Q = mc_first_visit_importance_sampling(num_episodes)
print("State, Action:  Q-Value")
for state, actions in sorted(Q.items()):
    for action, value in actions.items():
        print(f"{state}, {action} : {value:.2f}")
```

그림37

그림37의 line 26은 아래와 같은 사전형 자료 Q를 만드는 명령어이다.

Q = defaultdict(dict,

{ state_1 : {action_{11} : value_{11}, ... , action_{1k} : value_{1k} } ,

....

state_n : {action_{n1} : value_{n1}, ... , action_{nm} : value_{nm} }

})

Q = collections.defaultdict(dict)의 의미는 다음과 같다.

1) Q는 dictionary이고 empty인 Q에 대하여 Q[state](그림35, line 21)는 'dict' 클래스를 호출하여 empty dictionary { }를 반환한다. 여기서 dict를 factory 함수라고 한다. 그리고 Q는 defaultdict(dict, {state: {}})가 된다.
2) **그림37**의 line 48과 같이 'dict'를 호출하여 사전형으로 저장한다.

그림37의 출력을 표로 나타내면 아래와 같고 최종 상태 (0, 0) 또는 (3, 3)에 이르는 최단 경로를 제공한다.

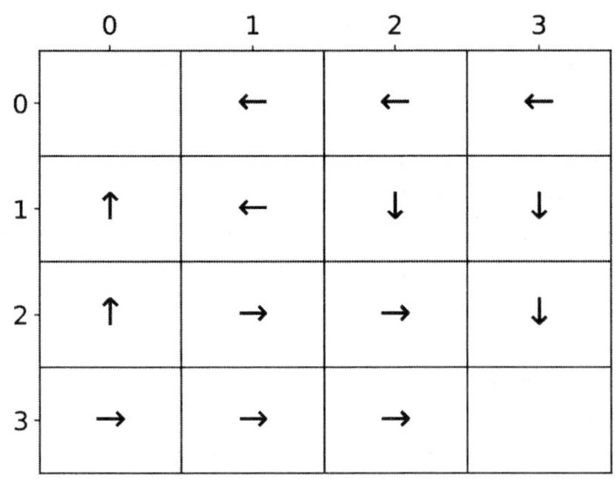

그림38

예제 9

예제3에서 first visit으로 구한 optimal policy를 importance sampling first visit으로 구해보자. 아래 **그림39**의 line 11의 behavior_policy( )는 예제3에서 epsilon_greedy_policy( )이다. Line 25에서 Q.get((state, action), 0)는 dictionary Q에 (state, action)인 key가 없으면 0을 반환한다. π(a|s)=1.0으로 가정하였다.

```
1 # 여기에 환경 코드 env(그림11)
2
3 def valid_actions(state, env):
4   valid_actions = []
5   for action in env.actions:
6     next_state = (state[0] + action[0], state[1] + action[1])
7     if 0 <= next_state[0] < env.gridSize and 0 <= next_state[1] < env.gridSize:
8       valid_actions.append(action)
9   return valid_actions
10
11 def behavior_policy(state, Q, epsilon=0.1):
12   actions = valid_actions(state, env)
13   prob = random.random()
14   if prob < epsilon:
15     action = random.choice(actions)
16     return action, epsilon / len(actions)
17   else:
18     best_action = max(actions, key=lambda action: Q[(state, action)])
19     return best_action, 1 - epsilon + epsilon / len(actions)
20
21 def target_policy(state, Q):
22   actions = valid_actions(state, env)
23   best_action = random.choice(actions)
24   if any((state, action) in Q for action in actions):
25     best_action = max(actions, key=lambda action: Q.get((state, action), 0))
26   return best_action, 1.0
27 import collections
28 def mc_control_first_visit_importance_sampling(num_episodes,
29                                                epsilon=0.3,
30                                                gamma=0.5):
31   Q = collections.defaultdict(float)
32   returns_sum = collections.defaultdict(float)
33   returns_count = collections.defaultdict(int)
34   policy = {state: random.choice(valid_actions(state, env))
35             for state in env.states}
```

```
36
37     for episode in range(num_episodes):
38         # Policy Evaluation: Generate episode and update Q-values
39         state = env.reset()
40         episode_data = []
41         while state not in env.terminalStates:
42             action, b_prob = behavior_policy(state, Q, epsilon)
43             next_state, reward = env.step(action)
44             episode_data.append((state, action, reward, b_prob))
45             state = next_state
46         G = 0
47         W = 1
48         for t in range(len(episode_data)-1, -1, -1):
49             state, action, reward, b_prob = episode_data[t]
50             G = gamma * G + reward
51             sa = (state, action)
52             if sa not in [(x[0], x[1]) for x in episode_data[:t]]:
53                 pi_action, pi_prob = target_policy(state, Q)
54                 if action != pi_action:
55                     continue
56                 returns_sum[sa] += W * G
57                 returns_count[sa] += 1
58                 Q[sa] = returns_sum[sa] / returns_count[sa]
59                 W *= min(1, pi_prob / max(b_prob, 1e-10))
60         # Policy Improvement: Update the policy to be greedy
61         for state in policy.keys():
62             policy[state], _ = target_policy(state, Q)
63
64     return policy, Q
65
66 random.seed(1)
67 num_episodes = 10000
68 policy, Q = mc_control_first_visit_importance_sampling(num_episodes)
69
70 for state, action in sorted(policy.items()):
71     print(f"State: {state}, Optimal Action: {action}")
72 print()
73 for state_action, value in Q.items():
74     print(f"State-Action: {state_action}, Q-Value: {value:.2f}")
```

그림39

그림39의 line 34~35에 있는 변수 policy에 구하려는 최적의 정책을 저장한다. line 37~62에서 최적의 정책을 찾기 위하여 정책 평가(38~59)와 정책 개선(60~62)을 반복한다. line 66~74가 main이고 line 68에 최적의 정책 policy와 최적의 상태-행동

가치 Q 값이 있다. 나머지 line에서 각 상태에서 최적의 행동을 출력한다. 그리고 상태-행동 순서쌍에 대한 가치도 출력한다. 출력을 표로 나타내면 아래와 같고 최종 상태 (0, 0) 또는 (3, 3)에 이르는 최단 경로를 제공한다.

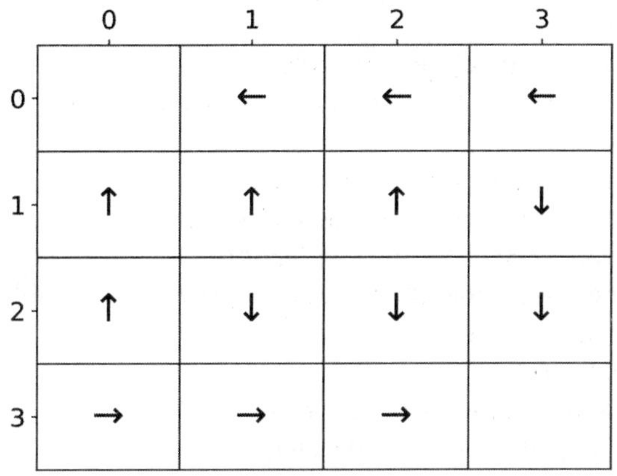

그림40

예제 10

예제7에서 IS-first visit으로 구한 state 가치를 importance sampling every visit으로 구해보자. 아래 **그림41**과 같이 함수 이름에서 first를 every로 변경한다. 그리고 예제7의 **그림33**에서 first visit 조건문만을 삭제한 후, if문 이후 코드의 들여쓰기를 수정하여 아래와 같은 코드를 만든다. 마지막으로 break를 continue로 변경한다.

 # 변경 후

\# 여기에 **그림11**에 있는 환경 env 코드

\# 여기에 **그림32**에 있는 valid_actions( ) 코드

\# 여기에 **그림32**에 있는 behavior_policy( ) 코드

\# 여기에 **그림32**에 있는 target_policy( ) 코드

```python
import collections

def mc_every_visit_importance_sampling(num_episodes, gamma=0.5):
    returns_sum = collections.defaultdict(float)
    returns_count = collections.defaultdict(int)
    V = collections.defaultdict(float)

    for episode in range(num_episodes):
        state = env.reset() # state=nonterminal=env.current_state
        episode_data = []
        while state not in env.terminalStates:
            action, b_prob = behavior_policy(state)
            next_state, reward = env.step(action)
            episode_data.append((state, action, reward, b_prob))
            state = next_state
        G = 0  # the return
        W = 1  # importance sampling ratio
        for t in range(len(episode_data)-1, -1, -1):
            state, action, reward, b_prob = episode_data[t]
            G = gamma*G + reward
#           # Check if this state is first-visit
#           if state not in [x[0] for x in episode_data[:t]]:
            pi_action, pi_prob = target_policy(state, V)
            if action != pi_action:
                continue # break
                # bahavior policy로 수집한 행동이 target policy의 행동과 다르면 break
            returns_sum[state] += W * G
            returns_count[state] += W
            # Note: W is 1 or 0 here as target policy is deterministic
            V[state] = returns_sum[state] / returns_count[state]
            W *= min(1, pi_prob / max(b_prob, 1e-10))
    return V

random.seed(1)
num_episodes = 10000
V = mc_every_visit_importance_sampling(num_episodes)
print("State : Value")
for state, value in sorted(V.items()):
    print(f"{state} : {value:.2f}")
```

그림41

출력을 grid에 나타내면 다음과 같다. 예제7 출력과 숫자는 다르지만, 두 출력 모두 어떤 상태에서 출발해도 최종 상태에 이르는 최단 경로를 제공한다.

상태 가치

		x			
		0	**1**	**2**	**3**
y	**0**	0	-1.001	-1.8172	-1.961653
	1	-1	-1.8123	-1.954649	-1.8164
	2	-1.8172	-1.94829	-1.8216	-1
	3	-1.9632	-1.8189	-1	0

그림42

예제 11

예제8에서 IS-first visit으로 구한 action value를 importance sampling every visit으로 구해보자. 아래 **그림43**과 같이 함수 이름에서 first를 every로 변경한다. 그리고 예제8의 **그림37**에서 first-visit 조건문만을 삭제한 후, if문 이후 코드의 들여쓰기를 수정하여 아래와 같은 코드를 만든다.

 # 변경 후

여기에 **그림11**에 있는 환경 env 코드

여기에 **그림36**에 있는 valid_actions( ) 코드

여기에 **그림36**에 있는 behavior_policy( ) 코드

여기에 **그림36**에 있는 target_policy( ) 코드

```
import collections
def mc_every_visit_importance_sampling(num_episodes, gamma=0.6):
  returns_sum = collections.defaultdict(float)
  returns_count = collections.defaultdict(int)
  Q = collections.defaultdict(lambda: collections.defaultdict(float))

  for episode in range(num_episodes):
    state = env.reset()
    episode_data = []
    while state not in env.terminalStates:
      action, b_prob = behavior_policy(state)
```

```
            next_state, reward = env.step(action)
            episode_data.append((state, action, reward, b_prob))
            state = next_state
        G = 0
        W = 1
        for t in range(len(episode_data) - 1, -1, -1):
            state, action, reward, b_prob = episode_data[t]
            G = gamma * G + reward
            sa = (state, action)
            pi_action, pi_prob = target_policy(state, Q)
            if action != pi_action:
                break
            returns_sum[sa] += W * G
            returns_count[sa] += 1
            Q[state][action] = returns_sum[sa] / returns_count[sa]
            W *= min(1, pi_prob / max(b_prob, 1e-10))
    return Q

random.seed(5)
num_episodes = 10000
Q = mc_every_visit_importance_sampling(num_episodes)
print("State, Action:  Q-Value")
for state, actions in sorted(Q.items()):
    for action, value in actions.items():
        print(f"{state}, {action} : {value:.2f}")
```

그림43

그림43의 출력을 표로 나타내면 아래와 같고 최종 상태 (0, 0) 또는 (3, 3)에 이르는 최단 경로를 제공한다.

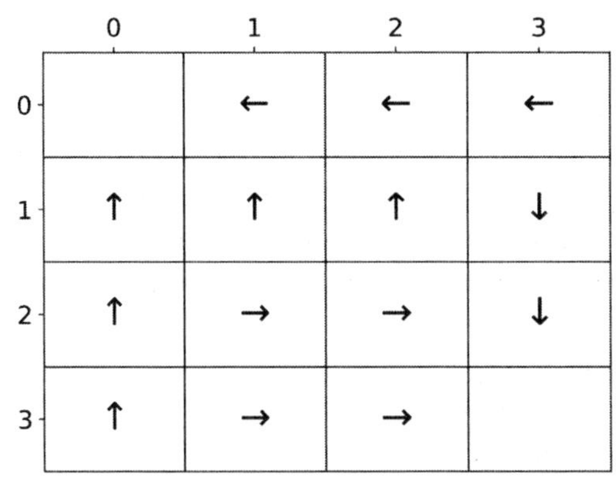

그림44

예제 12

예제9에서 IS-first visit으로 구한 optimal policy를 importance sampling every visit으로 구해보자. 아래 **그림45**와 같이 함수 이름에서 first를 every로 변경하고 epsilon 값도 0.1로 변경한다. 그리고 예제9의 **그림39**에서 first-visit 조건문만을 삭제한 후, if문 이후 코드의 들여쓰기를 수정하여 아래와 같은 코드를 만든다.

 # 변경 후

\# 여기에 **그림35**에 있는 환경 env 코드

\# 여기에 **그림35**에 있는 valid_actions( ) 코드

\# 여기에 **그림35**에 있는 behavior_policy( ) 코드

\# 여기에 **그림35**에 있는 target_policy( ) 코드

```
import collections
def mc_control_every_visit_importance_sampling(num_episodes,
                                               epsilon=0.1,
                                               gamma=0.5):
    Q = collections.defaultdict(float)
    returns_sum = collections.defaultdict(float)
    returns_count = collections.defaultdict(int)
    policy = {state: random.choice(valid_actions(state, env))
              for state in env.states}

    for episode in range(num_episodes):
        # Policy Evaluation: Generate episode and update Q-values
        state = env.reset()
        episode_data = []
        while state not in env.terminalStates:
            action, b_prob = behavior_policy(state, Q, epsilon)
            next_state, reward = env.step(action)
            episode_data.append((state, action, reward, b_prob))
            state = next_state
        G = 0
        W = 1
        for t in range(len(episode_data)-1, -1, -1):
            state, action, reward, b_prob = episode_data[t]
            G = gamma * G + reward
            sa = (state, action)
```

```
            pi_action, pi_prob = target_policy(state, Q)
            if action != pi_action:
                continue
            returns_sum[sa] += W * G
            returns_count[sa] += 1
            Q[sa] = returns_sum[sa] / returns_count[sa]
            W *= min(1, pi_prob / max(b_prob, 1e-10))
        # Policy Improvement: Update the policy to be greedy
        for state in policy.keys():
            policy[state], _ = target_policy(state, Q)

    return policy, Q

random.seed(10)
num_episodes = 10000
policy, Q = mc_control_every_visit_importance_sampling(num_episodes)

for state, action in sorted(policy.items()):
    print(f"State: {state}, Optimal Action: {action}")
print()
for state_action, value in Q.items():
    print(f"State-Action: {state_action}, Q-Value: {value:.2f}")
```

그림45

그림45의 출력을 표로 나타내면 아래와 같고 최종 상태 (0, 0) 또는 (3, 3)에 이르는 최단 경로를 제공한다.

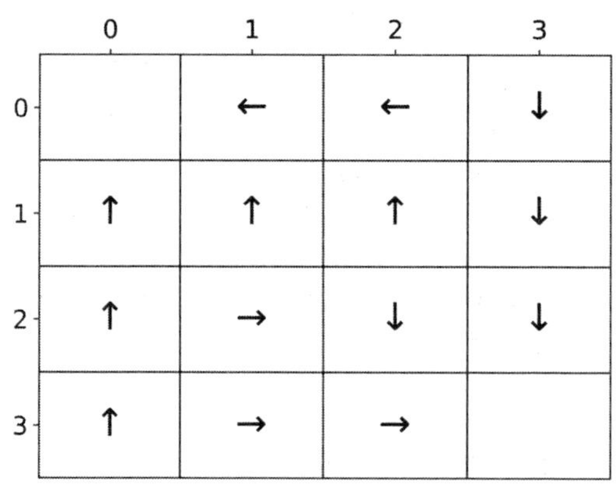

그림46

부록

1. 동적 계획법과 몬테카를로 방법 비교

구분	동적 계획법(제4장)	몬테카를로(제5장)
모델의 필요성	필요함(모델 기반)	필요 없음(모델 프리)
계산 복잡성	상태와 행동의 수에 따라 복잡성이 증가	에피소드의 길이에 따라 복잡성이 증가, 상태 공간의 크기에는 영향을 받지 않음
실시간 학습	실시간 학습이 어려움	에피소드가 끝난 후에만 학습 가능
적용 분야	작은 상태 공간을 가진 문제에 적합	상태 공간이 크거나 모델이 없는 문제에 적합
예시	체스와 같이 규칙과 전이 확률이 정확한 게임	포커와 같이 확률적이고 예측이 어려운 게임

2. 상태 가치를 계산하는 점화식을 업데이트 공식으로 변환

- Case1. Importance sampling이 아닌 경우

$$
\begin{aligned}
& v(s)=\frac{1}{2}\left(G_{1,s}+G_{2,s}\right)\langle 2\text{개 에피소드} \\
& \Rightarrow v(s)=\frac{1}{k}\sum_{i=1}^{k}G_{i,s}\langle k\text{개 에피소드} \\
& \Rightarrow v_k(s)=\frac{1}{k}\sum_{i=1}^{k}G_{i,s}\langle \text{수열의 일반항} \\
& =\frac{1}{k}\left(G_{k,s}+\sum_{i=1}^{k-1}G_{i,s}\right) \\
& =\frac{1}{k}\left\{G_{k,s}+(k-1)v_{k-1}(s)\right\} \\
& =v_{k-1}(s)+\frac{1}{k}\left(G_{k,s}-v_{k-1}(s)\right)
\end{aligned}
$$

$$\therefore v_k(s) = v_{k-1}(s) + \frac{1}{k}\left(G_{k,s} - v_{k-1}(s)\right) \langle \text{점화식}$$

$$\therefore v(s) \leftarrow v(s) + \frac{1}{k}\left(G_{k,s} - v(s)\right) \langle \text{업데이트 공식}$$

- Case2. Ordinary importance sampling인 경우

$$\begin{aligned} v_k(s) &= \frac{1}{k}\sum_{i=1}^{k} w_i G_{i,s} \\ &= \frac{1}{k}\left(w_k G_{k,s} + \sum_{i=1}^{k-1} w_i G_{i,s} \right) \\ &= \frac{1}{k}\left\{ w_k G_{k,s} + (k-1) v_{k-1}(s) \right\} \end{aligned}$$

$$\therefore v(s) \leftarrow v(s) + \frac{1}{k}\left(w_k G_{k,s} - v(s)\right) \langle \text{업데이트 공식}$$

- Case3. Weighted importance sampling인 경우

$$\begin{aligned} v_k(s) &= \frac{1}{\sum_{i=1}^{k} w_i}\sum_{i=1}^{k} w_i G_{i,s} \\ &= \frac{1}{\sum_{i=1}^{k} w_i}\left(w_k G_{k,s} + \sum_{i=1}^{k-1} w_i G_{i,s} \right) \\ &= \frac{1}{\sum_{i=1}^{k} w_i}\left\{ w_k G_{k,s} + \left(\sum_{i=1}^{k-1} w_i \right) v_{k-1}(s) \right\} \\ &= \frac{1}{\sum_{i=1}^{k} w_i}\left\{ w_k G_{k,s} + \left(-w_k + \sum_{i=1}^{k} w_i \right) v_{k-1}(s) \right\} \end{aligned}$$

$$\therefore v(s) \leftarrow v(s) + \frac{w_k}{\sum_{i=1}^{k} w_i}\left(G_{k,s} - v(s)\right) \langle \text{업데이트 공식}$$

3. 불편 추정량

Ordinary importance sampling으로 구한 상태 가치 $v(s) = v_b(s)$가 $v_\pi(s)$의 불편 추정량임을 아래와 같이 보일 수 있다. 먼저, 아래 에피소드가 있다고 가정하자.

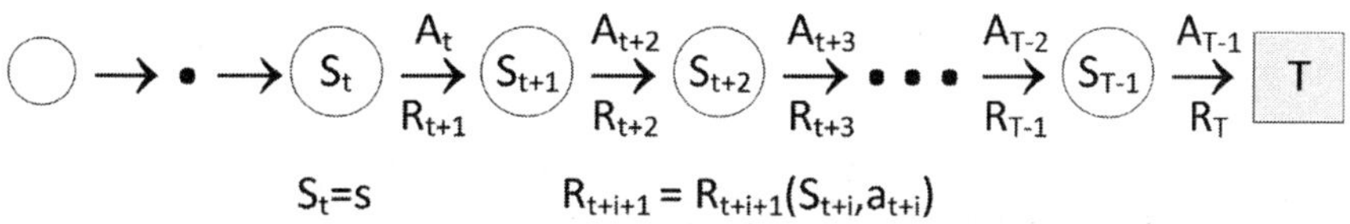

위의 에피소드에서 다음이 성립함을 보이자.

$$v_b(s) = \frac{1}{2}\sum_{i=1}^{2} w_i G_{i,s} = E_b\left[WG_t \middle| S_t = s\right] = v_\pi(s)$$

위 식을 자세히 적으면 아래와 같다.

$$v_b(s) = \frac{1}{2}\sum_{i=1}^{2} w_i G_{i,s} \begin{cases} w_1 = \dfrac{\pi(a|s)}{b(a|s)} \cdot \dfrac{\pi(a_1|s_1)}{b(a_1|s_1)} \\ w_2 = \dfrac{\pi(a|s)}{b(a|s)} \\ G_{1,s} = (-1) + \gamma \cdot (-1) \\ G_{2,s} = (-1) \end{cases}$$

$$\xrightarrow{v_b(s)\text{는 } v_\pi(s)\text{의 불편추정량}} E_b\left[WG_t \middle| S_t = s\right] = v_\pi(s)$$

$$\begin{cases} W = \dfrac{\pi(A_t|S_t)}{b(A_t|S_t)} \cdot \dfrac{\pi(A_{t+1}|S_{t+1})}{b(A_{t+1}|S_{t+1})} \cdots \dfrac{\pi(A_{T-1}|S_{T-1})}{b(A_{T-1}|S_{T-1})} \\ G_t = R_{t+1} + \gamma R_{t+2} + \cdots + \gamma^{T-t-1} R_T \end{cases}$$

기댓값을 계산해 보자.

$$
\begin{aligned}
&E_b\left[WG_t \middle| S_t = s\right] \\
&= E_b\left[\frac{\pi(A_t|S_t)}{b(A_t|S_t)}\cdot\frac{\pi(A_{t+1}|S_{t+1})}{b(A_{t+1}|S_{t+1})}\cdots\frac{\pi(A_{T-1}|S_{T-1})}{b(A_{T-1}|S_{T-1})}G_t \middle| S_t = s\right] \\
&= \sum_{a_t}\sum_{s_{t+1}}\cdots\sum_{a_{T-1}}\sum_{s_{T-1}}\left\{\begin{array}{l}\dfrac{\pi(a_t|s)}{b(a_t|s)}\cdot\dfrac{\pi(a_{t+1}|s_{t+1})}{b(a_{t+1}|s_{t+1})}\cdots\dfrac{\pi(a_{T-1}|s_{T-1})}{b(a_{T-1}|s_{T-1})}G_t \\ \cdot P_b(a_t, s_{t+1}, \cdots, a_{T-1}, s_{T-1})\end{array}\right\}
\end{aligned} \tag{1}
$$

여기서 Markov 성질을 이용하여 결합확률 P_b 를 분해하면 다음과 같다.

$$
\begin{aligned}
&P_b(a_t, s_{t+1}, \cdots, a_{T-1}, s_{T-1}) \\
&= b(a_t|s)\,p(s_{t+1}|s, a_t)\cdot b(a_{t+1}|s_{t+1})\,p(s_{t+2}|s_{t+1}, a_{t+1})\cdots b(a_{T-1}|s_{T-1})
\end{aligned}
$$

이러한 분해를 식(1)의 우변에 대입하면 다음이 성립한다.

$$
\left\{\begin{array}{l}\dfrac{\pi(a_t|s)}{b(a_t|s)}\cdot\dfrac{\pi(a_{t+1}|s_{t+1})}{b(a_{t+1}|s_{t+1})}\cdots\dfrac{\pi(a_{T-1}|s_{T-1})}{b(a_{T-1}|s_{T-1})}G_t \\ \cdot b(a_t|s)\,p(s_{t+1}|s, a_t)\cdot b(a_{t+1}|s_{t+1})\,p(s_{t+2}|s_{t+1}, a_{t+1})\cdots b(a_{T-1}|s_{T-1})\end{array}\right\}
$$

$$
= \left\{\begin{array}{l}\pi(a_t|s)\cdot\pi(a_{t+1}|s_{t+1})\cdots\pi(a_{T-1}|s_{T-1})\,G_t \\ \cdot p(s_{t+1}|s, a_t)\cdot p(s_{t+2}|s_{t+1}, a_{t+1})\cdots p(s_{T-1}|s_{T-2}, a_{T-2})\end{array}\right\}
$$

기댓값은 다음과 같이 정리된다.

$$E_b\left[WG_t \middle| S_t = s\right]$$

$$= \sum_{a_t}\sum_{s_{t+1}}\cdots\sum_{a_{T-1}}\sum_{s_{T-1}}\left\{\begin{array}{l}\pi\left(a_t \middle| s\right)\cdot\pi\left(a_{t+1} \middle| s_{t+1}\right)\cdots\pi\left(a_{T-1} \middle| s_{T-1}\right)G_t \\ \cdot p\left(s_{t+1} \middle| s, a_t\right)\cdot p\left(s_{t+2} \middle| s_{t+1}, a_{t+1}\right)\cdots p\left(s_{T-1} \middle| s_{T-2}, a_{T-2}\right)\end{array}\right\}$$

$$= \sum_{a_t}\sum_{s_{t+1}}\cdots\sum_{a_{T-1}}\sum_{s_{T-1}}\left\{\begin{array}{l}\pi\left(a_t \middle| s\right)p\left(s_{t+1} \middle| s, a_t\right)\cdot\pi\left(a_{t+1} \middle| s_{t+1}\right)p\left(s_{t+2} \middle| s_{t+1}, a_{t+1}\right) \\ \cdots p\left(s_{T-1} \middle| s_{T-2}, a_{T-2}\right)\cdot\pi\left(a_{T-1} \middle| s_{T-1}\right)G_t\end{array}\right\}$$

$$= v_\pi\left(s\right)$$

$$\therefore E_b\left[WG_t \middle| S_t = s\right] = v_\pi\left(s\right)$$

따라서 $v\left(s\right) = v_b\left(s\right)$는 $v_\pi\left(s\right)$의 불편 추정량이다.

참고로, 분산 $V_b\left[WG_t \middle| S_t = s\right]$은 아래 $E_b\left[\left(WG_t\right)^2 \middle| S_t = s\right]$ 항 때문에 일반적으로 closed form으로 간단히 할 수 없다.

$$V_b\left[WG_t \middle| S_t = s\right] = E_b\left[\left(WG_t\right)^2 \middle| S_t = s\right] - \left\{E_b\left[WG_t \middle| S_t = s\right]\right\}^2$$

$$= E_b\left[\left(WG_t\right)^2 \middle| S_t = s\right] - \left\{v_\pi\left(s\right)\right\}^2$$

SARSA와 Q-learning

제 6 장

몬테카를로 방법(제5장)으로 가치를 계산하려면 에피소드가 종료할 때까지 기다려야 한다. 종료하지 않아도 가치를 계산하는 방법으로 SARSA(PART I, III)와 Q-learning(PART II, IV) 방법이 있다.

PART I SARSA 개요

1. SARSA 뜻

State(s_t), Action(a_t), Reward(r_{t+1}), next_State(s_{t+1}), next_Action(a_{t+1})의 약자를 나타내고 $s_t, a_t, r_{t+1}, s_{t+1}, a_{t+1}$ 를 뜻한다.

2. SARSA 목표

Time t 에서 SARSA $(s_t, a_t, r_{t+1}, s_{t+1}, a_{t+1})$를 수집하여 행동 가치 $q(s_t, a_t)$를 업데이트한다.

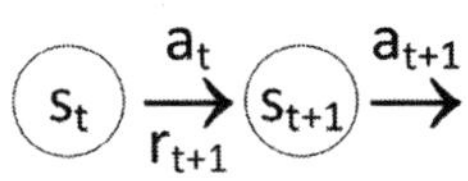

$$q(s_t, a_t) \leftarrow q(s_t, a_t) + \alpha \{ r_{t+1} + \gamma q(s_{t+1}, a_{t+1}) - q(s_t, a_t) \} \tag{1}$$

그림1

여기서 α 는 학습률(Learning rate), γ 는 할인율(Discount factor), $r_{t+1} + \gamma q(s_{t+1}, a_{t+1})$ 는 TD(Time difference) target, $r_{t+1} + \gamma q(s_{t+1}, a_{t+1}) - q(s_t, a_t)$ 는 TD error라고 한다. 식(1)을 보면, 몬테 카를로와 달리 에피소드 종료와 무관하게 SARSA만 있으면 행동 가치를 업데이트함을 알 수 있다.

PART II Q-learning 개요

1. Q-learning 뜻

행동 가치 $q(s_t, a_t)$를 학습한다는 뜻이다.

2. Q-learing 목표

Time t 에서 SARS $(s_t, a_t, r_{t+1}, s_{t+1})$를 수집하여서 행동 가치 $q(s_t, a_t)$를 업데이트한다.

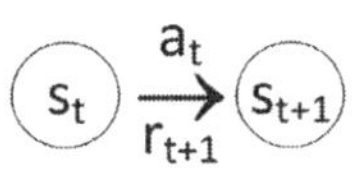

$$q(s_t, a_t) \leftarrow q(s_t, a_t) + \alpha \left\{ r_{t+1} + \gamma \max_{a_{t+1}} q(s_{t+1}, a_{t+1}) - q(s_t, a_t) \right\} \tag{2}$$

그림2

식(2)을 보면, 몬테카를로와 달리 에피소드 종료와 무관하게 SARS만 있으면 행동 가치를 업데이트함을 알 수 있다. 식(1)과 식(2)을 비교하면 다음과 같다.

SARSA	
업데이트	$q(s_t, a_t) \leftarrow q(s_t, a_t) + \alpha\{r_{t+1} + \gamma q(s_{t+1}, a_{t+1}) - q(s_t, a_t)\}$
주어진 정보	$s_t, a_t, r_{t+1}, s_{t+1}, a_{t+1}, q(s_t, a_t), q(s_{t+1}, a_{t+1})$

Q-learning	
업데이트	$q(s_t, a_t) \leftarrow q(s_t, a_t) + \alpha\{r_{t+1} + \gamma \max_{a_{t+1}} q(s_{t+1}, a_{t+1}) - q(s_t, a_t)\}$
주어진 정보	$s_t, a_t, r_{t+1}, s_{t+1}, \max_{a_{t+1}} q(s_{t+1}, a_{t+1})$

그림3

PART III SARSA 업데이트 그림부터 코딩까지의 과정

식(1)을 코드로 구현하는 과정을 아래 **그림4**와 같이 단계별로 나누어 알아보자.

$$s_t \xrightarrow[r_{t+1}]{a_t} s_{t+1} \xrightarrow{a_{t+1}}$$

Step 1. $q(s_t,a_t) \leftarrow q(s_t,a_t)+\alpha\{r_{t+1}+\gamma q(s_{t+1},a_{t+1})-q(s_t,a_t)\}$ (1)

Step 2. ↓

Step 3. SARSA 의사코드(슈도코드, pseudocode)

Step 4. ↓

Step 5. SARSA 코드

그림4

- **Step1. $q(s_t,a_t)$ 의 target이 $r_{t+1}+\gamma q(s_{t+1},a_{t+1})$ 인 이유**

SARSA를 무한히 수집하고 식(1)로 업데이트할 때, $q(s_t,a_t)$가 수렴한다고 가정하자. 그러면 다음과 같이 생각할 수 있다.

$$\begin{aligned} q(s_t,a_t) &\leftarrow q(s_t,a_t)+\alpha\{r_{t+1}+\gamma q(s_{t+1},a_{t+1})-q(s_t,a_t)\} \\ 0 &\leftarrow 0 +\alpha\{r_{t+1}+\gamma q(s_{t+1},a_{t+1})-q(s_t,a_t)\} \\ q(s_t,a_t) &\leftarrow r_{t+1}+\gamma q(s_{t+1},a_{t+1}) \end{aligned} \tag{3}$$

그림5

식(3)으로부터 $q(s_t,a_t)$의 target이 $r_{t+1}+\gamma q(s_{t+1},a_{t+1})$ 임을 알 수 있다.

이런 형태를 $q(s_t,a_t)$의 target으로 정한 이유는 무엇일까? 본 저자는 MDP에서 $q(s_t,a_t)$의 정의와 관련이 있다고 생각한다. 즉, 환경을 구성하는 요소(상태, 행동,

상태와 행동의 순서쌍에 대한 보상, 다음 상태로의 전이 확률)를 다 알 때, 정책 π에 대한 상태와 행동의 순서쌍에 대한 가치 $q_\pi(s_t, a_t)$를 정의할 수 있다(제2장). 이 정의를 아래와 같이 확률변수의 평균으로 나타낼 수 있다.

$$\begin{aligned} q_\pi(s_t,a_t) &= R_{s_t}^{a_t} + \gamma \sum_{s_{t+1}} p(s_{t+1}|s_t,a_t) \sum_{a_{t+1}} \pi(a_{t+1}|s_{t+1}) q_\pi(s_{t+1},a_{t+1}) \\ &= \sum_{s_{t+1}} p(s_{t+1}|s_t,a_t) \sum_{a_{t+1}} \pi(a_{t+1}|s_{t+1}) \left\{ R_{s_t,s_{t+1}}^{a_t} + \gamma q_\pi(s_{t+1},a_{t+1}) \right\} \\ &= E_\pi\left[R_{t+1} + \gamma q_\pi(S_{t+1},A_{t+1}) \middle| S_t = s_t, A_t = a_t \right] \\ &\approx r_{t+1} + \gamma q_\pi(s_{t+1},a_{t+1}) \end{aligned}$$

그림6

이를 정리하면 다음과 같다.

MDP	$q_\pi(s_t,a_t) \approx r_{t+1} + \gamma q_\pi(s_{t+1},a_{t+1})$
SARSA	$q(s_t,a_t) \leftarrow r_{t+1} + \gamma q(s_{t+1},a_{t+1})$

그림7

- **Step2. $q(s_t,a_t)$를 업데이트하는 과정**

아래 **그림8**과 같이 의사코드를 만들려면 $q(s_t,a_t)$를 업데이트하는 과정을 이해해야 한다.

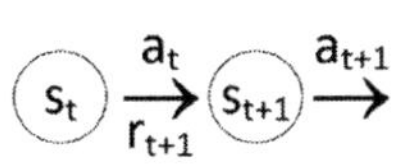

$$q(s_t,a_t) \leftarrow q(s_t,a_t) + \alpha \left\{ r_{t+1} + \gamma q(s_{t+1},a_{t+1}) - q(s_t,a_t) \right\}$$

Step 2. ↓

SARSA 의사코드(슈도코드, pseudocode)

그림8

아래 **그림9**와 같이 1번째 에피소드의 SARSA부터 차례로 업데이트를 진행한다.

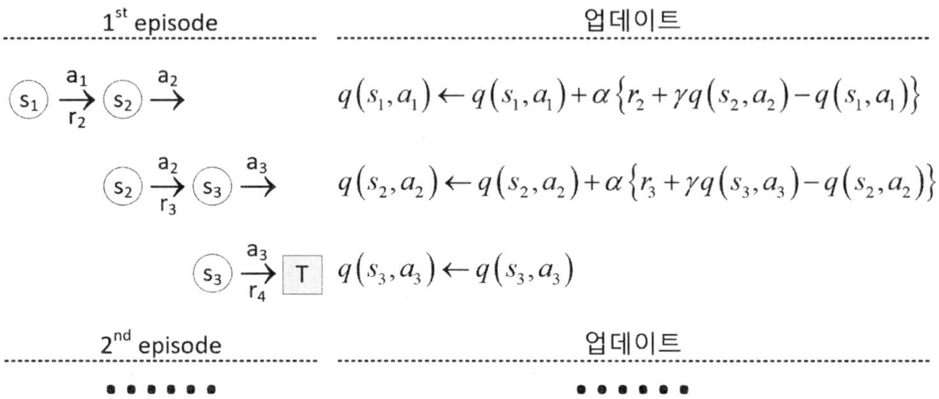

그림9

1번째 에피소드에서 업데이트하는 과정을 다음 에피소드에서 반복하므로 1번째 에피소드에서 업데이트하는 과정을 아래 **그림10**의 환경과 **그림11**의 정책에 대하여 알아보자. 환경에 전이 확률이 없는 이유는 SARSA에 필요한 내용은 상태, 행동, 보상이기 때문이다.

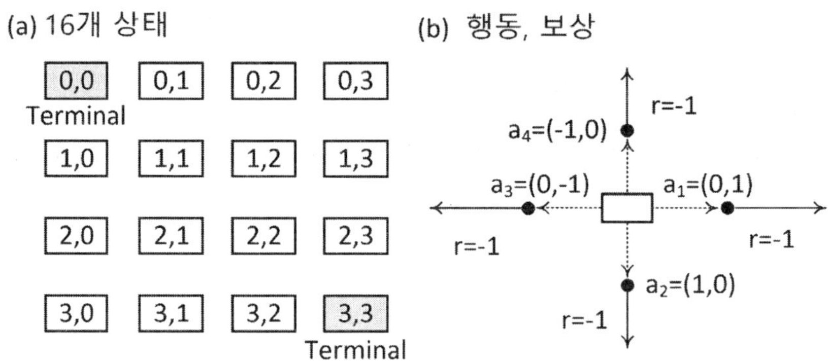

그림10

행동은 네 개이지만 어떤 상태에서는 세 개 또는 두 개만 가능하다. 예를 들면, **그림11**과 같이 상태(0, 1)에서 가능한 행동은 a_1, a_2, a_3 이고 상태(0, 3)에서는 a_2, a_3 이다.

확률적 정책(policy) 함수

(0,0) Terminal	(0,1) →↓←	(0,2) →↓←	(0,3) ↓←
(1,0) →↓↑	(1,1) →↓←↑	(1,2) →↓←↑	(1,3) ↓←↑
(2,0) →↓↑	(2,1) →↓←↑	(2,2) →↓←↑	(2,3) ↓←↑
(3,0) →↑	(3,1) →←↑	(3,2) →←↑	(3,3) Terminal

그림11

환경은 자신의 non-terminal 상태 s를 에이전트에게 제공하고, 에이전트는 s에서 가능한 행동 a를 정책으로 선택하여 환경에 들여보낸다. 환경은 새로운 상태 s+a와 보상 -1을 에이전트에게 제공한다. 에이전트는 상태 s+a가 terminal인지 non-terminal인지 판단한다. 만약 terminal이면 해당 에피소드 수집을 종료한다. non-terminal이면 SARSA가 준비되었으므로 행동 가치 $q(s,a)$를 식(1)로 업데이트한 후, 앞의 과정을 반복한다. **그림9**를 이용하여 아래에서 자세히 알아보자.

2-1. 1번째 SARSA

그림9에서 1번째 SARSA는 아래 **그림12**와 같다.

1번째 SARSA	업데이트
$s_1 \xrightarrow[r_2]{a_1} s_2 \xrightarrow{a_2}$	$q(s_1,a_1) \leftarrow q(s_1,a_1) + \alpha\{r_2 + \gamma q(s_2,a_2) - q(s_1,a_1)\}$

그림12

SARSA의 구성 요소와 업데이트 과정은 다음과 같다.

	초기 상태 조건	초기 상태 생성 함수
초기 상태 s_1	non-terminal 상태	$s_1 = \text{env.reset}(\ )$

terminal 상태 리스트인 env.terminalStates와 non-terminal 상태 리스트인 env.states를 먼저 정의한다. env.reset( )은 env.states에서 무작위로 선택한 non-terminal 상태 s_1을 반환한다. 이 상태는 환경의 현재 상태가 된다.

	행동 조건	행동 생성 함수
행동 a_1	non-terminal 상태 s_1에서 가능한 행동	$a_1 = \text{epsilon\_greedy\_policy}(s_1, q)$

행동 리스트인 env.actions를 정의한다. 환경의 현재 상태 s_1과 행동 가치

$$q = \{(s_1, a_1) : v_1,\ \cdots\ , (s_T, a_T) : v_T\}$$

를 함수 $\text{epsilon_greedy_policy}(s_1, q)$에 대입하면, s_1에서 가능한 행동에 대하여 탐험(epsilon) 또는 탐색(greedy)으로 선택한 행동 a_1를 반환한다. 이 함수 내부에서 $\text{valid_actions}(s_1)$가 s_1에서 가능한 행동 리스트를 반환하고, s_1에서 탐색은 $\max_a q(s_1, a)$을 의미한다.

다음 상태 s_2와 보상 r_2	$s_2, r_2 = \text{env.step}(a_1)$

$\text{env.step}(a_1)$은 현재 상태 s_1과 (s_1에서 가능한) 행동 a_1을 더하여 만든 non-terminal 상태 s_2와 보상 $r_2 = -1$을 반환한다. 이 함수 내부에서 s_2를 환경의 현재 상태로 저장한다. 에이전트가 최단 거리로 terminal state에 도착할 수 있도록 음수값 -1을 보상으로 정했다.

	행동 조건	행동 생성 함수
행동 a_2	non-terminal 상태 s_2에서 가능한 행동	$a_2 = \text{epsilon\_greedy\_policy}(s_2, q)$

$\text{epsilon_greedy_policy}(s_2, q)$은 $\text{valid_actions}(s_2)$와 행동 가치 q에서 탐험 또는 탐색으로 선택한 행동 a_2를 반환한다.

SARSA s_1, a_1, r_2, s_2, a_2가 준비되었으므로 $q(s_1, a_1)$을 업데이트한다.

$$q(s_1, a_1) \leftarrow q(s_1, a_1) + \alpha\{r_2 + \gamma q(s_2, a_2) - q(s_1, a_1)\}$$

1번째 SARSA의 구성 요소와 업데이트를 정리하면 다음과 같다.

$$\begin{aligned}
& s_1 = env.reset(\ ) \\
& a_1 = epsilon_greedy_policy(s_1, q) \\
& \\
& s_2, r_2 = env.step(a_1) \\
& a_2 = epsilon_greedy_policy(s_2, q) \\
& q(s_1, a_1) \leftarrow q(s_1, a_1) + \alpha\{r_2 + \gamma q(s_2, a_2) - q(s_1, a_1)\}
\end{aligned} \tag{4}$$

2-2. 2번째 SARSA

그림9에서 2번째 SARSA는 아래와 같다.

2번째 SARSA | 업데이트

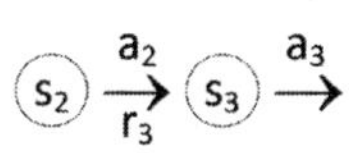

$$q(s_2, a_2) \leftarrow q(s_2, a_2) + \alpha\{r_3 + \gamma q(s_3, a_3) - q(s_2, a_2)\}$$

그림13

그림13의 SARSA 구조가 **그림12**와 같으므로 다음이 성립한다.

$$
\begin{aligned}
&s_3, r_3 = env.step(a_2) \\
&a_3 = epsilon\_greedy\_policy(s_3, q) \\
&q(s_2, a_2) \leftarrow q(s_2, a_2) + \alpha\{r_3 + \gamma q(s_3, a_3) - q(s_2, a_2)\}
\end{aligned}
\tag{5}
$$

2-3. 1번째 에피소드의 마지막 SARSA

그림9의 1번째 에피소드에서 마지막 SARSA는 아래와 같다.

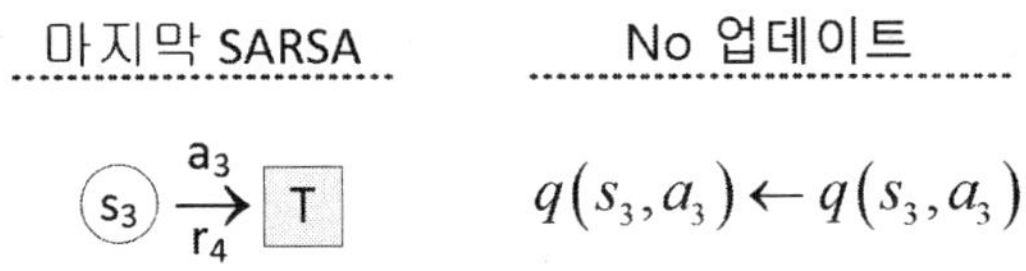

그림14

식(5)는 다음과 같이 된다.

$$
\begin{aligned}
&s_4, r_4 = env.step(a_3) \ \# \ s_4 = terminal \\
&None = epsilon\_greedy\_policy(s_4, q) \\
&q(s_3, a_3) \leftarrow q(s_3, a_3)
\end{aligned}
\tag{6}
$$

즉, 다음 상태가 terminal이면 업데이트하지 않는다.

2-4. terminal 상태를 고려한 업데이트 공식

식(4), (5)의 업데이트 공식은 같지만, 식(6)과는 다르므로 아래와 같다.

$$q(s_t,a_t) \leftarrow \begin{cases} q(s_t,a_t)+\alpha\{r_{t+1}+\gamma q(s_{t+1},a_{t+1})-q(s_t,a_t)\} & (s_{t+1} \neq termnal) \\ q(s_t,a_t) & (s_{t+1} = termnal) \end{cases}$$

그림15

- **Step3. SARSA 의사코드(슈도코드, pseudocode)**

아래 **그림16**은 위 Step2에서 구한 식(4), (5), (6)과 **그림15**이다. 이를 이용하여 $q(s,a)$를 업데이트하는 의사코드(**그림17**)를 적어보자.

$$s_1 = env.reset(\ )$$
$$a_1 = epsilon\_greedy\_policy(s_1,q)$$

$$s_2,r_2 = env.step(a_1)$$
$$a_2 = epsilon\_greedy\_policy(s_2,q)$$
$$q(s_1,a_1) \leftarrow q(s_1,a_1)+\alpha\{r_2+\gamma q(s_2,a_2)-q(s_1,a_1)\}$$

$$s_3,r_3 = env.step(a_2)$$
$$a_3 = epsilon\_greedy\_policy(s_3,q)$$
$$q(s_2,a_2) \leftarrow q(s_2,a_2)+\alpha\{r_3+\gamma q(s_3,a_3)-q(s_2,a_2)\}$$

$$if\ \ s_{t+1} \neq termnal,\ then$$
$$q(s_t,a_t) \leftarrow q(s_t,a_t)+\alpha\{r_{t+1}+\gamma q(s_{t+1},a_{t+1})-q(s_t,a_t)\}$$

그림16

상태가 terminal이면 각 에피소드가 종료되므로 while문으로 나타내자.

$q(s,a)$ 값을 저장하기 위하여 변수 q 를 다음과 같은 사전형 자료로 만들자.

$$q=\{(s_1,a_1):v_1,\ \cdots\ ,(s_T,a_T):v_T\} \tag{7}$$

그런데 $q(s_t,a_t)$ 업데이트 공식에서 $q(s_{t+1},a_{t+1})$을 사용하므로, 값이 할당되지 않은 상태-행동 순서쌍의 값을 호출하면 0값을 반환하는 다음 식을 사용한다.

$$q=\text{collections.defaultdict}(\mathit{float}) \tag{8}$$

위 **그림16**과 식(8)을 사용하여 SARSA 의사코드를 적으면 다음과 같다.

```
1 SARSA 의사코드
2
3 def sarsa(episodes):
4
5   q=collections.defaultdict(float)
6
7   for i in range(episodes):
8
9     s = env.reset() # non-terminal
10    a = epsilon_greedy_policy(s,q)
11
12    while s not in env.terminalStates:
13      s', r = env.step(a)
14      a' = epsilon_greedy_policy(s',q)
15
16      if s' is non-terminal
17        q[(s, a)]+=alpha*(r+gamma*q[(s',a')] - q[(s, a)])
18
19      s, a = s', a'
20
21  return q
```

그림17

Line 9: 함수 env.reset( )을 사용하기 전에 terminal 상태 리스트인 env.terminalStates와 non-terminal 상태 리스트인 env.states를 정의한다. env.reset( )의 반환값은 env.states에서 무작위로 선택한 non-terminal 상태 s 이고 환경의 현재 상태는

env.current_state $= s$ 가 된다.

Line 10: 행동 리스트인 env.actions를 정의한다. 상태 s 에서 가능한 행동 리스트를 반환하는 valid_actions(s)를 정의한다. 그러면 epsilon_greedy_policy(s,q)은 valid_actions(s)에서 탐험(epsilon) 또는 탐색$\left(\text{greedy}, \max_a q(s,a)\right)$으로 env.actions에서 선택한 행동 a를 반환한다.

Line 13: env.step(a)의 반환값은 현재 상태 s (Line 9)와 행동 a (Line 10)을 더하여 만든 non-terminal s'와 $r=-1$이다. 함수 env.step(a) 내부에서 s'를 현재 상태(env.current_state)로 저장한다.

Line 14: epsilon_greedy_policy(s',q)의 반환값은 valid_actions(s')에서 탐험(epsilon) 또는 탐색$\left(\text{greedy}, \max_a q(s',a)\right)$으로 선택한 행동 a'이다.

Line 16~17: **그림15**에 있는 업데이트 공식이다.

Line 19: 1번째 SARSA에 대한 행동 가치 업데이트가 끝나고 2번째 SARSA에 대한 같은 과정을 반복하기 위한 코드이다.

Line 12: 상태 s가 terminal이면 while문을 종료하고 그렇지 않으면 위 설명을 반복한다.

- **Step4. SARSA 의사코드에서 정의한 변수와 함수**

아래 **그림18**과 같이 SARSA 코드를 작성할 때, 의사코드 설명에서 정의한 변수와 함수를 사용한다.

SARSA 의사코드(슈도코드, pseudocode)

Step 4. ↓

SARSA 코드

그림18

의사코드 설명에서 정의한 변수와 함수는 다음과 같다.

- q = collections.defaultdict(float)
- env.terminalStates: terminal 상태 리스트
- env.states: non-terminal 상태 리스트
- env.actions: 행동 리스트
- env.reset( ): env.states에서 무작위로 선택한 non-terminal 상태 s를 반환한다. 상태 s가 환경의 현재 상태가 되고 정책 epsilon_greedy_policy로 들어간다고 생각하자.
- vaild_actions(s): non-terminal 상태 s에서 가능한 행동 리스트 actions를 반환한다.
- epsilon_greedy_policy(s, q): 환경의 현재 상태 s와 q가 정책 epsilon_greedy_policy로 들어간다. 정책 내부에서 vaild_actions(s)를 대상으로 탐험(epsilon) 또는 탐색$\left(\text{greedy}, \ \max_a q(s,a)\right)$로 행동 a를 선택한다. a를 vaild_actions(s)에서 선택했으므로 환경의 현재 상태 s와 행동 a를 더해도 grid 내부에 있게 된다. 그리고 a는 환경으로 들어간다.
- env.step(a): 행동 a가 환경에 들어오면, 환경의 현재 상태 s와 더한 결과가 다음 상태 s'이 된다. 다음 상태 s'과 보상 -1을 반환한다.

- **Step5. SARSA 전체 코드**

아래에서 alpha와 gamma는 아래 업데이트 공식에 사용하는 상수이다.

$$q(s_t, a_t) \leftarrow \begin{cases} q(s_t, a_t) + \alpha\{r_{t+1} + \gamma q(s_{t+1}, a_{t+1}) - q(s_t, a_t)\} & (s_{t+1} \neq termnal) \\ q(s_t, a_t) & (s_{t+1} = termnal) \end{cases}$$

```
import random, collections, numpy as np

alpha = 0.1  # Learning rate
gamma = 0.9  # Discount factor
epsilon = 0.1  # Exploration factor
```

epsilon은 함수 epsilon_greedy_policy(s, q)에 사용하는 상수이다.

아래 line 12~14에서 리스트 env. states 원소는 non-terminal 상태임을 기억하자.

```
6
7 class GridEnv:
8     def __init__(self):
9         self.gridSize = 4
10        self.terminalStates = [(0, 0), (self.gridSize-1, self.gridSize-1)]
11        self.actions = [(1, 0), (0, 1), (-1, 0), (0, -1)]
12        self.states = [(i, j) for i in range(self.gridSize)
13                       for j in range(self.gridSize)
14                       if (i, j) not in self.terminalStates]
15
16    def reset(self):
17        self.current_state = random.choice(self.states)
18        return self.current_state
19
20    def step(self, action):
21        next_state = (self.current_state[0] + action[0],
22                      self.current_state[1] + action[1])
23        self.current_state = next_state
24        return next_state, -1
25
26 env = GridEnv()
```

그림19

Line 16~18: env.reset( )은 non-terminal 상태 중에서 하나를 무작위로 선택하여 자신의 현재 상태로 만든다(환경의 현재 상태는 에이전트의 정책에 들어간다).

Line 20~24: 함수 step에 들어오는 action은, env의 현재 상태에 더했을 때, grid 내부에 있도록 정책이 선택한 행동이다. 그러므로 현재 상태 + action을 next_state로 만들 수 있고 이를 현재 상태로 저장한다. 최단 경로를 학습하기 위하여 모든 보상을 −1로 정한다. env.step(action)에 반환하는 next_state가 환경의 현재 상태임을 기억하자. 즉, env.reset( )에서 처음으로 환경의 현재 상태가 정해지고 이 상태는 env.step(action) 내부에서 업데이트됨을 기억하자.

아래 line 28~34에서 valid_actions(state)는 상태 state에서 가능한 모든 행동을 원소

로 가지는 리스트를 반환한다. 상태 s에서 가능한 행동을 선택할 때, valid_actions(s)에서 선택함을 기억하자.

```
27
28 def valid_actions(state):
29     valid_actions = []
30     for action in env.actions:
31         next_state = (state[0] + action[0], state[1] + action[1])
32         if 0 <= next_state[0] < env.gridSize and 0 <= next_state[1] < env.gridSize:
33             valid_actions.append(action)
34     return valid_actions
35
36 def epsilon_greedy_policy(state,Q):
37     if state in env.terminalStates:
38         return None
39
40     actions = valid_actions(state)
41     if random.random() < epsilon:
42         return random.choice(actions)
43     else:
44         return max(actions, key=lambda action: Q[(state, action)])
```

그림20

Line 36~44: 함수 epsilon_greedy_policy에 들어오는 state는 환경의 현재 상태이다. 이 상태는 non-terminal 상태 s에 행동 $a\left(\in \text{valid_actions}(s)\right)$를 더해서 만들었기 때문에 terminal 또는 non-terminal이 될 수 있다.

- state가 terminal인 경우

  epsilon_greedy_policy (state)가 반환하는 행동은 None이 된다(Line 37~38).

- state가 non-terminal인 경우

  epsilon의 가능성으로 탐험(exploration)하고 1-epsilon의 가능성으로 상태 s에서 행동 가치 $q(s, a)$가 최대인 행동 a를 반환한다.

$$\text{epsilon\_greedy\_policy}\ (state) = \begin{cases} \text{random.choice}(actions) & (\text{random.random}(\ ) < \varepsilon) \\ \max_{a \in \text{valid\_actions}(state)} Q([state, a]) & (\text{otherwise}) \end{cases}$$

여기서 random.choice(actions)은 actions 중에서 무작위로 하나의 행동을 반환하고, random.random( )은 반폐구간 [0.0, 1.0)에서 무작위로 하나의 실수를 반환한다.

아래는 SARSA 알고리즘으로 Step3. SARSA 의사코드(슈도코드, pseudocode)를 구현한 코드이다.

Line 48: 아래와 같이 Q는 사전 자료형이고 키(key)는 (state, action), 값(value)은 q(state, action)이다. 특히 없는 키(key)의 value를 호출하면 아래와 같이 float 0.0을 반환한다.

```
import collections
Q = collections.defaultdict(float)

Q # defaultdict(float, {})

state, action = (1,1), (1,0)
Q[(state, action)] # 0.0
```

```
45
46 # SARSA 알고리즘
47 def sarsa(episodes):
48   Q=collections.defaultdict(float)
49   for i in range(episodes):
50     state = env.reset() # state=nonterminal
51     action = epsilon_greedy_policy(state,Q)
52
53     while state not in env.terminalStates:
54       next_state, reward = env.step(action)
55       # next_state=terminal(break) or nonterminal
56
57       if next_state not in env.terminalStates:
58         next_action = epsilon_greedy_policy(next_state,Q)
59         Q[(state, action)]+=alpha*(reward+gamma*Q[(next_state, next_action)]
60                                   -Q[(state, action)])
```

```
61
62     state, action = next_state, next_action
63
64  return Q
```

그림21

Line 50: 함수 env.reset( )은 non-terminal 상태(환경의 initial 현재 상태)를 반환한다.

Line 51: 환경의 initial 현재 상태 state와 Q가 정책 epsilon_greedy_policy로 들어오면 state와 더해서 grid 내부에 있게 되는 행동 action을 반환한다. 이때 가능성 epsilon으로 탐험하고 1-epsilon 가능성으로 greedy 탐색($\max_{a \in valid_actions(state)}$Q[(state, a)]) 한다. 환경의 현재 상태에 action을 더하면 grid 내부에 있게 됨을 기억하자.

Line 54: action이 환경에 들어가면 환경의 현재 상태와 더하여 다음 상태(next_state)와 보상 −1을 반환한다. 이때, next_state는 terminal 또는 non-terminal이 될 수 있다. next_state가 terminal이 되면 while 문을 나오게 된다.

Line 58: SARSA 방법을 사용하고 있으므로 SARSA의 1번째 A(line 51)에 이어서 2번째 A를 구하는 코드이고 line 51 설명과 같다.

Line 59~60: (현재 상태, 1번째 A)에서 행동 가치를 업데이트한다.

Line 62: 현재 상태와 1번째 A를 각각 next_state와 2번째 A로 변경한다.

Line 53: 현재 상태가 terminal이면 while 문을 나온다.

아래는 SARSA를 실행하는 main 코드이다.

```

# Train the agent using SARSA
Q=sarsa(episodes=1000)

# Print Q-table
for state in env.states:
  for action in valid_actions(state):
    print(f"Q[{state}, {action}] = {Q[(state, action)]:.2f}")
```

그림22

그림의 출력을 표로 나타내면 아래와 같고 최종 상태 (0, 0) 또는 (3, 3)에 이르는 최단 경로를 제공한다.

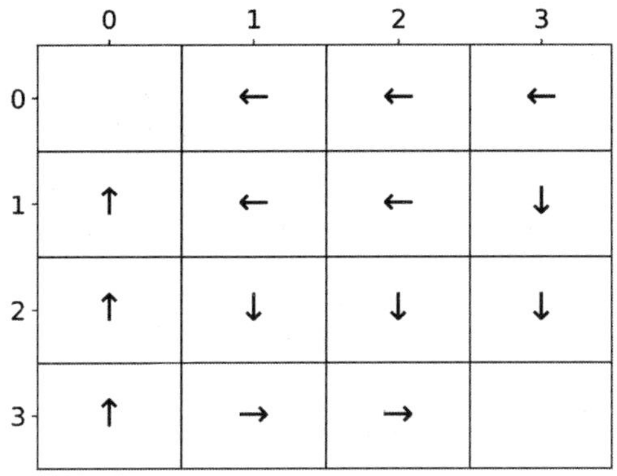

그림23

PART IV Q-learning 업데이트 그림부터 코딩까지의 과정

Q-learning을 SARSA와 비교하면 다음과 같다.

SARSA	
업데이트	$q(s_t,a_t) \leftarrow q(s_t,a_t) + \alpha\{r_{t+1} + \gamma q(s_{t+1},a_{t+1}) - q(s_t,a_t)\}$
주어진 정보	$s_t, a_t, r_{t+1}, s_{t+1}, a_{t+1}, q(s_t, a_t), q(s_{t+1}, a_{t+1})$

Q-learning	
업데이트	$q(s_t,a_t) \leftarrow q(s_t,a_t) + \alpha\{r_{t+1} + \gamma \max_{a_{t+1}} q(s_{t+1},a_{t+1}) - q(s_t,a_t)\}$
주어진 정보	$s_t, a_t, r_{t+1}, s_{t+1}, \max_{a_{t+1}} q(s_{t+1}, a_{t+1})$

그림24

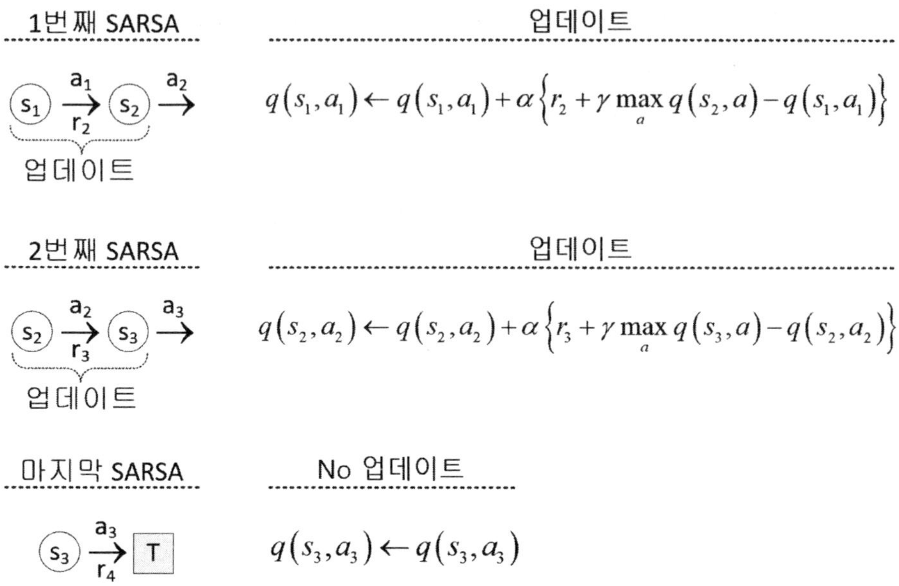

그림24 Q-learning

$$s_1 = env.reset(\ )$$
$$a_1 = epsilon\_greedy\_policy(s_1, q)$$

$$s_2, r_2 = env.step(a_1)$$
$$q(s_1,a_1) \leftarrow q(s_1,a_1)+\alpha\{r_2+\gamma \max_a q(s_2,a)-q(s_1,a_1)\}$$
$$a_2 = epsilon\_greedy\_policy(s_2, q)$$

$$s_3, r_3 = env.step(a_2)$$
$$q(s_2,a_2) \leftarrow q(s_2,a_2)+\alpha\{r_3+\gamma \max_a q(s_3,a)-q(s_2,a_2)\}$$
$$a_3 = epsilon\_greedy\_policy(s_3, q)$$

$$if\ \ s_{t+1} \neq termnal,\ then$$
$$q(s_t,a_t) \leftarrow q(s_t,a_t)+\alpha\{r_{t+1}+\gamma \max_{a_{t+1}} q(s_{t+1},a_{t+1})-q(s_t,a_t)\}$$

그림25

그림25와 같이 Q-learning은 SARSA와 달리 $s_t, a_t, r_{t+1}, s_{t+1}$ 만 구한 후에 시간 t 에서 행동 가치 $q(s_t, a_t)$ 를 업데이트한다. 그리고 상태 s_{t+1} 와 업데이트한 행동 가치 q 를 정책에 대입하여 2번째 A인 a_{t+1} 을 구한다. 즉, SARSA 의사코드에서 a_{t+1} 을 구하는 코드(**그림16**의 line 12)를 행동 가치 $q(s_t, a_t)$ 를 업데이트한 다음에 아래와 같이 실행한다.

$$
\begin{aligned}
&if\ s_{t+1} \neq termnal,\ then \\
&\quad q(s_t, a_t) \leftarrow q(s_t, a_t) + \alpha\{r_{t+1} + \gamma \max_{a_{t+1}} q(s_{t+1}, a_{t+1}) - q(s_t, a_t)\} \\
&\quad a_{t+1} = epsilon\_greedy\_policy(s_2, q)
\end{aligned}
$$

Q-learning 전체 코드는 아래와 같다.

```
# 여기에 SARSA 코드와 같음
# (상수, GridEnv, valid_actions, epsilon_greedy_policy)

# Q_learning 알고리즘
def q_learning(episodes):

  Q = collections.defaultdict(float)

  for i in range(episodes):

    state = env.reset()
    action = epsilon_greedy_policy(state, Q)

    while state not in env.terminalStates:
      next_state, reward = env.step(action)

      if next_state not in env.terminalStates:
        best_next_action = max(valid_actions(next_state),
                               key=lambda action: Q[(next_state, action)])
        Q[(state, action)] += alpha * (reward + gamma
                                       * Q[(next_state, best_next_action)]
                                       - Q[(state, action)])
        next_action = epsilon_greedy_policy(next_state, Q)
        action = next_action
```

```
25
26      state = next_state
27
28  return Q
29
30 # Train the agent using Q-learning
31 Q=q_learning(episodes=1000)
32
33 # 여기에 SARSA 코드와 같음(print Q-table)
```

그림26

그림26 line 33의 출력을 표로 나타내면 아래와 같고 최종 상태 (0, 0) 또는 (3, 3)에 이르는 최단 경로를 제공한다.

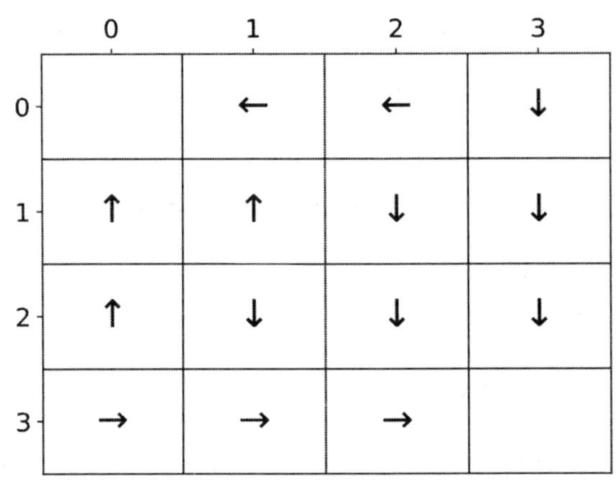

그림27

깊은 Q-네트워크 (Deep Q-Network, DQN)

제 7 장

제7장부터 신경망을 사용하여 에이전트의 정책을 학습한다. 환경으로 사용할 CartPole-v0를 소개한 후(PART I), 학습데이터, 신경망 구조와 손실함수를 설명한다(PART II). 이어서 DQN을 그림으로 설명한 후(PART III), 의사 코드를 만들어(PART IV) DQN을 코드로 구현한다(PART V). 마지막으로 DQN 전체 코드를 제공한다(PART VI).

PART I 환경 CartPole-v0 소개

CartPole은 OpenAI가 Gym 라이브러리를 통해 제공하는 강화학습 환경이다.

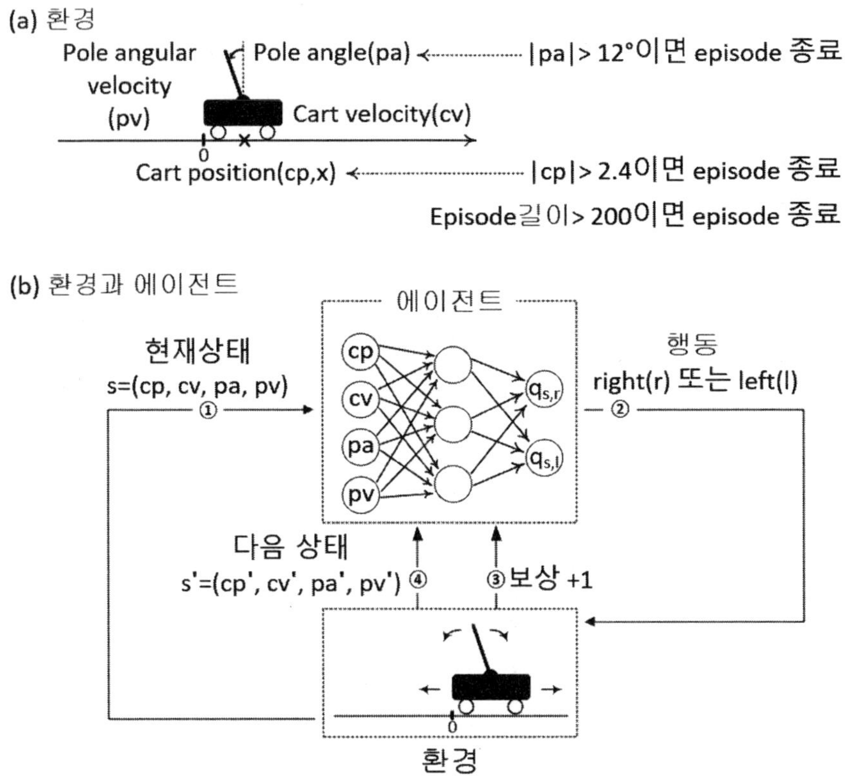

그림1

CartPole 환경에서는 **그림1-(a)**와 같이 에이전트가 Cart를 좌우로 움직여 Cart에 달린 Pole(기둥)의 균형을 맞춤으로써, 가능한 한 오랫동안 Cart와 Pole이 정해진 범위 있도록 하는 것이 목표이다. 상태 state는 카트의 위치(Cart position, cp)와 속도(Cart velocity, cv), 폴의 각도(Pole angle, pa)와 각속도(Pole angular velocity, pv)로 구성된다. 즉, 상태는 (cp, cv, pa, pv)가 된다. 에이전트는 카트를 왼쪽(Left, l) 또는 오른쪽(Right, r)으로 움직이도록 힘(force)을 가할 수 있다. 즉, 행동 action은 두 개 왼쪽(l)과 오른쪽(r)이 된다. CartPole을 요약하면 다음과 같다.

상태 state 범위	$-2.4 \leq cp \leq 2.4$, $-\infty < cv < \infty$, $-12° \leq pa \leq 12°$, $-\infty < pv < \infty$
초기 상태	cp, cv, pa, pv 각각을 구간 (-0.05, 0.05)에서 무작위로 추출
행동 action	0(Cart를 왼쪽으로 이동), 1(Cart를 오른쪽으로 이동)
보상 reward	+1
에피소드 종료	(1) $\vert cp \vert > 2.4$ (2) $\vert pa \vert > 12°$ (3) 에피소드 길이>200(version v0)
CartPole 호출 명령어	import gym gym.make("CartPole-v0")
관련 사이트	https://gymnasium.farama.org/environments/classic_control/cart_pole/ 미분방정식 시스템* : https://ieeexplore.ieee.org/document/6313077

* 카트 위치(Cart position, cp)와 속도(Cart velocity, cv), 폴 각도(Pole angle, pa)와 각속도(Pole angular velocity, pv)를 계산하기 위하여 미분방정식 시스템을 사용한다.

그림2

$$\frac{d^2\theta}{dt^2} = \frac{g\sin\theta_t + \cos\theta_t\left[\frac{-F_t - m\ell\dot{\theta}_t^2\sin\theta_t + \mu_c\,\mathrm{sgn}(\dot{x}_t)}{m_c + m}\right] - \frac{\mu_p\dot{\theta}_t}{m\ell}}{\ell\left[\frac{4}{3} - \frac{m\cos^2\theta_t}{m_c + m}\right]}$$

$$\frac{d^2x}{dt^2} = \frac{F_t + m\ell\left[\dot{\theta}_t^2\sin\theta_t - \ddot{\theta}_t\cos\theta_t\right] - \mu_c\,\mathrm{sgn}(\dot{x}_t)}{m_c + m}$$

여기서 상수는 다음과 같다.

$g=-9.8m/s^2$, 중력 가속도

$m_c=1.0kg$, cart 질량

$m=0.1kg$, pole 질량

$\ell=0.5m$, pole의 절반 길이

$\mu_c=0.0005$, cart의 track 마찰 계수

$\mu=0.000002$, pole의 cart 마찰 계수

$F_t=\pm10.0$ newtons , 시간 t에서 cart의 질량 중심에 가해진 힘(오른쪽으로 가면 +10N, 왼쪽이면 -10N)

시간 t 에서 행동 action이 미분방정식 시스템(환경)에 입력되면, 오일러 method와 같은 수치적 방법으로 미분방정식 시스템을 풀어서 수치해 $\left(x_t, \dot{x}_t, \theta_t, \dot{\theta}_t\right)$ = (cp, cv, pa, pv)를 얻고 환경의 다음 상태가 된다. 이를 에이전트에게 제공한다.

PART II 학습데이터, 신경망 구조와 손실함수 소개

그림1-(b)에서 정책으로 사용할 신경망(이후 **'정책 신경망'**으로 사용)은 순방향 신경망(feed forward neural network)이다.

1. 정책 신경망의 구조

네 개 숫자를 가진 환경의 상태 s = (cp, cv, pa, pv)가 정책 신경망으로 입력되므로 입력 노드는 네 개가 된다. 출력 노드는 두 개가 되고, 하나는 상태(s)에서 왼쪽 행동(l)

의 가치 $q_{s,l}$이고 다른 하나는 상태(s)에서 오른쪽 행동(r)의 가치 $q_{s,r}$이다.

2. 학습 데이터

환경과 상호 작용으로 경험(현재 상태, 행동, 보상, 다음 상태)을 모아서 학습 데이터로 사용한다. 즉, 경험을 저장할 기억 장소(Memory)가 **그림1**에 추가되어야 한다. Memory에서 경험을 추출하여 신경망 학습에 사용할 batch를 만들고, batch에서 (현재 상태 *s*, 행동 *a*)로 정책 신경망의 출력을 만든다. Batch로부터 출력이 목표(target)로 하는 값을 만들기 위하여 target 신경망도 **그림1**에 추가해야 한다. 즉, batch에 있는 다음 상태 *s′*를 target 신경망에 대입하여 목푯값을 만든다. **그림1**에 Memory와 target 신경망을 추가하면 **그림3**이 된다.

3. 손실(loss)함수

정책 신경망 출력 A와 A가 목표로 하는 target 신경망 출력 B가 있다고 하자. A가 상태-행동 순서쌍 가치이므로, B를 아래의 우변과 같이 행동 가치에 대한 벨만 최적 방정식 형태를 따르도록 만들어 B′이라 하자.

$$\underbrace{q_*(s,a)}_{\text{현재 } q \text{ value}} = R_s^a + \gamma \sum_{s'} p(s' | s,a) \max_{a'} \underbrace{q_*(s',a')}_{\text{미래 } q \text{ value}}$$

A와 B′의 오차를 이용하여 손실함수를 정의하게 된다. 자세한 수식은 아래에서 소개한다.

PART III 그림으로 이해하는 DQN (Deep Q-Network, DQN)

그림1에 Memory와 target 신경망을 추가하여 **그림3**과 같은 DQN을 만든다.

(1) 경험을 저장하고 학습할 때 재사용하는 (experience replay) Memory

(2) 정책 신경망 Q-net를 학습할 때, target을 만드는 Target-net

그림3과 같이 환경과 정책 신경망 Q-net이 상호 작용하여 경험 (현재 상태 s, 행동 a, 보상 r, 다음 상태 s′)을 만들고 이를 Memory에 저장한다. Memory에 어느 정도 경험이 쌓이면 (현재 상태 s, 행동 a)를 정책 신경망 Q-net에 대입하여 정책 신경망 출력 A를 얻는다. 다음 상태 s′를 Target-net에 대입하여 A의 target B를 만든다.

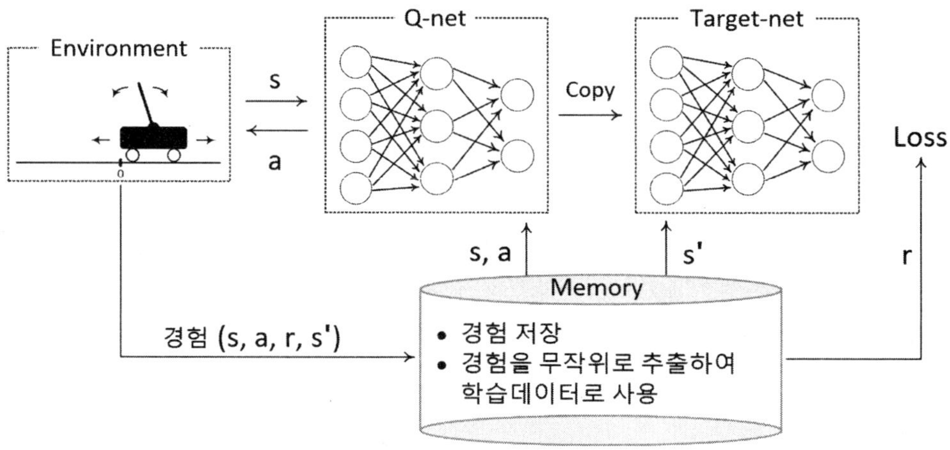

그림3

A와 B 그리고 벨만 최적 방정식 형태를 사용하여 손실 loss를 만들고 이를 사용하여 정책 신경망 Q-net을 업데이트한다. 이어서 Q-net을 복사하여 새로운 Target-net을 만든다.

DQN의 의사 코드를 작성할 수 있도록 **그림3**을 **그림5**와 같이 나타내자. 그림5는 환경의 초기 상태를 생성하는 번호 ①에서 시작하여 q_net을 복사하는 번호 ⑤에서 끝나는 과정이다. 이 과정을 설명하면 다음과 같다.

①: 제3장~제6장에서 환경의 초기 상태를 만들기 위하여 사용했던 함수 이름 env.reset( )이 CartPole에서도 내장함수 이름이므로 이 함수를 사용하여 환경 env의 초기 상태 s_1을 만든다. 상태 s_1은 다음과 같이 epsilon-greedy-policy로 정의된 select_action(s)으로 들어간다.

$$\text{select\_action}(s) = \begin{cases} \text{random.choice}(\mathit{actions}) & (\text{random.random}(\,) < \varepsilon) \\ \arg\max_{a \in \text{q\_net}(s)} \text{q\_net}(s) & (\text{otherwise}) \end{cases}$$

그림4 ε는 0.9에서 출발하여 0.05까지 점진적으로 축소

②: 함수 select_action(s)의 반환값인 행동 a_1은 0(카트를 왼쪽으로 이동) 또는 1(오른쪽으로 이동)이고 환경 env로 들어간다. 환경은 함수 env.step(action)으로 들어온 행동 a_1을 처리한다.

③: 행동 a_1이 환경에 들어오면 함수 env.step(action)은 (다음 상태 s_2, 보상 r_1, 종료 여부 done, 정보 info)를 반환한다. 지금까지 환경과 에이전트의 상호 작용으로 경험한 (s_1, a_1, r_1, s_2, done)을 Memory로 보내서, 함수 memory.add(state, action, reward, next _state, done)를 사용하여 저장한다. 이때 양방향으로 넣고 뺄 수 있는 deque(double-ended queue)를 사용한다.

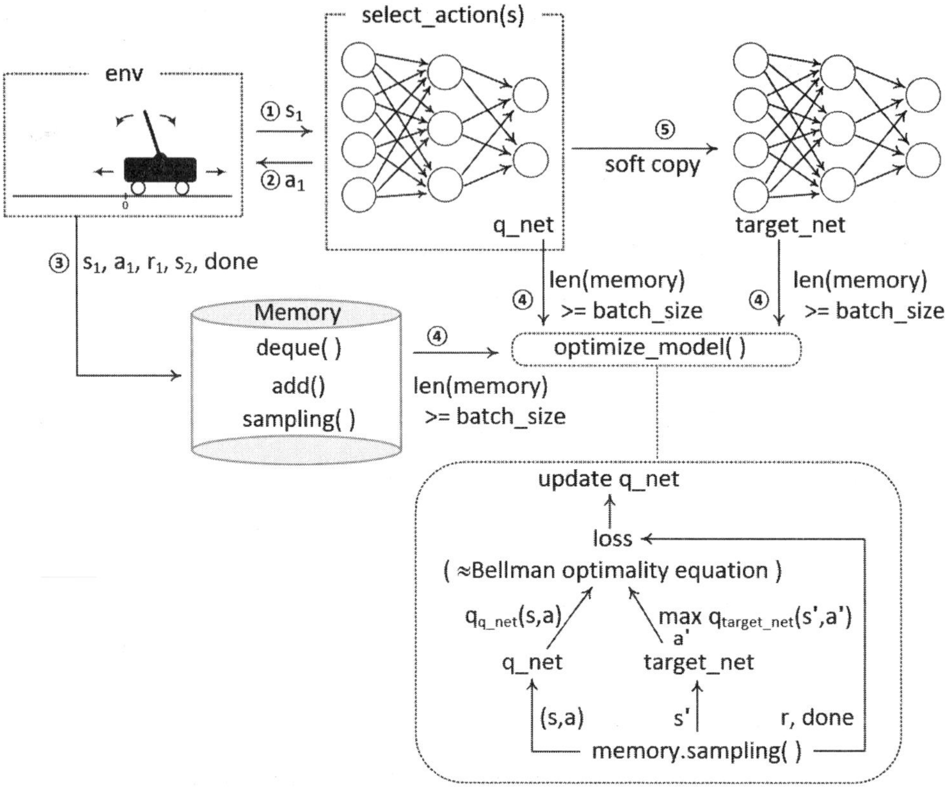

그림5

④: Memory에 batch_size 이상의 경험이 저장되면 동작하는 함수 optimize_model( )이다. 함수의 내부에서 model.sampling( )을 이용하여 batch_size만큼의 경험(s, a, r, s′, done)을 무작위로 비복원 추출한다. 경험 중에서 (s, a)는 정책 신경망 q_net으로 보내서 현재 행동 가치인 출력 $q_{q_net}(s, a)$를 계산하고, s′은 target_net으로 보내서 s′에서 최대 미래-행동 가치인 $\max_{a'} q_{target_net}(s', a')$을 계산한다.

$q_{q\_net}(s, a)$ = 출력 q_net(s)의 두 개 값 중에서 행동 a(0 또는 1) 요소에 있는 값

$\max_{a'} q_{target\_net}(s', a')$ = 출력 target_net(s′)의 두 개 값 중에서 최댓값

경험 중에서 (r, done)은 손실 loss로 보낸다. 벨만 최적 방정식 형태를 이용하여, loss에 필요한 미래 상태-행동 순서쌍 가치를 계산한다.

$$\underbrace{q_*(s,a)}_{\text{현재 } q\ value} = R_s^a + \gamma \sum_{s'} p(s' \mid s,a) \max_{a'} \underbrace{q_*(s',a')}_{\text{미래 } q\ value}$$

미래 상태-행동 가치 기댓값 = r + gamma*(1-done)*max target_net(s′)

loss = { q_{q_net}(s, a) - (미래 상태-행동 가치 기댓값) }^{2}의 평균

⑤: q_net이 처음 만들어질 때, q_net의 구조와 파라미터값이 같은 target_net를 만든다. 그리고 q_net이 업데이트될 때마다, 다음과 같이 target_net도 업데이트한다. 이러한 업데이트를 soft-copy라고 한다.

target_net 파라미터 + 0.005*(q_net 파라미터 - target_net 파라미터)

PART IV DQN 의사 코드

그림5를 의사 코드로 나타내면 **그림6**과 같다.

Line 1: Pole이 넘어지지 않을 때까지(그림1의 episode 종료 조건을 만족시키지 않을 때까지) CartPole을 움직인다. Pole이 종료 조건을 만족하면 1회 에피소드가 종료되었다고 할 때, 최대 5,000회까지 에피소드(num_episodes=5000)를 진행한다. 단, line 27과 같이 연속해서 30회 에피소드가 만점(에피소드 길이 종료 조건 200회)을 만족하면 더 이상 에피소드를 진행하지 않고 정책 신경망 q_net의 학습을 멈춘다.

Line 3: 환경은 env = gym.make("CartPole-v0")이다. 함수 env.reset( )은 환경의 초기 상태(그림5에서 s_1)를 반환한다. Numpy에서 정의된 다차원 배열 객체이고

(np.ndarray), 32-비트 부동 소수점이고(float32), 4개 숫자를 가진 일차원 배열이다. 예를 들면, 다음과 같다.

array([-0.04355138, -0.03931804, -0.04086792, -0.04706883], dtype=float32)

위 숫자는 아래와 같이 **그림2**의 초기 상태에서 설명한 범위에서 추출되었음을 확인할 수 있다.

cp, cv, pa, pv 각각을 구간 (-0.05, 0.05)에서 무작위로 추출

Line 5: for num_movement in count():

count( )는 파이썬 표준 라이브러리의 일부인 itertools 모듈에 있는 함수이다. itertools.count( )는 연속된 정수를 무한정(또는 지정된 중지 값까지) 생성하는 이터레이터를 반환한다. for 루프에서 itertools.count( )를 사용하면 각 반복에서 num_movement가 0부터 증가하는 값을 가지는 무한 for 루프가 생성된다. 이러한 무한 루프가 중단되는 조건이 line 23에 있다.

```
1  for i_episode in range(num_episodes):
2
3      state = env.reset() # np.ndarray[float32](4,)
4
5      for num_movement in count():
6
7          action = select_action(state) # int
8
9          next_state, reward, done, _ = env.step(action)
10         # np.ndarray[float32](4,), float, bool, _
11
12         memory.add(state, action, reward, next_state, done)
13
14         state = next_state
15
```

```
16    if len(memory) >= batch_size:
17      optimize_model()
18
19    # Soft update of the target network's weights
20
21    if done:
22      movement_end=num_movement
23      break
24
25  if movement_end==199:
26    movement199.append(i_episode)
27    if max(consecutive_length(movement199))>=30:
28      break
```

그림6

Line 7: action = select_action(state) # int

state는 **그림5**에서 s_1이고 action은 0 또는 1인 정수(int)이다. 함수 selection_action 내부는 **그림4**와 같이 epsilon-greedy-policy로 정의한다. 여기서 epsilon은 탐험 정도를 나타내고 점진적으로 감소한다. greedy-policy는 탐색 정책으로 정책 신경망 q_net을 사용한다.

Line 9: next_state, reward, done, _ = env.step(action)

action은 **그림5**에서 a_1, next_state는 s_2, reward는 r_1이고 done은 False(에피소드 종료 아님) or True(에피소드 종료)이다. 예를 들면, 다음과 같다.

(array ([-0.0248, 0.1830 , 0.0248, -0.2891], dtype=float32), 1.0, False, { })

Line 12: memory.add(state, action, reward, next_state, done)

memory는 **그림5**에서 클래스 Memory의 인스턴스이고 (state, action, reward, next_state, done)은 (s_1, a_1, r_1, s_2, done)이다. 함수 memory.add 내부에서 이런 경험을 deque([ ], maxlen=1000)에 append한다.

Line 14: 환경의 현재 상태 state를 next_state로 변경한다.

Line 16~17: memory에 저장된 경험 개수 len(memory)가 batch_size 이상이면 함수 optimize_model( )을 실행한다. 이 함수는 **그림5**와 같이 loss를 만들어 정책 신경망 q_net을 업데이트한다. 이 과정은 다음과 같다.

(1) memory.sampling(batch_size)

batch_size만큼의 경험 (s, a, r, s′, done)을 추출한다.

(2) 현재 상태-행동 가치 q_net(s).gather(1, a)

그림5에서 $q_{q_net}(s, a)$에 해당한다. 추출한 현재 상태 s를 q_net에 대입하여 왼쪽, 오른쪽 행동 가치 [$q\_net(s)_0$, $q\_net(s)_1$]을 얻는다. 행동 a=0이면 $q_net(s)_0$을 선택하고 그렇지 않으면 $q_net(s)_1$을 선택한다. 즉, 두 개의 행동 가치 q_net(s) 중에서 a에 해당하는 행동 가치를 선택한다.

(3) 최대 미래 상태-행동 가치 target_net(s′).max(1)[0]

그림5에서 $\max_{a'} q_{target_net}(s', a')$에 해당하고 이는 아래 벨만 최적 방정식에서 우변의 최댓값을 의미한다. 함수 max에 대한 설명은 DQN 코드에서 다룬다.

$$\underbrace{q_*(s,a)}_{\text{현재 } q \text{ value}} = R_s^a + \gamma \sum_{s'} p(s'|s,a) \max_{a'} \underbrace{q_*(s',a')}_{\text{미래 } q \text{ value}}$$

$$\approx R_s^a + \gamma \sum_{s'} p(s'|s,a)\, \text{target\_net}(s').max(1)[0]$$

(4) 벨만 최적 방정식의 우변 역할 r + gamma*(1−done)*target_net(s′).max(1)[0]

현재 상태-행동 가치 q_net(s).gather(1, a)가 목표로 하는 값이다.

q_net(s).gather(1, a) ≈ r + gamma*(1-done)*target_net(s′).max(1)[0]

(5) 손실(현재 상태–행동 가치 – 벨만 최적 방정식의 우변 역할)^{2}의 평균

아래와 같이 손실 loss를 정의한다.

loss = (q_net(s).gather(1,a)-(r+gamma*(1-done)*target_net(s′).max(1)[0])).pow(2).mean( )

(6) 정책 신경망 q_net 업데이트

optimizer.zero_grad( ) ; loss.backward( ) ; optimizer.step( )

Line 19: target_net 파라미터 업데이트

정책 신경망 q_net을 업데이트하면 다음과 같이 target_net도 업데이트한다.

$$\theta' \leftarrow \tau\,\theta + (1-\tau)\theta',\ \tau=0.005$$

여기서 θ는 q_net의 파라미터이고 θ′은 target_net의 파라미터를 의미한다.

Line 21~23: 에피소드 종료 조건

그림1의 episode 종료 조건을 만족시켜서 done = True가 될 때, CartPole을 움직인 횟수(num_movement)을 movemant_end에 저장한 후, 해당 에피소드를 멈춘다(line 5 for 루프를 break). 그리고 line 1로 이동하여 다음 에피소드를 시작한다.

Line 25~28: movemant_end가 최대 허용 길이 200이 되면 해당 에피소드 번호를 리스트 movement199에 append한다. 만약 movement199에 있는 숫자가 연속해서 30 이상(최대 에피소드 길이인 200을 연속해서 30회 이상)이면, 프로그램을 멈춘다(line 1의 for 루프를 break).

PART V DQN 코드 설명

아래 **그림7**과 같이 필요한 패키지, 모듈, 함수를 import한다. 특히, line 7의 display는 DQN의 학습 과정을 시각화하는 데 사용하는 모듈이다. Line 11의 함수 plot_durations( )는 DQN을 학습하는 동안, 100개 에피소드에 대한 움직임 횟수 이동평균을 계산하여 좌표평면에 나타낸다. x축은 에피소드 번호이고 y축은 에피소드가 종료될 때까지의 움직임 횟수이다.

```
 1 import gym, math, random, matplotlib, numpy as np
 2 import matplotlib.pyplot as plt
 3 import torch, torch.nn as nn, torch.optim as optim, torch.nn.functional as F
 4 from collections import namedtuple, deque
 5 from itertools import count
 6 from itertools import groupby
 7 from IPython import display
 8
 9 is_ipython = 'inline' in matplotlib.get_backend()
10
11 def plot_durations(show_result=False, save=False):
12   fig = plt.figure(1) # 'fig' is a handle to the figure you're creating
13   durations_t = torch.tensor(episode_durations, dtype=torch.float)
14   if show_result:
15     plt.title('dqn_training')
16   else:
17     plt.clf()
18     plt.title('Training...')
19   plt.xlabel('Episode')
20   plt.ylabel('Duration')
21   plt.plot(durations_t.numpy())
22   # Take 100 episode averages and plot them too
23   if len(durations_t) >= 100:
24     means = durations_t.unfold(0, 100, 1).mean(1).view(-1)
25     means = torch.cat((torch.zeros(99), means))
26     plt.plot(means.numpy())
27   plt.pause(0.001)  # pause a bit so that plots are updated
28   if save:
29     fig.savefig('dqn_training_plot.png', dpi=300, bbox_inches='tight')
30   if is_ipython:
31     if not show_result:
```

```
    display.display(plt.gcf())
    display.clear_output(wait=True)
  else:
    display.display(plt.gcf())
```

그림7

아래 **그림8**은 DQN에 사용할 상수와 신경망이다.

```
1 batch_size = 64
2 gamma = 0.99 #discount factor
3 eps_start, eps_end, eps_decay = 0.9, 0.05, 1000# epsilon-greedy policy
4 tau = 0.005 # soft copy rate
5 LR = 1e-4 # learning rate
6
7 env = gym.make("CartPole-v0")
8 n_actions = env.action_space.n # 2
9 state = env.reset( ) # np.ndarray[float32](4,)
10 n_observations = len(state) # 4
11
12 class DQN(nn.Module):
13   def __init__(self):
14     super( ).__init__()
15     self.layer1 = nn.Linear(n_observations, 128)
16     self.layer2 = nn.Linear(128, 128)
17     self.layer3 = nn.Linear(128, n_actions)
18   def forward(self, x):
19     x = F.relu(self.layer1(x))
20     x = F.relu(self.layer2(x))
21     return self.layer3(x)
22
23 q_net = DQN( )
24 target_net = DQN( )
25 target_net.load_state_dict(q_net.state_dict())
```

그림8

Line 3(**그림8**): epsilon-greedy-policy인 select_action(state)를 사용할 때, epsilon을 0.9부터 0.05까지 줄여간다.

Line 23~25(**그림8**): target을 만드는 target_net의 초기 파라미터는 정책 신경망 q_net과 같게 한다. 이후의 파라미터는 의사 코드 line 19에서 설명한 대로 q_net과의 오차만큼을 더하여 업데이트한다.

아래 **그림9**는 정책 함수 select_action(state)이고 내부에서 정책 신경망 q_net을 사용하고 있다.

```
1 # ε-greedy (epsilon-greedy) policy
2
3 steps_done = 0
4
5 def select_action(state: np.ndarray)->int: # np.ndarray[float32], shape=(4,)
6
7   global steps_done
8
9   state = torch.FloatTensor(state).unsqueeze(0)
10
11  eps_threshold = eps_end + (eps_start - eps_end) * \
12    math.exp(-1. * steps_done / eps_decay)
13    #eps_start = 0.9, eps_end = 0.05, eps_decay = 1000
14
15  steps_done += 1
16
17  random01 = random.random()
18  #A random float between [0.0, 1.0) is generated.
19
20  if random01<= eps_threshold:#exploration
21    return env.action_space.sample()
22  else:#exploitation
23    with torch.no_grad():
24      return q_net(state).max(1)[1].item()
```

그림9

Line 3(**그림9**): 변수 steps_done은 epsilon-greedy 정책 함수 select_acion(state)가 한 번 사용될 때마다 epsilon 역할을 하는 eps_threshold를 감소시킨다. 감소 공식은 line 11~12에 있다.

Line 5(**그림9**): 함수 select_action이 정책 함수이므로 환경 env의 현재 상태 state를 입력으로 받아들이고, 이 상태에서 에이전트가 선택한 행동을 반환한다.

Line 7(**그림9**): 함수 외부에서 변수로 선언한 steps_done 값을 함수 내부에서 변경하고 전역 변수로 사용하기 위하여 함수 내부에서 global이라는 keyword를 사용했다.

Line 9(**그림9**): np.ndarray(N-dimensional array objects in NumPy)인 환경 상태 state를 PyTorch로 정의된 정책 신경망 q_net에 대입하기 위해서는 PyTorch tensor로 변환해야 한다. 이때 클래스 torch.FloatTensor를 사용했고 tensor 객체를 반환한다(예제: **그림10**의 line 4~5). 특히, torch.FloatTensor(A)는 A의 자료형을 보존하지 않고 float32로 변환한다. torch.FloatTensor(state).unsqueeze(0)는 torch.Size([4])인 일차원 torch.FloatTensor(state)를 0번째 차원 자리에 새로운 차원을 추가하여 torch.Size([1, 4])로 변환한 코드이다(예제: **그림10**의 line 7~8). 이렇게 state를 2차원으로 변환한 이유는, state를 nn.Linear 층에 대입하여 2차원인 nn.Linear의 가중치(weight)와 연산하기 때문이라고 생각하자.

```
1 state=env.reset( )
2 # array([ 0.0410,  0.0059, -0.0258, -0.0447], dtype=float32)
3
4 torch.FloatTensor(state)
5 # tensor([ 0.0410,  0.0060, -0.0259, -0.0447])
6
7 torch.FloatTensor(state).unsqueeze(0)
8 # tensor([[ 0.0410,  0.0060, -0.0259, -0.0447]])
```

그림10

Line 24(**그림9**): q_net(state) = tensor([[0.0624, 0.0412]])일 때(예제: **그림11** line 3), [0.0624, 0.0412]에서 최댓값 0.0624가 있는 위치(0)를 찾는 코드이다. 즉, q_net(state)의 형태가 2차원 [1, 2]이므로 행(0) 각각에 대하여 열(1)에 있는 [a1, a2] 중에서 **최댓값**이 있는 위치를 찾으면 된다. 그러므로 명령어는 q_net(state).**max(1)**가 된다(**그림11** line 5). 함수 max는 ([최댓값], [최댓값 위치])를 반환하므로 최댓값 위치를 찾는 명령어는 q_net(state).max(1)**[1]**이 된다(**그림11** line 9). 마지막으로 함수 select_action이 int 자료형을 반환하게 하므로 명령어 q_net(state).max(1)[1].item( )을 사용한다(**그림11** line 10).

```
state=env.reset( )
state = torch.FloatTensor(state).unsqueeze(0)
q_net(state) # tensor([[0.0624, 0.0412]], grad_fn=<AddmmBackward0>)
q_net(state).shape # torch.Size([1, 2])
q_net(state).max(1)
# torch.return_types.max(
#  values=tensor([0.0624], grad_fn=<MaxBackward0>),
#  indices=tensor([0]))
q_net(state).max(1)[1] # tensor([0])
q_net(state).max(1)[1].item( ) # 0
```

그림11

아래 **그림12**는 클래스 Memory 정의이다.

Line 4(**그림12**): deque(double-ended queue)는 고정된 크기(capacity)의 큐가 된다. 큐가 capacity만큼 채워졌을 때, 새로운 항목이 (왼쪽에서)추가되면, 반대쪽(오른쪽) 끝에서 추가된 만큼의 항목이 제거된다.

Line 6~12(**그림12**): deque에 저장되는 경험에 (state, action, reward, next_state, done)과 같이 done을 포함한다. 그 이유는 done은 python의 기본 데이터 타입인 bool이므로 done=True일 때, 1-done=0인 성질을 이용하여 loss를 간단히 표현하기 위함이다. state와 next_state는 PyTorch의 tensor가 아닌 Numpy의 ndarray, action은 python의 기본 데이터 타입인 int이고 reward는 float 자료형임을 기억하자.

Line 14~15(**그림12**): 만약 batch_size=2이면 다음과 같은 리스트가 반환된다.

```
[ (array([-0.006, 0.218, 0.032, -0.313], dtype=float32), 0, 1.0,
   array([-0.002, 0.022,  0.025, -0.010], dtype=float32), False),
  (array([-0.007, 0.023, 0.032, -0.031], dtype=float32), 1, 1.0,
   array([-0.006, 0.218,  0.032, -0.313], dtype=float32), False) ]
```

```
class Memory( ):

 def __init__(self, capacity):
  self.deque = deque([ ], maxlen=capacity)

 def add(self,
           state:np.ndarray,
           action:int,
           reward:float,
           next_state:np.ndarray,
           done:bool):
  self.deque.append((state, action, reward, next_state, done))

 def sampling(self, batch_size)->list:
  return random.sample(self.deque, batch_size)

 def __len__(self):
  return len(self.deque)

memory = Memory(1000)
```

그림12

아래 **그림13**은 **그림5**에서 optimize_model을 설명할 때 사용한 그림이다. memory .sampling(batch_size)는 batch_size개의 경험 (s, a, r, s′, done) 리스트를 반환한다. 반환받은 경험 리스트를 먼저 분리(unpacking)한다. 그리고 상태묶음, 행동묶음, 보상묶음, 다음상태묶음, done묶음을 하는 압축(zip)하여 s묶음, a묶음, r묶음, s′묶음, done묶음을 만드는 과정을 알아보자.

그림14-(a)는 memory.sampling (batch_size)가 반환하는 batch_size개 경험을 나타낸다. **그림14-(b)**는 batch_size=2일 때 반환되는 경험 리스트를 간단히 나타낸 것이다. 실제로 state와 next_state는 각각 4개의 실수(float32)를 가지만 설명을 위하여 1개만 가진다고 가정하자. 이 경험 리스트를 사용하여, s묶음, a묶음, r묶음, s′묶음, done묶음을 만드는 과정을 **그림14-(c)**, **(d)**와 **그림15**에서 설명한다.

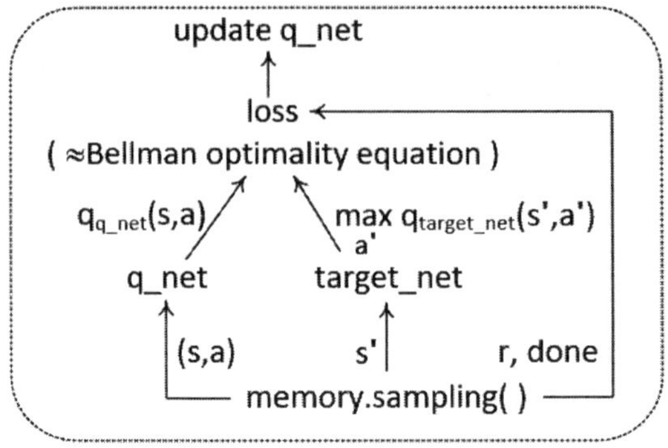

그림13

그림14-(c)는 우리가 원하는 PyTorch의 tensor인 s묶음, a묶음, r묶음, s′묶음, done 묶음을 나타낸다. 이런 형태를 얻는 과정이 **그림14-(d)**와 **그림15**이다.

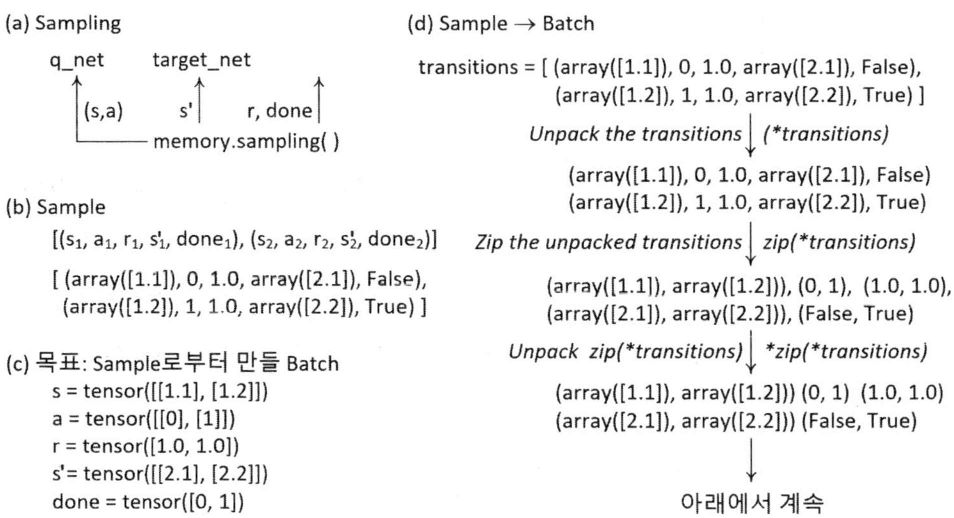

그림14

그림14-(d)에서 **(b)**에 있는 경험 리스트를 변수 transitions에 저장한다. transitions을 unpack한 결과를 보면 두 개의 튜플이 쉼표(,) 없이 하나씩 만들어짐을 알 수 있다. unpack한 transitions을 압축하면, s_1과 s_2, a_1과 a_2,, r_1과 r_2, s'_1과 s'_2, $done_1$과 $done_2$가 각각 묶어짐을 알 수 있다. 아래 **그림15**에서 1번째 묶음을 batch.state, 2번째 묶음을 batch. action, 3번째 묶음을 batch.next_state 그리고 마지막 묶음을 batch.done으로 나

타내기 위하여 아래와 같이 파이썬 패키지 collections에 있는 namedtuple(이름이 지정된 필드를 가진 튜플 서브 클래스를 생성하는 factory function)를 사용한다. 나머지 설명은 **그림15**로 대신한다.

(d) Sample → Batch 계속

```
Transition1 = namedtuple('Transition2', ('state', 'action', 'reward', 'next_state', 'done'))
batch=Transition1(*zip(*transitions))
↓
batch.state=(array([1.1]), array([1.2]))
batch.action=(0, 1)
batch.reward=(1.0, 1.0)
batch.next_state=(array([2.1]), array([2.2]))
batch.done=(False, True)
↓
np.vstack(batch.state)    # array([[1.1],
                          #        [1.2]])
s = torch.FloatTensor(np.vstack(batch.state))

torch.LongTensor(batch.action) # tensor([0, 1])
a = torch.LongTensor(batch.action).unsqueeze(1)

r=torch.FloatTensor(batch.reward)

np.vstack(batch.next_state)    # array([[2.1],
                               #        [2.2]])
s'= torch.FloatTensor(np.vstack(batch.next_state))

done = torch.LongTensor(batch.done)
```

```
s = tensor([[1.1], [1.2]])
a = tensor([[0], [1]])
r = tensor([1.0, 1.0])
s'= tensor([[2.1], [2.2]])
done = tensor([0, 1])
```

그림15

아래 **그림16**은 **그림5**에서 설명한 함수 optimize_model의 코드이다. **그림16**의 line 10에서 batch_action을 이차원으로 만든 이유는, line 16을 보면 q_net(batch_state)에서 batch_action 위치에 있는 숫자를 추출하기 때문이다. 나머지 코드 설명은 PART IV의 DQN 의사 코드 설명으로 대신한다.

```
optimizer = optim.Adam(q_net.parameters(), lr=LR)
Transition = namedtuple('Transition',
                        ('state', 'action', 'reward', 'next_state', 'done'))

def optimize_model( ):
    transitions = memory.sampling(batch_size)
    batch = Transition(*zip(*transitions))

    batch_state = torch.FloatTensor(np.vstack(batch.state))
    batch_action=torch.LongTensor(batch.action).unsqueeze(1)
    batch_reward=torch.FloatTensor(batch.reward)
    batch_next_state = torch.FloatTensor(np.vstack(batch.next_state))
    batch_done=torch.LongTensor(batch.done)

    # Compute q(s, a)
    state_action_values = q_net(batch_state).gather(1, batch_action)

    # Compute max_{a'} q(s',a') = next_state_action_values
    with torch.no_grad():
        next_state_action_values = target_net(batch_next_state).max(1)[0]

    # Compute loss
    expected_state_action_values = batch_reward \
                                   + gamma*(1-batch_done)*next_state_action_values
    loss = (state_action_values
            - expected_state_action_values.unsqueeze(1)).pow(2).mean()

    # Optimize the model
    optimizer.zero_grad( )
    loss.backward( )
    optimizer.step( )
```

그림16

아래 **그림17**은 지금까지 정의한 함수와 클래스를 사용하여 정책 신경망 q_net을 학습한 코드이다. 그리고 학습하는 동안 움직임 횟수의 이동 평균(100개 에피소드)을 plot하는 코드이다. 에피소드 종료 기준(에피소드 길이 200)을 연속해서 30회 만족하면 학습을 종료한다. 이때 사용하는 함수가 consecutive_length이다. plot을 보면 약 300번째 에피소드에서 학습이 종료됨을 알 수 있다. 반복 시행해도 유사한 plot을 얻게 된다.

```
# 10번 연속해서 만점을 받으면 학습 종료할 때 사용할 함수
def consecutive_length(lst): # see [참고]
    return [len(list(group)) for _, group in groupby(enumerate(lst),
                                       lambda i_x:i_x[0]-i_x[1])]
episode_durations = [ ]
movement199=[ ] # length가 200(만점)인 episode 담는 변수
num_episodes = 5000
for i_episode in range(num_episodes):

  # env 상태 초기화(random)
  state = env.reset( )# np.ndarray[float32](4,)

  for num_movement in count( ):# 0 이상 정수의 나열을 생성

    action = select_action(state) # int
    next_state, reward, done, _ = env.step(action)#np.ndarray[float32](4,), float, bool, _

    # Store the transition in memory
    memory.add(state, action, reward, next_state, done)

    # Move to the next state
    state = next_state

    # Perform one step of the optimization (on the policy network)
    if len(memory) >= batch_size:
      optimize_model()

    # Soft update of the target network's weights
    # θ′ ← τ θ + (1 −τ )θ′, τ=0.005
    target_net_state_dict = target_net.state_dict( )
    q_net_state_dict = q_net.state_dict( )
      for key in q_net_state_dict:
      target_net_state_dict[key] = q_net_state_dict[key]*tau \
                        + target_net_state_dict[key]*(1-tau)
    target_net.load_state_dict(target_net_state_dict)

    if done:
      episode_durations.append(num_movement + 1)
      plot_durations( )
      movement_end=num_movement
      break

  if movement_end==199:
    movement199.append(i_episode)
    if max(consecutive_length(movement199))>=30:
      break

print(f'Complete: movement_end = {movement_end}')
plot_durations(show_result=True, save=True)
plt.show( )
```

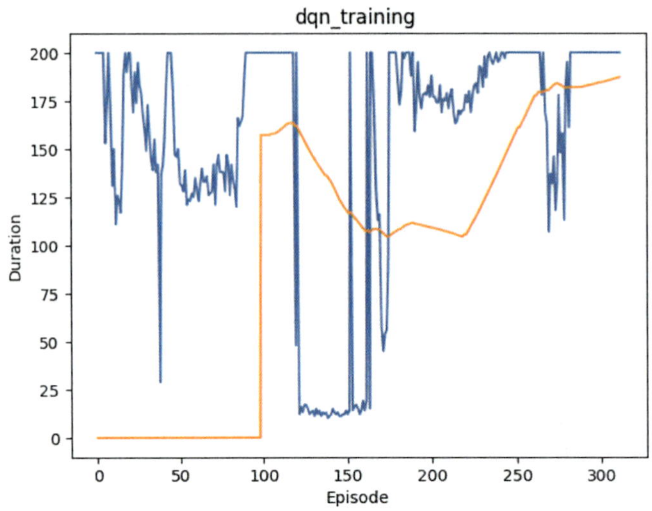

그림17

학습된 정책 신경망 q_net의 성능을 테스트한 코드가 **그림18**이다. 5,000회 에피소드 테스트에서 모든 에피소드가 최대 길이인 200이 되었음을 확인할 수 있다.

```
from tqdm import tqdm
q_net.eval( )
with torch.no_grad( ):
  for i_episode in tqdm(range(5000)):
    state = env.reset( )
    state = torch.FloatTensor(state).unsqueeze(0)

    done=False
    t=0
    while not done:
      t +=1
      action=q_net(state).max(1)[1].item( )
      next_state, _, done, _ = env.step(action)
      next_state = torch.FloatTensor(next_state).unsqueeze(0)
      state = next_state
      if done:
        if t!=200:
          print(t)
```

```
100%|██████████| 5000/5000 [01:26<00:00, 58.06it/s]
```

그림18

PART VI DQN 전체 코드

```
import gym, math, random, matplotlib, numpy as np
import matplotlib.pyplot as plt
import torch, torch.nn as nn, torch.optim as optim, torch.nn.functional as F
from collections import namedtuple, deque
from itertools import count
from itertools import groupby
from IPython import display

is_ipython = 'inline' in matplotlib.get_backend()

def plot_durations(show_result=False, save=False):
  fig = plt.figure(1) # 'fig' is a handle to the figure you're creating
  durations_t = torch.tensor(episode_durations, dtype=torch.float)
  if show_result:
    plt.title('dqn_training')
  else:
    plt.clf()
    plt.title('Training...')
  plt.xlabel('Episode')
  plt.ylabel('Duration')
  plt.plot(durations_t.numpy())
  # Take 100 episode averages and plot them too
  if len(durations_t) >= 100:
    means = durations_t.unfold(0, 100, 1).mean(1).view(-1)
    means = torch.cat((torch.zeros(99), means))
    plt.plot(means.numpy())
  plt.pause(0.001)  # pause a bit so that plots are updated
  if save:
    fig.savefig('dqn_training_plot.png', dpi=300, bbox_inches='tight')
  if is_ipython:
    if not show_result:
      display.display(plt.gcf())
      display.clear_output(wait=True)
    else:
      display.display(plt.gcf())

batch_size, gamma  = 64, 0.99 #discount factor
eps_start, eps_end, eps_decay = 0.9, 0.05, 1000# epsilon-greedy policy
tau, LR = 0.005, 1e-4 # soft copy rate, learning rate
```

```
env = gym.make("CartPole-v0")
n_actions = env.action_space.n
state = env.reset()
n_observations = len(state)

class DQN(nn.Module):
 def __init__(self):
  super( ).__init__()
  self.layer1 = nn.Linear(n_observations, 128)
  self.layer2 = nn.Linear(128, 128)
  self.layer3 = nn.Linear(128, n_actions)
 def forward(self, x):
  x = F.relu(self.layer1(x))
  x = F.relu(self.layer2(x))
  return self.layer3(x)

q_net, target_net = DQN(), DQN()
target_net.load_state_dict(q_net.state_dict())

# ε-greedy (epsilon-greedy) policy
steps_done = 0
def select_action(state: np.ndarray)->int:# np.ndarray[float32], shape=(4,)
 global steps_done
 state = torch.FloatTensor(state).unsqueeze(0)
 eps_threshold = eps_end + (eps_start - eps_end) * \
  math.exp(-1. * steps_done / eps_decay)
  #eps_start = 0.9, eps_end = 0.05, eps_decay = 1000
 steps_done += 1
 random01 = random.random()#A float between [0.0, 1.0) is generated.
 if random01<= eps_threshold:#exploration
  return env.action_space.sample()
 else:#exploitation
  with torch.no_grad():
   return q_net(state).max(1)[1].item()

class Memory():
 def __init__(self, capacity):
  self.deque = deque([], maxlen=capacity)
 def add(self,
     state:np.ndarray,
     action:int,
     reward:float,
     next_state:np.ndarray,
     done:bool):
  self.deque.append((state, action, reward, next_state, done))
```

```
    def sampling(self, batch_size)->list:
        return random.sample(self.deque, batch_size)
    def __len__(self):
        return len(self.deque)

memory = Memory(1000)

optimizer = optim.Adam(q_net.parameters(), lr=LR)
Transition = namedtuple('Transition',
                        ('state', 'action', 'reward', 'next_state', 'done'))

def optimize_model():
    transitions = memory.sampling(batch_size)
    batch = Transition(*zip(*transitions))
    batch_state = torch.FloatTensor(np.vstack(batch.state))
    batch_action=torch.LongTensor(batch.action).unsqueeze(1)
    batch_reward=torch.FloatTensor(batch.reward)
    batch_next_state = torch.FloatTensor(np.vstack(batch.next_state))
    batch_done=torch.LongTensor(batch.done)

    # Compute q(s, a)
    state_action_values = q_net(batch_state).gather(1, batch_action)

    # Compute max_{a'} q(s',a') = next_state_action_values
    with torch.no_grad():
        next_state_action_values = target_net(batch_next_state).max(1)[0]

    # Compute loss
    expected_state_action_values = batch_reward \
                                   + gamma*(1-batch_done)*next_state_action_values
    loss = (state_action_values
            - expected_state_action_values.unsqueeze(1)).pow(2).mean()

    # Optimize the model
    optimizer.zero_grad()
    loss.backward()
    optimizer.step()

# 10번 연속해서 만점을 받으면 학습 종료할 때 사용할 함수
# 리스트 lst의 처음 요소부터 순차적으로 연속된 정수를 그룹화하고
# 각 그룹의 길이를 계산
def consecutive_length(lst):
    return [len(list(group)) for _, group in groupby(enumerate(lst),
                                                    lambda i_x:i_x[0]-i_x[1])]
episode_durations = []
```

```python
movement199=[]# length가 200(만점)인 episode 담는 변수
num_episodes = 5000

for i_episode in range(num_episodes):
    # env 상태 초기화(random)
    state = env.reset()# np.ndarray[float32](4,)

    for num_movement in count(): # 0 이상 정수의 나열을 생성
        action = select_action(state) # int
        next_state, reward, done, _ = env.step(action)
        #np.ndarray[float32](4,), float, bool, _

        ## Store the transition in memory
        memory.add(state, action, reward, next_state, done)

        # Move to the next state
        state = next_state

        ## Perform one step of the optimization (on the policy network)
        if len(memory) >= batch_size:
            optimize_model()

        ## Soft update of the target network's weights
        ### θ′ ← τ θ + (1 −τ )θ′, τ=0.005
        target_net_state_dict = target_net.state_dict()
        q_net_state_dict = q_net.state_dict()
        for key in q_net_state_dict:
            target_net_state_dict[key] = q_net_state_dict[key]*tau \
                              + target_net_state_dict[key]*(1-tau)
        target_net.load_state_dict(target_net_state_dict)

        if done:
            episode_durations.append(num_movement + 1)
            plot_durations()
            movement_end=num_movement
            break

    if movement_end==199:
        movement199.append(i_episode)
        if max(consecutive_length(movement199))>=30:
            break

print(f'Complete: movement_end = {movement_end}')
plot_durations(show_result=True, save=True)
plt.show()
```

```python

from tqdm import tqdm
q_net.eval()
with torch.no_grad():
  for i_episode in tqdm(range(5000)):
    state = env.reset()
    state = torch.FloatTensor(state).unsqueeze(0)

    done=False
    t=0
    while not done:
      t +=1
      action=q_net(state).max(1)[1].item()
      next_state, _, done, _ = env.step(action)
      next_state = torch.FloatTensor(next_state).unsqueeze(0)
      state = next_state
      if done:
        if t!=200:
          print(t)
```

그림19

제 8 장

Double DQN

Loss에 필요한 행동 가치의 target을 구할 때, DQN은 **그림1-(a)**와 같이 target_net를 사용했다.

$$\max_{a'} q_{\text{target\_net}}(s', a')$$
$$= \max\left\{ \begin{array}{l} s'\text{에서 tagetet\_net으로 구한 오른쪽 행동 가치}, \\ s'\text{에서 tagetet\_net으로 구한 왼쪽 행동 가치} \end{array} \right\}$$

즉, target_net 하나로 다음 두 가지 작업을 모두 한다.

(1) target_net으로 각각의 행동에 대한 행동 가치를 구한다.
(2) target_net으로 최대 행동 가치를 구한다.

하나의 신경망으로 (1)과 (2)를 모두 하면 과적합 편향(overestimation bias)이 발생할 수 있음이 알려져 있다.

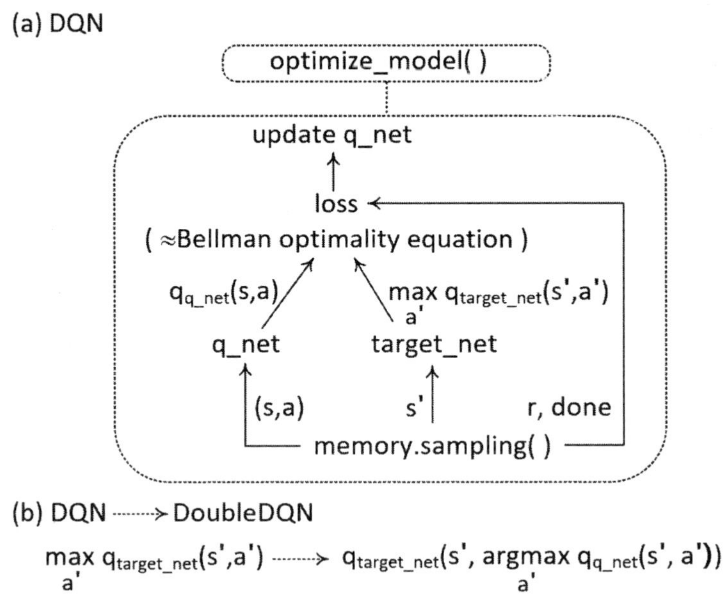

그림1 DQN

이런 문제를 해결하기 위하여, **그림1-(b)**와 같이 다음 상태 s′에서 (1) 정책 신경망 q_net으로 최대 행동 가치가 되는 행동을 찾는다.

$$
\begin{aligned}
&\arg\max_{a'} q_{\text{q\_net}}(s', a') \\
&= \arg\max_{a'} \text{q\_net}(s')[a'] \\
&= \text{q\_net}(s')[\text{오른쪽 행동}],\ \text{q\_net}(s')[\text{왼쪽 행동}]\ \text{중, 최대인 행동}
\end{aligned}
$$

그리고 (2) target_net으로 행동 $\arg\max_{a'} q_{\text{q_net}}(s', a')$에 대한 가치를 구한다.

$$
\begin{aligned}
&= \text{target\_net}(s')\left[\arg\max_{a'} q_{\text{q\_net}}(s', a')\right] \\
&= \text{두 개 값 target\_net}(s')[\text{오른쪽 행동}]\text{과 target\_net}(s')[\text{왼쪽 행동}]\ \text{중,} \\
&\quad \text{행동이 } \arg\max_{a'} q_{\text{q\_net}}(s', a')\text{인 값}
\end{aligned}
$$

이렇게 아래 **그림2**와 같이 행동 선택과 행동 가치 계산을 분리하여, 다음 상태 s′에서 행동 가치는 구하는 방법을 Double DQN이라고 한다.

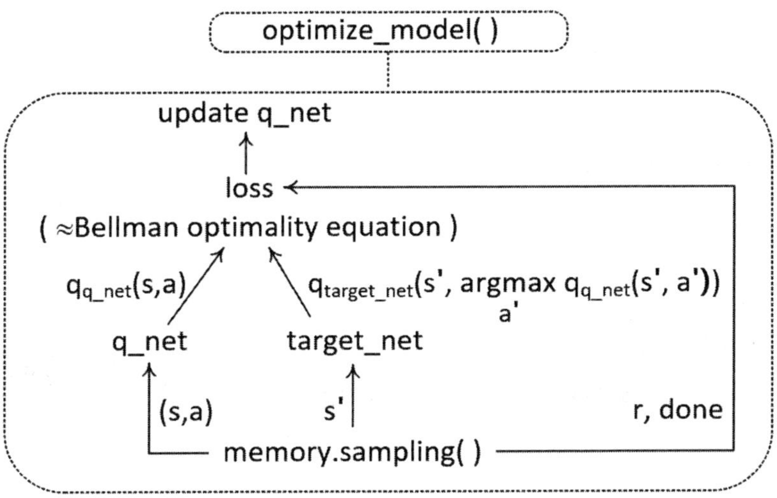

그림2 Double DQN

DQN(제7장의 **그림5**)에서 optimize_model 부분을 위 **그림2**로 수정하면 다음과 같은 Double DQN 전체 그림이 된다.

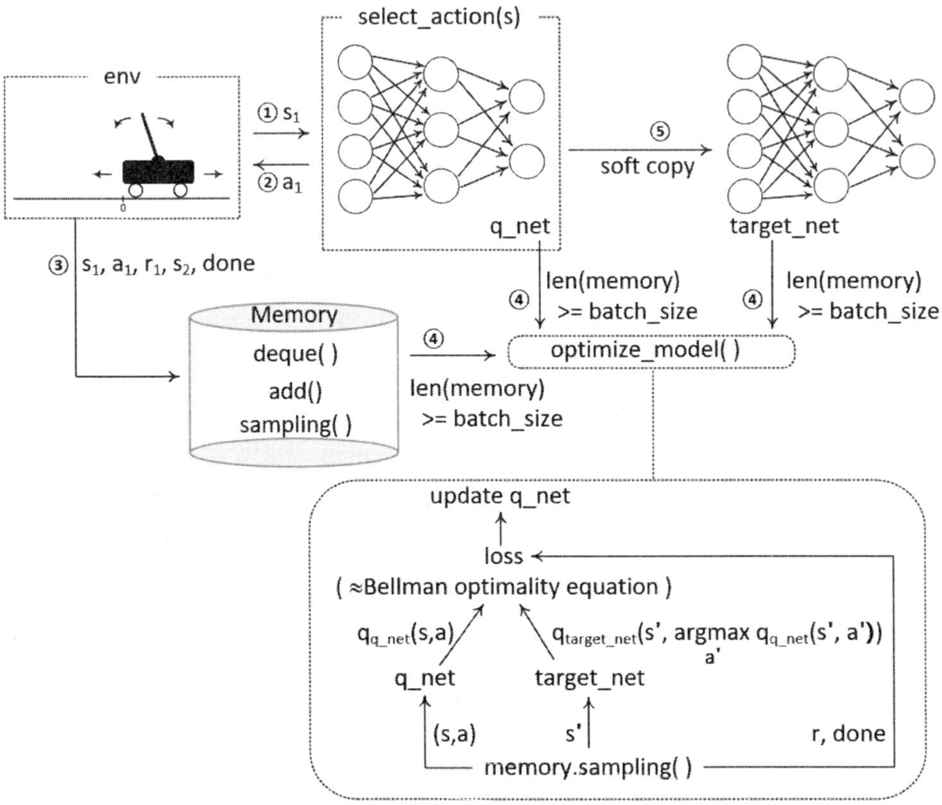

그림3

아래가 DQN의 손실이므로

$$\text{loss}_{\text{DQN}} = \begin{pmatrix} \text{q\_net}(s).\text{gather}(1, a) \\ -(r + \text{gamma} * (1 - \text{done}) * \text{target\_net}(s').\text{max}(1)[0]) \end{pmatrix}.\text{pow}(2).\text{mean}(\ )$$

위 수정을 반영하면 다음과 같은 Double DQN의 손실이 된다.

$$a' = \text{q\_net}(\text{batch\_next\_state}).\text{max}(1)[1].\text{unsqueeze}(1)$$

$$\text{loss}_{\text{Double-DQN}}$$

$$= \begin{pmatrix} \text{q\_net}(s).\text{gather}(1,a) \\ -\begin{pmatrix} r + \text{gamma} * (1 - \text{done}) \\ *\text{target\_net}(s').\text{gather}(1, a').\text{squeeze}(\ ) \end{pmatrix} \\ .\text{unsqueeze}(\ ) \end{pmatrix}.\text{pow}(2).\text{mean}(\ )$$

정책 신경망 q_net을 이용하여 다음 상태 s'에서 최대 행동 가치를 가지는 행동 a'을 먼저 구하는 것을 알 수 있다.

Double DQN 전체 코드는 다음과 같다.

```
import gym, math, random, matplotlib, numpy as np
import matplotlib.pyplot as plt
import torch, torch.nn as nn, torch.optim as optim, torch.nn.functional as F
from collections import namedtuple, deque
from itertools import count
from itertools import groupby
from IPython import display


is_ipython = 'inline' in matplotlib.get_backend()

def plot_durations(show_result=False, save=False):
  fig = plt.figure(1) # 'fig' is a handle to the figure you're creating
  durations_t = torch.tensor(episode_durations, dtype=torch.float)
  if show_result:
    plt.title('dqn_training')
  else:
    plt.clf()
    plt.title('Training...')
  plt.xlabel('Episode')
  plt.ylabel('Duration')
  plt.plot(durations_t.numpy())
  # Take 100 episode averages and plot them too
  if len(durations_t) >= 100:
    means = durations_t.unfold(0, 100, 1).mean(1).view(-1)
    means = torch.cat((torch.zeros(99), means))
    plt.plot(means.numpy())
```

```
    plt.pause(0.001)  # pause a bit so that plots are updated
    if save:
        fig.savefig('dqn_training_plot.png', dpi=300, bbox_inches='tight')
    if is_ipython:
        if not show_result:
            display.display(plt.gcf())
            display.clear_output(wait=True)
        else:
            display.display(plt.gcf())


batch_size = 64
gamma = 0.99 #discount factor
eps_start, eps_end, eps_decay = 0.9, 0.05, 1000# epsilon-greedy policy
tau = 0.005 # soft copy rate
LR = 1e-4 # learning rate

env = gym.make("CartPole-v0")
n_actions = env.action_space.n
state = env.reset()
n_observations = len(state)

class DQN(nn.Module):
    def __init__(self):
        super( ).__init__()
        self.layer1 = nn.Linear(n_observations, 128)
        self.layer2 = nn.Linear(128, 128)
        self.layer3 = nn.Linear(128, n_actions)
    def forward(self, x):
        x = F.relu(self.layer1(x))
        x = F.relu(self.layer2(x))
        return self.layer3(x)

q_net = DQN()
target_net = DQN()
target_net.load_state_dict(q_net.state_dict())

# ε-greedy (epsilon-greedy) policy
steps_done = 0
def select_action(state: np.ndarray)->int:# np.ndarray[float32], shape=(4,)
    global steps_done
    state = torch.FloatTensor(state).unsqueeze(0)
    eps_threshold = eps_end + (eps_start - eps_end) * \
        math.exp(-1. * steps_done / eps_decay)
        #eps_start = 0.9, eps_end = 0.05, eps_decay = 1000
```

```
  steps_done += 1
  random01 = random.random()#A float between [0.0, 1.0) is generated.
  if random01<= eps_threshold:#exploration
    return env.action_space.sample()
  else:#exploitation
    with torch.no_grad():
      return q_net(state).max(1)[1].item()


class Memory():
  def __init__(self, capacity):
    self.deque = deque([], maxlen=capacity)
  def add(self,
          state:np.ndarray,
          action:int,
          reward:float,
          next_state:np.ndarray,
          done:bool):
    self.deque.append((state, action, reward, next_state, done))
  def sampling(self, batch_size)->list:
    return random.sample(self.deque, batch_size)
  def __len__(self):
    return len(self.deque)

memory = Memory(1000)


optimizer = optim.Adam(q_net.parameters(), lr=LR)
Transition = namedtuple('Transition',
                        ('state', 'action', 'reward', 'next_state', 'done'))

def optimize_model():
    transitions = memory.sampling(batch_size)
    batch = Transition(*zip(*transitions))

    batch_state = torch.FloatTensor(np.vstack(batch.state))
    batch_action=torch.LongTensor(batch.action).unsqueeze(1)
    batch_reward=torch.FloatTensor(batch.reward)
    batch_next_state = torch.FloatTensor(np.vstack(batch.next_state))
    batch_done=torch.LongTensor(batch.done)

    # Compute q(s, a)
    state_action_values = q_net(batch_state).gather(1, batch_action)

```

```
    # Compute max_{a'} q(s',a') = next_state_action_values
    with torch.no_grad():
        # next_state_action_values = target_net(batch_next_state).max(1)[0]
        next_state_actions = q_net(batch_next_state).max(1)[1].unsqueeze(1)
        next_state_action_values = target_net(batch_next_state)\
                                        .gather(1, next_state_actions).squeeze()
        # remove all dimensions with a size of 1

    # Compute loss
    expected_state_action_values = batch_reward \
                            + gamma*(1-batch_done)*next_state_action_values
    loss = (state_action_values
            - expected_state_action_values.unsqueeze(1)).pow(2).mean()

    # Optimize the model
    optimizer.zero_grad()
    loss.backward()
    optimizer.step()


# 10번 연속해서 만점을 받으면 학습 종료할 때 사용할 함수
# 리스트 lst의 처음 요소부터 순차적으로 연속된 정수를 그룹화하고
# 각 그룹의 길이를 계산
def consecutive_length(lst):
    return [len(list(group)) for _, group in groupby(enumerate(lst),
                                    lambda i_x:i_x[0]-i_x[1])]

episode_durations = []
movement199=[]# length가 200(만점)인 episode 담는 변수
num_episodes = 5000
for i_episode in range(num_episodes):
  # env 상태 초기화(random)
  state = env.reset()# np.ndarray[float32](4,)
  #  Cannot call env.step() before calling env.reset()

  for num_movement in count():# 0 이상 정수의 나열을 생성
    action = select_action(state) # int
    next_state, reward, done, _ = env.step(action)
    # np.ndarray[float32](4,), float, bool, _

    ## Store the transition in memory
    memory.add(state, action, reward, next_state, done)

    # Move to the next state
    state = next_state

```

```
  ## Perform one step of the optimization (on the policy network)
  if len(memory) >= batch_size:
   optimize_model()

  ## Soft update of the target network's weights
  ### θ′ ← τ θ + (1 −τ )θ′, τ=0.005
  target_net_state_dict = target_net.state_dict()
  q_net_state_dict = q_net.state_dict()
  for key in q_net_state_dict:
   target_net_state_dict[key] = q_net_state_dict[key]*tau \
                       + target_net_state_dict[key]*(1-tau)
  target_net.load_state_dict(target_net_state_dict)

  if done:
   episode_durations.append(num_movement + 1)
   plot_durations()
   movement_end=num_movement
   break

 if movement_end==199:
  movement199.append(i_episode)
  if max(consecutive_length(movement199))>=30:
   break

print(f'Complete: movement_end = {movement_end}')
plot_durations(show_result=True, save=True)
plt.show()


from tqdm import tqdm
q_net.eval()
with torch.no_grad():
 for i_episode in tqdm(range(5000)):
  state = env.reset()
  state = torch.FloatTensor(state).unsqueeze(0)

  done=False
  t=0
  while not done:
   t +=1
   action=q_net(state).max(1)[1].item()
   next_state, _, done, _ = env.step(action)
   next_state = torch.FloatTensor(next_state).unsqueeze(0)
   state = next_state
   if done:
    if t!=200:
     print(t)
```

그림4

아래 두 그림은 학습하는 동안 움직임 횟수의 이동 평균(100개 에피소드)과 학습된 정책 신경망 q_net의 성능을 테스트한 결과이다. 5,000회 에피소드 테스트에서 모든 에피소드가 최대 길이인 200이 되었음을 확인할 수 있다.

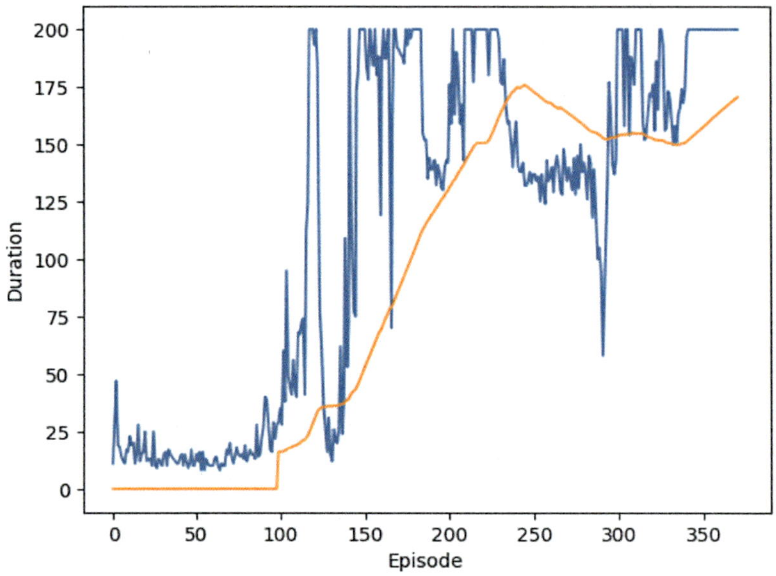


```
100%|██████████| 5000/5000 [02:09<00:00, 38.56it/s]
```

Dueling DQN

제 9 장

PART I $A(s, a)$의 평균을 빼는 이유

DQN에서 정책 신경망 q_net은 **그림1-(a)**와 같이 상태 s에서 CartPole을 우측 또는 좌측으로 이동시키는 행동 가치를 구한다. 즉, 상태 s의 가치를 구하는 과정을 거치지 않고 상태-행동 순서쌍의 가치를 바로 구한다.

상태 s의 가치를 구하여 상태-행동 순서쌍의 가치를 구하는 방법으로 Dueling DQN이 있다. **그림1-(b)**와 같이 Dueling DQN의 q_net 구조는 상태 s에서 시작해서 두 개로 분리되는 구조를 가진다. 하나는 상태 s의 가치 $V(s)$를 구하고 다른 하나는 상태 s에서 행동 a가 주는 이점(advantage) $A(s, a)$를 구한다. 상태 가치 $V(s)$와 advantage $A(s, a)$를 **그림1-(b)**와 같이 결합하여 상태-행동 순서쌍의 가치 $q(s, a)$를 만든다.

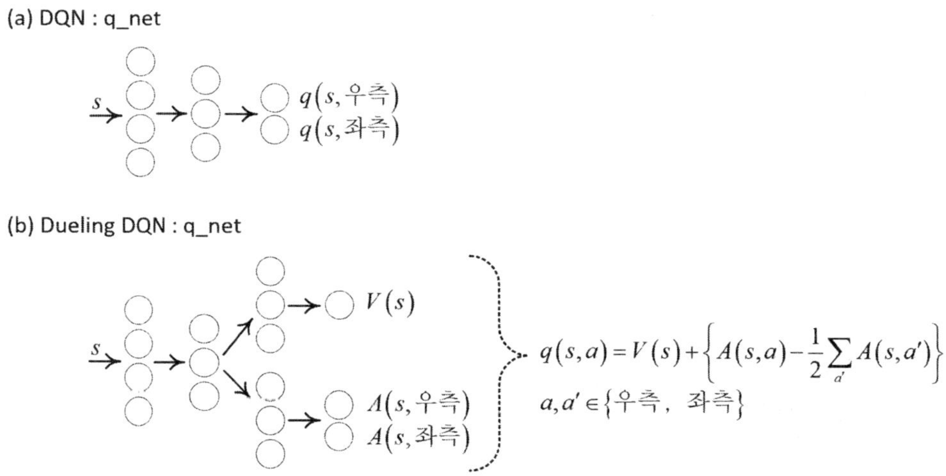

그림1 DQN과 Dueling DQN 구조 비교

PART I $A(s, a)$의 평균을 빼는 이유

Dueling DQN의 아이디어는 상태-행동 순서쌍 가치 $q(s, a)$를 상태 가치 $V(s)$와 s에서 행동 a를 할 때의 advantage $A(s, a)$로 분해한 것이다. 그리고 두 개를 결합하여 $q(s, a)$를 정의할 때, **그림1-(b)**와 같이 평균을 뺀다. 평균을 빼는 이유를 아래 문제 풀이

로 알아보자.

문제1 아래와 같은 분해는 유일하지 않음을 보이시오.

$$q(s,a)=V(s)+A(s,a) \ \ (\forall a)$$

증명. $V(s)+A(s,a)=V'(s)+A'(s,a)$ 라고 하자.

그러면 임의의 상수 c 에 대하여 다음이 성립한다.

$$V'(s)-V(s)=A(s,a)-A'(s,a)=c \ \ (\forall a)$$
$$\Leftrightarrow \begin{cases} V'(s)=V(s)+c \\ A'(s,a)=A(s,a)-c \end{cases} \tag{1}$$

즉, 임의의 상수 c 에 대하여 다음이 성립하므로 분해는 유일하지 않다.

$$V(s)+A(s,a)=\{V(s)+c\}+\{A(s,a)-c\} \ \ (\forall a) \tag{2}$$

위 문제1의 풀이는 식(2)과 같이 유일성의 반례를 보이는 것으로 충분하지만, 아래 문제2의 풀이와 비교하기 위하여 반례가 아닌 증명 형태로 풀이를 작성했다. 문제1과 같이 유일성이 성립하지 않는 상황을 해결하는 방법은 위 식(1)의 마지막 등호, 즉 연립방정식을 이용하여 상수 c가 0이 되도록 advantage $A(s, a)$ 항을 수정해야 한다.

$$\left.\begin{matrix} A(s,a_r)-A'(s,a_r)=c \\ A(s,a_l)-A'(s,a_l)=c \\ (a_r=\text{우측},\ a_l=\text{좌측}) \end{matrix}\right\} \xrightarrow{A\text{ 변형?}} c=0$$

문제2 아래와 같은 분해는 유일함을 보이시오.

$$q(s,a)=V(s)+\left\{A(s,a)-\frac{1}{2}\sum_{a'}A(s,a')\right\}$$

증명. 기호의 간결성을 위하여 다음과 같이 첨자 기호를 정의하자.

$$A_s^{a_r}=A(s,a_r),\ A_s^{a_l}=A(s,a_l)$$

두 개의 분해 $(V, A-A\text{의 평균})$, $(V', A'-A'\text{의 평균})$이 있다고 가정하자.

$$\begin{cases} V(s)+\left(A_s^{a_r}-\dfrac{A_s^{a_r}+A_s^{a_l}}{2}\right)=V'(s)+\left(A_s'^{a_r}-\dfrac{A_s'^{a_r}+A_s'^{a_l}}{2}\right) \\ V(s)+\left(A_s^{a_l}-\dfrac{A_s^{a_r}+A_s^{a_l}}{2}\right)=V'(s)+\left(A_s'^{a_l}-\dfrac{A_s'^{a_r}+A_s'^{a_l}}{2}\right) \end{cases}$$

정리하면 다음과 같다.

$$\begin{cases} V(s)+\dfrac{A_s^{a_r}-A_s^{a_l}}{2}=V'(s)+\dfrac{A_s'^{a_r}-A_s'^{a_l}}{2} \\ V(s)+\dfrac{-\left(A_s^{a_r}-A_s^{a_l}\right)}{2}=V'(s)+\dfrac{-\left(A_s'^{a_r}-A_s'^{a_l}\right)}{2} \end{cases}$$

연립방정식으로부터 세 개의 식이 같은 값을 가지고, 이 값을 상수 c 라고 하면 다음이 성립한다.

$$\begin{aligned} V'(s)-V(s)&=\frac{\left(A_s^{a_r}-A_s'^{a_r}\right)-\left(A_s^{a_l}-A_s'^{a_l}\right)}{2} \\ &=\frac{-\left(A_s^{a_r}-A_s'^{a_r}\right)+\left(A_s^{a_l}-A_s'^{a_l}\right)}{2}=c \end{aligned}$$

마지막 두 개 등호를 연립하면 다음과 같이 상수 c가 0이 된다.

$$\begin{cases} \dfrac{\left(A_s^{a_r} - A_s'^{a_r}\right) - \left(A_s^{a_l} - A_s'^{a_l}\right)}{2} = c \\ \dfrac{-\left(A_s^{a_r} - A_s'^{a_r}\right) + \left(A_s^{a_l} - A_s'^{a_l}\right)}{2} = c \end{cases} \Rightarrow 0 = 2c \quad \therefore c = 0$$

따라서 두 개의 분해 (V, A－A의 평균), (V′, A′－A′의 평균)은 같다.

문제2에서 행동이 두 개인 경우만 증명했지만 같은 방법으로 행동이 n개인 경우도 증명할 수 있다. 예를 들면, n=3인 경우는 다음과 같다.

$$\begin{cases} \dfrac{2\left(A_s^{a_1} - A_s'^{a_1}\right) - \left(A_s^{a_2} - A_s'^{a_2}\right) - \left(A_s^{a_3} - A_s'^{a_3}\right)}{3} = c \\ \dfrac{-\left(A_s^{a_1} - A_s'^{a_1}\right) + 2\left(A_s^{a_2} - A_s'^{a_2}\right) - \left(A_s^{a_3} - A_s'^{a_3}\right)}{3} = c \\ \dfrac{-\left(A_s^{a_1} - A_s'^{a_1}\right) - \left(A_s^{a_2} - A_s'^{a_2}\right) + 2\left(A_s^{a_3} - A_s'^{a_3}\right)}{3} = c \end{cases} \Rightarrow 0 = 3c \quad \therefore c = 0$$

Dueling DQN을 그림으로 나타내면 아래 **그림2**와 같다. 정책 신경망 q_net과 target을 구할 때 사용하는 target_net의 구조만 제외하고 DQN(제7장의 **그림5**)과 같다.

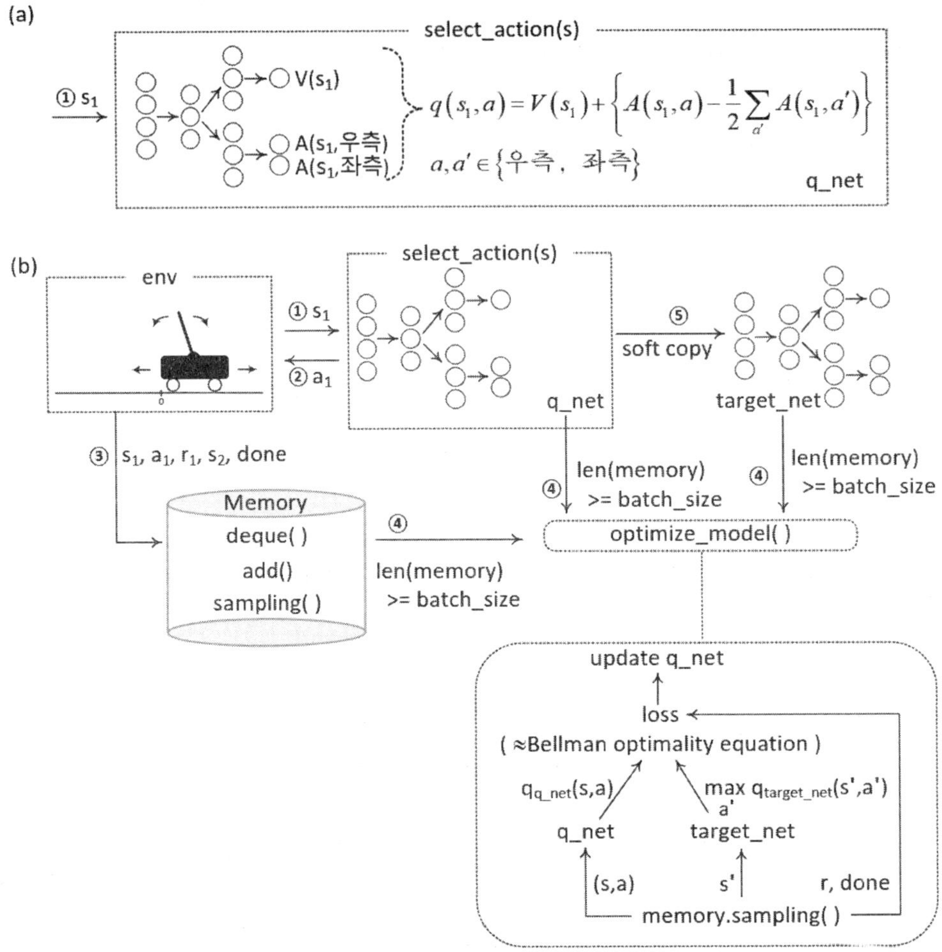

그림2

아래 **그림3**은 제7장에 있는 DQN 전체 코드 중에서 q_net과 target_net이 사용하는 신경망 코드이다.

```
class DQN(nn.Module):
  def __init__(self):
    super( ).__init__()
    self.layer1 = nn.Linear(n_observations, 128)
    self.layer2 = nn.Linear(128, 128)
    self.layer3 = nn.Linear(128, n_actions)
  def forward(self, x):
    x = F.relu(self.layer1(x))
```

```
        x = F.relu(self.layer2(x))
        return self.layer3(x)

q_net, target_net = DQN(), DQN()
target_net.load_state_dict(q_net.state_dict())
```

그림3

그림3의 클래스 DQN을 아래 **그림4**의 클래스 Dueling DQN 코드로 교체하면 된다.

```
# 여기에 DQN 전체 코드(제7장) line 1~45

class DuelingDQN(nn.Module):

    def __init__(self):
        super( ).__init__( )

        self.feature = nn.Sequential(
            nn.Linear(n_observations, 128),
            nn.ReLU( ),
            nn.Linear(128, 128),
            nn.ReLU( ) )

        self.value = nn.Sequential(
            nn.Linear(128, 128),
            nn.ReLU( ),
            nn.Linear(128, 1) )

        self.advantage = nn.Sequential(
            nn.Linear(128, 128),
            nn.ReLU( ),
            nn.Linear(128, n_actions) )

    def forward(self, x):
        x = self.feature(x)
        advantage = self.advantage(x)
        value = self.value(x)
        return value + advantage - advantage.mean( )

q_net, target_net = DuelingDQN(), DuelingDQN( )
target_net.load_state_dict(q_net.state_dict( ))

# 여기에 DQN 전체 코드(제7장) line 59~마지막
```

그림4

아래 두 그림은 학습하는 동안 움직임 횟수의 이동 평균(100개 에피소드)과 학습된 정책 신경망 q_net의 성능을 테스트한 결과이다. 5,000회 에피소드 테스트에서 모든 에피소드가 최대 길이인 200이 되었음을 확인할 수 있다.

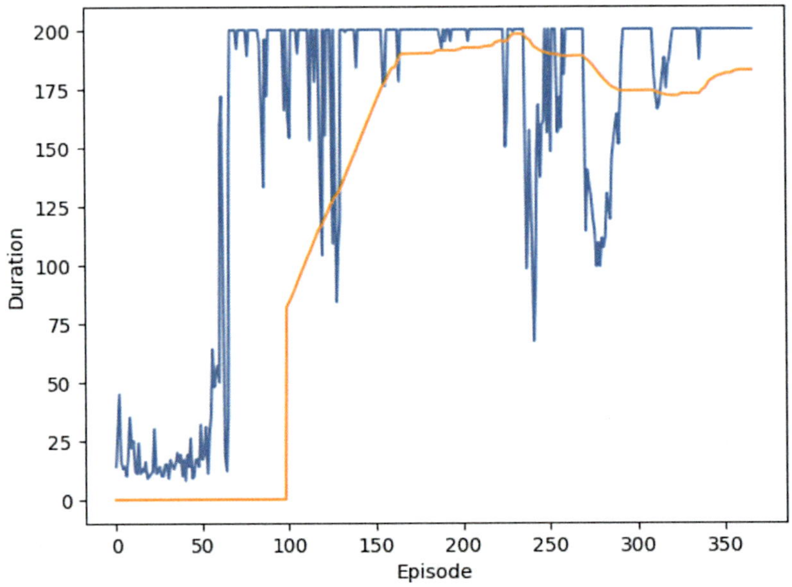

```
100%|██████████| 5000/5000 [04:27<00:00, 18.71it/s]
```

그림5

제 10 장

Max-PER (Prioritized Experience Replay)

DQN은 memory에서 무작위로 경험을 추출했지만, PER(Prioritized Experience Replay)에서는 경험마다 추출될 우선순위(priority)가 있어서 무작위로 추출하지 않는다.

	경험 추출 방법
DQN	무작위
PER	추출 우선순위(Priority)

그림1

경험 추출 우선순위(Priority)를 사용하는 PER를 제10장과 제11장에서 다룬다. 제10장에서는 가장 최근의 경험에 가장 높은 추출 우선순위(priority)를 주는 방법을 다루고 이 방법을 Max-PER이라고 하자. 여기서 Max는 새로운 경험의 추출 우선순위를 정할 때 기존 경험의 priority 중, 최댓값을 사용한다는 의미이다. 제11장에서는 priority를 tree 구조(sum tree)로 저장하여 사용하는 방법을 다루고 SumTree -PER라고 한다.

DQN에서는 경험을 무작위로 추출하기 때문에 경험을 저장할 memory만 있으면 된다. 그러나 PER에서는 경험 추출 우선순위(priority)를 저장할 변수(priorities)도 있어야 한다. 이러한 두 저장 장소 memory와 priorities를 사용하여, 환경과 정책 신경망 M0(파라미터의 초깃값은 무작위)가 상호 작용하여 얻은 경험으로 정책 신경망 M0를 업데이트하게 된다.

M0 → M1 → M2 → M3 → ···

Max-PER-DQN에서 업데이트하는 과정을 그림2에 나타냈다. 업데이트가 주기적이므로 batch_size=2로 축소하여 처음 세 번의 업데이트(**그림2-(a), (b), (c)**)만 알아본다(PART I ~ III).

M0 → M1 → M2 → M3

이러한 업데이트를 Max-PER-Double DQN(PART IV)과 Max-PER-DuelingDQN (PART V)에 대해서도 알아본다.

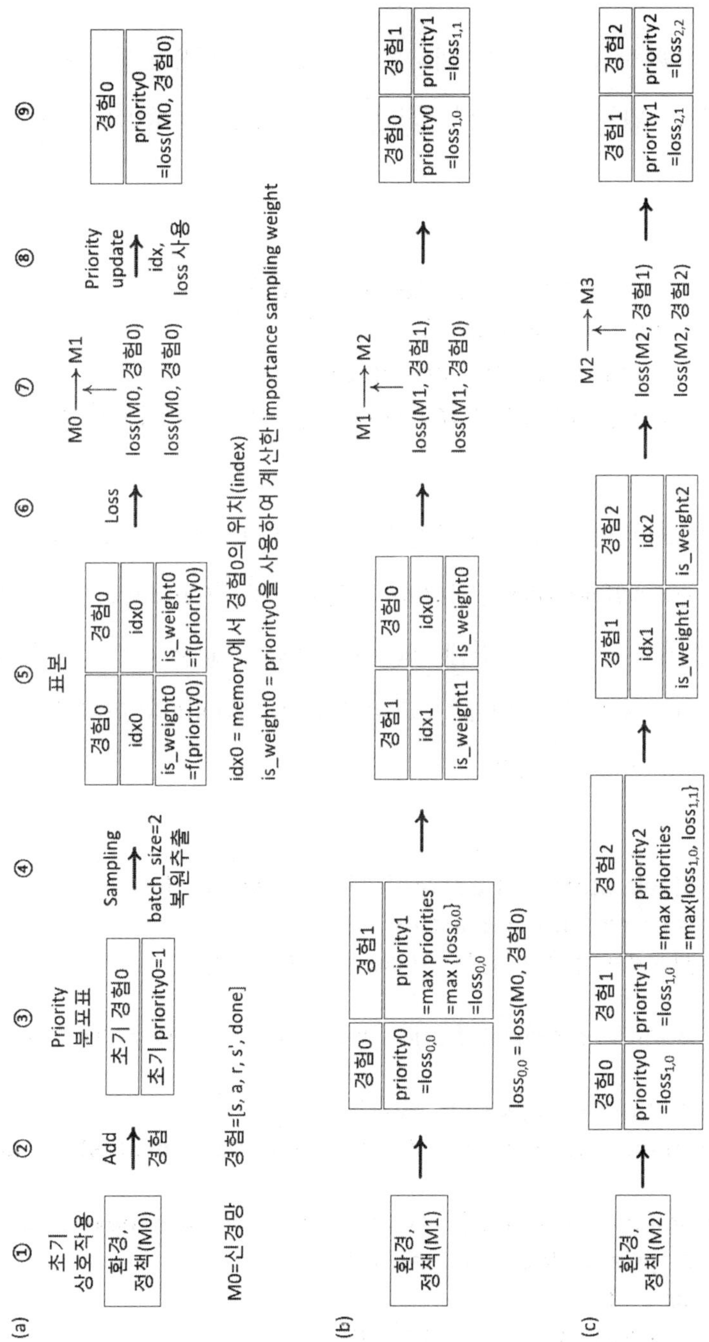

그림2

PART Ⅰ M0 → M1 (Max-PER-DQN, 그림2-(a))

①: 환경과 정책 신경망 M0(파라미터의 초깃값은 무작위)가 상호작용하여, 처음 경험(경험0)이 만들어진다. 아래 코드에서 경험0은 [state, action, reward, next_state, done]이 된다.

```
env = gym.make("CartPole-v0")
state = env.reset( )
action = select_action(state)
next_state, reward, done, _ = env.step(action)
```

②: 경험0을 add(self, 경험)에 대입한다. 그러면 add 내부에서 self.memory에 경험0을 저장하고 self.priorites에 경험0의 추출 우선순위(priority0)의 초깃값을 1로 할당한다. 아래 코드에서 현재 self.memory는 empty 리스트 [ ]이므로 변수 max_prior의 초깃값은 1이 된다. 그리고 경험과 priority의 위치를 나타내는 변수 self.pos의 초깃값은 0이다.

```
def add(self, state, action, reward, next_state, done):
  state = np.expand_dims(state, 0)
  next_state = np.expand_dims(next_state, 0)

  max_prior = np.max(self.priorities) if self.memory else 1.0

  if len(self.memory) < self.capacity:
    self.memory.append([state, action, reward, next_state, done])
  else:
    self.memory[self.pos] = [state, action, reward, next_state, done]
  self.priorities[self.pos] = max_prior
  self.pos += 1
  self.pos = self.pos % self.capacity
```

③: 경험0과 경험0의 priority인 priority0(=1)가 각각 두 변수 self.memory와 self.priorites에 저장되어 있지만, 두 변수를 묶어서 **그림2**의 ③과 같이 priority 분포표로 생각하자. priority 분포표는 확률분포표로 변환되어 경험을 추출할 때 사용되고, 추출한 경험의 priority는 **그림2**의 ⑨와 같이 업데이트되고 업데이트 값은 loss이다.

④~⑤: batch_size=2를 sampling(self, batch_size)에 대입한다. 그러면 함수 sampling 내부에서 priority 분포표를 다음과 같이 확률분포표로 변환하여, 정책 신경망 M0 학습에 사용할 batch_size=2인 두 개 경험을 복원추출한다. 함수 sampling은 추출한 경험과 위치(indices) 그리고 importance sampling weights를 반환한다.

확률분포표	
저장 장소 초기화	경험, priority, 확률
self.memory = [ ]	경험$_0$
self.priorities = np.zeros([capacity])	priority$_0$ (=1)
확률 probs	$\text{prob}_0 = (\text{priority}_0)^\alpha \Big/ \sum_{i=0}^{0} (\text{priority}_i)^\alpha \ (=1)$

그림3 α=0.6

아래 코드로 이러한 과정을 알아보자

Line 6~7(**그림4**): 수식에 있는 하이퍼-파라미터 alpha

alpha=1인 경우, Memory에서 경험을 추출할 때, priority를 수정하지 않고 확률로 사용할 수 있다.

$$\text{경험 A가 추출될 prob} \leftarrow (\text{경험 A의 priority})^1$$

$$\text{prob} \leftarrow (\text{경험 A가 추출될 prob}) \ / \ (\text{모든 prob 합})$$

또는 alpha=0인 경우, DQN과 같이 priority를 사용하지 않을 수도 있다.

경험 A가 추출될 prob ← (경험 A의 priority)^{0}

prob ← (경험 A가 추출될 prob) / (모든 prob 합)

```
1 def sampling(self, batch_size):
2     if len(self.memory) < capacity:
3         probs = self.priorities[: len(self.memory)]
4     else:
5         probs = self.priorities
6     probs = probs ** alpha
7     probs = probs / np.sum(probs)
8
9     indices = np.random.choice(len(self.memory), batch_size, p=probs)
10    samples = [self.memory[idx] for idx in indices]
11
12    state, action, reward, next_state, done = zip(* samples)
13
14    is_weights = (len(self.memory) * probs[indices]) ** (- self.beta)
15    if self.beta < 1:
16        self.beta += beta_increment
17    is_weights = is_weights / np.max(is_weights)
18    is_weights = np.array(is_weights, dtype=np.float32)
19
20    return np.concatenate(state, 0), action, reward,\
21           np.concatenate(next_state, 0), done, indices, is_weights
```

그림4

어떤 alpha 값을 가진 확률이 적합한지 이론적으로 알 수 없을 때는 alpha는 하이퍼 파라미터가 된다. alpha 값을 바꾸어 가면서 알고리즘 성능을 보고 결정해야 한다. 코드에서 사용한 alpha 값은 0.6이고 memory에 경험0만 있고 priority0 = 1이므로 probs = 1이 된다.

Line 9~10(**그림4**): 경험을 무작위로 추출한다. 단 복원 추출한다.

복원 추출하므로 memory에 저장된 경험보다 batch_size가 커도 된다. memory에 경험0만 있으므로 len(self.memory) = 1이고, batch_size = 2이고 probs = [1.0]이므로 indices = [0, 0]이 된다. 그 결과 samples = [경험0, 경험0]이 된다.

Line 12(**그림4**): unpacking and zip

samples를 unpacking하고 그 결과를 zip하면 상태 state는 (state0, state0)가 된다. 나머지 action, reward, next_state, done도 같은 형태로 압축된다(zip).

Line 14 ~ 18(**그림4**): 추출된 경험의 is_weights

경험을 저장한 memory에서 추출 우선순위로 표본을 뽑으면 비균일한 방식으로 데이터를 만들어 학습하기 때문에 편향이 발생할 수도 있다. 이러한 편향을 바로잡기 위해 loss에 가중치로 사용하는 것이 is_weights이다.

$$\text{is\_weight}_i = \text{is\_weight}(\text{priority}_i) = \frac{(N \cdot \text{prob}_i)^{-\beta}}{\max} = \frac{1}{1} = 1$$

$$\begin{cases} i = 0 \\ N = \text{memory에 저장된 경험 개수} = 1 \\ \text{prob}_i = \dfrac{(\text{priority}_i)^{\alpha}}{\sum_{k=0}^{N-1} (\text{priority}_k)^{\alpha}} = 1 \\ \beta : 0.4 \rightarrow 1 \\ \max = \max\left\{(N \cdot \text{prob}_i)^{-\beta}\right\} = \max\left\{(N \cdot \text{prob}_0)^{-\beta}\right\} = 1 \end{cases}$$

- **is_weight_i 의 역할**

경험 추출 우선순위 확률 prob_i 로 표본 추출하여 학습한다. 이러한 비균일방식에 의하여 발생하는 편차를 해결하는 역할을 한다. loss에 가중치로 사용하여, 경험 추출 우선순위 확률 prob_i 가 높으면 가중치 is_weight_i 은 작은 값이 되고, 낮으면 큰 값이 된다.

- **N 의 역할**

현재는 $N = 1$ 이지만 환경과 에이전트가 상호작용할 때마다 1씩 증가하다가 memory 용량에 도달하면 그 이후로는 고정된다. 현재를 포함한 모든 시각에서 N 의 역할을 아래 (1), (2)에서 알아보자.

(1) 모든 경험에 대하여 $\text{prob}_i = \frac{1}{N}$ 인 경우

이 경우 추출 우선순위가 없게 되므로 추출 우선순위로 표본 추출하여 학습하는 비균일 방식도 없게 된다. 그러므로 비균일방식에 의한 편차를 loss에서 조정하기 위하여, 추출 우선순위가 높으면 작은 값을 곱하고, 낮으면 큰 값을 곱할 때 사용하는 is_weight_i 가 1이 되어야 한다. 이런 역할을 N 이 한다.

$$\text{is\_weight}_i = \frac{(N \cdot \text{prob}_i)^{-\beta}}{\max} = \frac{\left(N \cdot \frac{1}{N}\right)^{-\beta}}{\left(N \cdot \frac{1}{N}\right)^{-\beta}} = \frac{(1)^{-\beta}}{(1)^{-\beta}} = 1$$

(2) 경험i에 대하여 $\text{prob}_i \approx 0$ 인 경우

N 이 없으면 is_weight_i 는 매우 큰 수가 되어 학습 과정이 불안정할 수 있다. N 을 곱함으로써 is_weight_i 이 매우 커지는 문제를 해결할 수 있다.

- **β의 역할**

학습이 진행될수록 편향 조정을 축소한다.

Line 20~21(**그림4**): 현재 memory에 경험0만 있으므로 sampling(self, batch_size=2)은 **그림2**의 ⑤와 같이 state = (state0, state0), action = (action0, action0), reward = (reward0, reward0), next_state = (nexat_state0, next_state0), done = (done0, done0), indices, is_weights를 반환한다.

⑥ ~ ⑨: 추출한 표본으로 M0인 정책 신경망 q_net를 학습한다. DQN에서 정의한 함수 optimize_model(제7장)과 유사하지만, 다른 점을 알아보자.

Line 2~3(**그림5**): DQN의 함수 sampling은 경험만으로 구성된 batch를 반환하지만, 여기서는 추출한 경험의 위치 indices와 loss에 사용할 가중치 is_weights도 반환한다.

Line 5~10(**그림5**): DQN의 함수 sampling은 unpack과 zip을 하기 전의 형태를 반환하지만, 여기서는 unpack과 zip을 한 형태를 반환하기 때문에 DQN 코드와 다르다.

Line 12~21(**그림5**): DQN과 같다.

Line 24~27(**그림5**): batch_size=2이므로 is_weights = [1.0, 1.0]과 losses도 [경험0, 경험0]에 대응하는 두 개의 숫자 loss(M0, 경험0) = 1.012, loss(M0, 경험0) = 1.012를 가진다. 마찬가지로 priorities도 두 개의 숫자 priority0 = loss(M0, 경험0) = 1.012, priority0 = loss(M0, 경험0) = 1.012를 가진다.

```
1 def optimize_model():
2    state, action, reward, next_state, done, indices, is_weights \
3        = pmemory.sampling(batch_size)
4
5    state = torch.FloatTensor(state)
6    action = torch.LongTensor(action)
7    reward = torch.FloatTensor(reward)
8    next_state = torch.FloatTensor(next_state)
9    done = torch.FloatTensor(done)
10   is_weights = torch.FloatTensor(is_weights)
11
12   # Compute q(s, a)
13   state_action_values = q_net(state).gather(1, action.unsqueeze(1)).squeeze(1)
14
15   # Compute max_{a'} q(s',a') = next_state_action_values
16   with torch.no_grad():
17     next_state_action_values = target_net(next_state).max(1)[0]
18
19   # Compute loss
20   expected_state_action_values = reward + \
21                                    gamma*(1-done)*next_state_action_values
22
23   # Calculate TD errors and use them for updating priorities
24   losses = is_weights * (state_action_values - expected_state_action_values).pow
25   priorities = losses + 1e-5 #  a non-zero priority
```

```
26 priorities = priorities.detach( ).numpy( )
27 pmemory.update_priorities(indices, priorities)
28 loss = losses.mean( )
29
30 # Optimize the model
31 optimizer.zero_grad( )
32 loss.backward( )
33 optimizer.step( )
```

그림5

Line 27(**그림5**): **그림2**의 ③에 있는 priority 분포표의 priority0=1을 priority0 = loss (M0, 경험0) = 1.012로 업데이트한다.

업데이트 전

경험0
priority0=1

→

업데이트 후

경험0
priority0=$loss_{0,0}$=1.012

Line 33(**그림5**): 정책 신경망 M0의 파라미터를 업데이트하여 M1을 만든다.

$$M0 \rightarrow M1$$

PART II M1 → M2 (Max-PER-DQN, 그림2-(b))

이 과정은 PART I과 같은 절차를 따르고 숫자만 다를 뿐이다.

①~③: 환경과 정책 신경망 M1이 상호작용하여, 새로운 경험(경험1)이 만들어진다. 경험1의 priority는 아래와 같이 priorities의 최댓값으로 저장되며 **그림2**의 ⑨에서 업데이트된다.

경험0
priority0=1.012

→

경험1 추가

경험0	경험1
priority0=1.012	priority1 =max priorities =max{priority0} =1.012

이렇게 새로운 경험의 priority를 기존의 priorities에서 최댓값으로 정한 이유는, 가장 최근에 저장한 경험이 추출될 가능성을 가장 높게 만들기 위함이다. 오래된 경험보다 가장 최근의 경험으로 정책 신경망을 학습하는 것이 합리적이라고 생각하기 때문이다(새로운 경험은 오래된 경험보다 신경망 학습에 적게 사용).

④~⑤: 경험을 함수 sampling으로 추출하기 위하여 **그림2-(a)**에서 했던 대로 priority 분포표를 확률분포표로 만든다.

확률분포표	
경험$_0$	경험$_1$
priority$_0$=1.012	priority$_1$ =1.012
$\text{prob}_0 = \dfrac{(\text{priority}_0)^\alpha}{\sum_{i=0}^{1}(\text{priority}_i)^\alpha} = \dfrac{1}{2}$	$\text{prob}_1 = \dfrac{(\text{priority}_1)^\alpha}{\sum_{i=0}^{1}(\text{priority}_i)^\alpha} = \dfrac{1}{2}$

위 확률분포에서 batch_size=2로 경험을 복원 추출할 때, 경험1과 경험0이 추출되었다고 가정하자. 그러면 indices = [1,0]이 되고 is_weights는 다음과 같다.

표본	
경험$_1$	경험$_0$
idx1	idx0
$\text{is\_weight}_0=(N\cdot \text{prob}_0)^{-\beta}/\max = \left(2\cdot\frac{1}{2}\right)^{-\beta}/\max = 1/1 = 1$	$\text{is\_weight}_1=(N\cdot \text{prob}_1)^{-\beta}/\max = \left(2\cdot\frac{1}{2}\right)^{-\beta}/\max = 1/1 = 1$

$$\left(\ \max{=}\max\left\{(N\cdot \text{prob}_0)^{-\beta},\ (N\cdot \text{prob}_1)^{-\beta}\right\}{=}1\ \right)$$

⑥ ~ ⑨: 추출한 표본으로 losses를 계산하여 추출한 경험의 priority를 업데이트한다.

업데이트 전

경험0	경험1
priority0 $=\text{loss}_{0,0}$ $=1.012$	priority1 $=\text{loss}_{0,0}$ $=1.012$

→

업데이트 후

경험0	경험1
priority0 $=\text{loss}_{1,0}=0.099$	priority1 $=\text{loss}_{1,1}=1.009$

그리고 정책 신경망 M1의 파라미터를 업데이트하여 M2를 만든다.

$$\text{M1} \rightarrow \text{M2}$$

PART III M2 → M3 (Max-PER-DQN, 그림2-(c))

이 과정은 PART I, II와 같은 절차를 따르고 숫자만 다를 뿐이다.

① ~ ③: 환경과 정책 신경망 M2가 상호작용하여, 새로운 경험(경험2)이 만들어진다.

경험2의 priority는 아래와 같이 priorities의 최댓값으로 저장되며 **그림2**의 ⑨에서 업데이트된다.

경험0	경험1
priority0 =0.099	priority1 =1.009

→

경험2 추가

경험0	경험1	경험2
priority0 =0.099	priority1 =1.009	priority2 =max priorities =1.009

이렇게 새로운 경험의 priority를 기존의 priorities에서 최댓값으로 정한 이유는, 가장 최근에 저장한 경험이 추출될 가능성을 가장 높게 만들기 위함이다. 오래된 경험보다 가장 최근의 경험으로 정책 신경망을 학습하는 것이 합리적이라고 생각하기 때문이다.

④~⑤: 경험을 함수 sampling으로 추출하기 위하여 **그림2-(b)**에서 했던 대로 priority 분포표를 이용하여 확률분포표를 만든다.

확률분포표		
경험$_0$	경험$_1$	경험$_2$
$priority_0$=0.099	$priority_1$ =1.009	$priority_2$ =1.009
$prob_0$=0.332	$prob_1$=0.334	$prob_2$=0.334

위 확률분포에서 batch_size=2로 경험을 복원 추출할 때, 경험1과 경험2가 추출되었다고 가정하자. 그러면 indices = [1,2]가 되고 is_weights는 다음과 같다.

표본	
경험$_1$	경험$_2$
idx1	idx2
$\text{is\_weight}_1 = (N \cdot \text{prob}_1)^{-\beta} / \max \cong \left(3 \cdot \frac{1}{3}\right)^{-\beta} / \max \cong 1/1 = 1$	$\text{is\_weight}_2 = (N \cdot \text{prob}_2)^{-\beta} / \max \cong \left(3 \cdot \frac{1}{3}\right)^{-\beta} / \max \cong 1/1 = 1$

$$\left(\max = \max\left\{ (N \cdot \text{prob}_1)^{-\beta},\ (N \cdot \text{prob}_2)^{-\beta} \right\} \cong 1 \right)$$

⑥ ~ ⑨: 추출한 표본으로 losses를 계산하여 경험의 priority를 업데이트한다.

업데이트 전

경험0	경험1	경험2
priority0 =0.099	priority1 =1.009	priority2 =1.009

→

업데이트 후

경험0	경험1	경험2
priority0 =0.099	priority1 =$\text{loss}_{2,1}$ =1.004	priority1 =$\text{loss}_{2,2}$ =1.010

그리고 정책 신경망 M2의 파라미터를 업데이트하여 M3를 만든다.

$$\text{M2} \rightarrow \text{M3}$$

PART IV Max-PER-DQN 전체 코드

아래는 앞에서 설명한 코드를 포함한 전체 코드이다.

```python
import gym, math, random, matplotlib, numpy as np
import matplotlib.pyplot as plt
import torch, torch.nn as nn, torch.optim as optim, torch.nn.functional as F
from collections import namedtuple, deque
from itertools import count
from itertools import groupby
from IPython import display

is_ipython = 'inline' in matplotlib.get_backend()

def plot_durations(show_result=False, save=False):
    fig = plt.figure(1) # 'fig' is a handle to the figure you're creating
    durations_t = torch.tensor(episode_durations, dtype=torch.float)
    if show_result:
        plt.title('dqn_training')
    else:
        plt.clf()
        plt.title('Training...')
    plt.xlabel('Episode')
    plt.ylabel('Duration')
    plt.plot(durations_t.numpy())
    # Take 100 episode averages and plot them too
    if len(durations_t) >= 100:
        means = durations_t.unfold(0, 100, 1).mean(1).view(-1)
        means = torch.cat((torch.zeros(99), means))
        plt.plot(means.numpy())
    plt.pause(0.001)  # pause a bit so that plots are updated
    if save:
        fig.savefig('dqn_training_plot.png', dpi=300, bbox_inches='tight')
    if is_ipython:
        if not show_result:
            display.display(plt.gcf())
            display.clear_output(wait=True)
        else:
            display.display(plt.gcf())

batch_size = 64
gamma = 0.99 #discount factor
```

```
eps_start, eps_end, eps_decay = 0.9, 0.05, 1000# epsilon-greedy policy
tau = 0.005 # soft copy rate
LR = 1e-4 # learning rate

capacity = 1000
alpha = 0.6
beta = 0.4
beta_increment_per_sampling = 0.001


env = gym.make("CartPole-v0")
n_actions = env.action_space.n
state = env.reset()
n_observations = len(state)

class DQN(nn.Module):
  def __init__(self):
    super(DQN, self).__init__()
    self.layer1 = nn.Linear(n_observations, 128)
    self.layer2 = nn.Linear(128, 128)
    self.layer3 = nn.Linear(128, n_actions)
  def forward(self, x):
    x = F.relu(self.layer1(x))
    x = F.relu(self.layer2(x))
    return self.layer3(x)

q_net = DQN()
target_net = DQN()
target_net.load_state_dict(q_net.state_dict())
```

```
# ε-greedy (epsilon-greedy) policy
steps_done = 0
def select_action(state: np.ndarray)->int:# np.ndarray[float32], shape=(4,)
  global steps_done
  state = torch.FloatTensor(state).unsqueeze(0)
  eps_threshold = eps_end + (eps_start - eps_end) * \
    math.exp(-1. * steps_done / eps_decay)
    #eps_start = 0.9, eps_end = 0.05, eps_decay = 1000
  steps_done += 1
  random01 = random.random()#A random float between [0.0, 1.0) is generated.
  if random01<= eps_threshold:#exploration
    return env.action_space.sample()
  else:#exploitation
    with torch.no_grad():
      return q_net(state).max(1)[1].item()
```

```

class PrioritizedMemory:
    def __init__(self):
        self.beta = beta
        self.pos = 0
        self.memory = []
        self.priorities = np.zeros(capacity)

    def add(self, state, action, reward, next_state, done):
        state = np.expand_dims(state, 0)
        next_state = np.expand_dims(next_state, 0)

        max_prior = np.max(self.priorities) if self.memory else 1.0

        if len(self.memory) < capacity:
            self.memory.append([state, action, reward, next_state, done])
        else:
            self.memory[self.pos] = [state, action, reward, next_state, done]
        self.priorities[self.pos] = max_prior
        self.pos += 1
        self.pos = self.pos % capacity

    def sampling(self, batch_size):
        if len(self.memory) < capacity:
            probs = self.priorities[: len(self.memory)]
        else:
            probs = self.priorities
        probs = probs ** alpha
        probs = probs / np.sum(probs)

        indices = np.random.choice(len(self.memory), batch_size, p=probs)
        samples = [self.memory[idx] for idx in indices]
        state, action, reward, next_state, done = zip(* samples)

        is_weights = (len(self.memory) * probs[indices]) ** (- self.beta)
        if self.beta < 1:
            self.beta += beta_increment_per_sampling
        is_weights = is_weights / np.max(is_weights)
        is_weights = np.array(is_weights, dtype=np.float32)

        return np.concatenate(state, 0), action, reward,\
                np.concatenate(next_state, 0), done, indices, is_weights

    def update_priorities(self, indices, priorities):
        for idx, priority in zip(indices, priorities):
            self.priorities[idx] = priority

    def __len__(self):
        return len(self.memory)
```

```

pmemory = PrioritizedMemory()

optimizer = optim.Adam(q_net.parameters(), lr=LR)

def optimize_model():
    state, action, reward, next_state, done, indices, is_weights \
     = pmemory.sampling(batch_size)

    state = torch.FloatTensor(state)
    action = torch.LongTensor(action)
    reward = torch.FloatTensor(reward)
    next_state = torch.FloatTensor(next_state)
    done = torch.FloatTensor(done)
    is_weights = torch.FloatTensor(is_weights)

    # Compute q(s, a)
    state_action_values = q_net(state).gather(1, action.unsqueeze(1)).squeeze(1)

    # Compute max_{a'} q(s',a') = next_state_action_values
    with torch.no_grad():
        next_state_action_values = target_net(next_state).max(1)[0]

    # Compute loss
    expected_state_action_values = reward + gamma*(1-done)*next_state_action_values

    # Calculate TD errors and use them for updating priorities
    losses = is_weights * (state_action_values - expected_state_action_values).pow(2)
    priorities = losses + 1e-5 #  a non-zero priority
    # priorities of the sampled experiences in the memory.
    priorities = priorities.detach().numpy()
    pmemory.update_priorities(indices, priorities)
    loss = losses.mean()

    # Optimize the model
    optimizer.zero_grad()
    loss.backward()
    optimizer.step()

# 10번 연속해서 만점을 받으면 학습 종료할 때 사용할 함수
# 리스트 lst의 처음 요소부터 시작하여 순차적으로 연속된 정수를 그룹화하고
# 각 그룹의 길이를 계산
def consecutive_length(lst):
    return [len(list(group)) for _, group in groupby(enumerate(lst),
                                    lambda i_x:i_x[0]-i_x[1])]

```

```
episode_durations = []
movement199=[]# length가 200(만점)인 episode 담는 변수
num_episodes = 5000
for i_episode in range(num_episodes):
    # env 상태 초기화(random)
    state = env.reset()# np.ndarray[float32](4,)
    # Cannot call env.step() before calling env.reset()

    for num_movement in count():# 0 이상 정수의 나열을 생성
        action = select_action(state)#int
        next_state, reward, done, _ = env.step(action)
        #np.ndarray[float32](4,), float, bool, _

        ## Store the transition in memory
        pmemory.add(state, action, reward, next_state, done)

        # Move to the next state
        state = next_state

        ## Perform one step of the optimization (on the policy network)
        optimize_model()

        ## Soft update of the target network's is-is_is_weights
        ### θ′ ← τ θ + (1 −τ )θ′, τ=0.005
        target_net_state_dict = target_net.state_dict()
        q_net_state_dict = q_net.state_dict()
        for key in q_net_state_dict:
            target_net_state_dict[key] = q_net_state_dict[key]*tau \
                                + target_net_state_dict[key]*(1-tau)
        target_net.load_state_dict(target_net_state_dict)

        if done:
            episode_durations.append(num_movement + 1)
            plot_durations()
            movement_end=num_movement
            break

    if movement_end==199:
        movement199.append(i_episode)
        if max(consecutive_length(movement199))>=30:
            break

print(f'Complete: movement_end = {movement_end}')

plot_durations(show_result=True, save=True)
plt.show()
```

```

from tqdm import tqdm
q_net.eval()
with torch.no_grad():
 for i_episode in tqdm(range(5000)):
  state = env.reset()
  state = torch.FloatTensor(state).unsqueeze(0)

  done=False
  t=0
  while not done:
   t +=1
   action=q_net(state).max(1)[1].item()
   next_state, _, done, _ = env.step(action)
   next_state = torch.FloatTensor(next_state).unsqueeze(0)
   state = next_state
   if done:
    if t!=200:
     print(t)
```

그림6

아래 **그림7**은 학습하는 동안 움직임 횟수의 이동 평균(100개 에피소드)과 학습된 정책 신경망 q_net의 성능을 테스트한 결과이다. 5,000회 에피소드 테스트에서 모든 에피소드가 최대 길이인 200이 되었음을 확인할 수 있다.

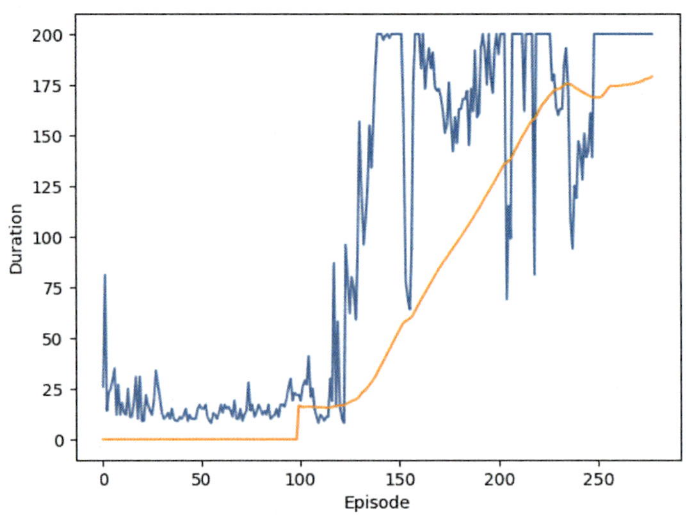

그림7

PART V Max-PER-DoubleDQN 전체 코드

DoubleDQN이 DQN과 다른 점은 정책 신경망 q_net으로 target_net의 행동을 결정하는 것(제8장)이므로 아래와 같이 PART IV. Max-PER-DQN의 전체 코드에서 line 154만 변경하면 Max-PER-DoubleDQN의 전체 코드가 된다.

```
# Max-PER-DQN 전체코드에서 line 154
next_state_action_values = target_net(next_state).max(1)[0]

=> 아래로 변경

next_state_actions = q_net(next_state).max(1)[1].unsqueeze(1)
next_state_action_values = target_net(next_state)\
                                        .gather(1, next_state_actions).squeeze()
```

아래 그림은 학습하는 동안 움직임 횟수의 이동 평균(100개 에피소드)과 학습된 정책 신경망 q_net의 성능을 테스트한 결과이다. 5,000회 에피소드 테스트에서 모든 에피소드가 최대 길이인 200이 되었음을 확인했다.

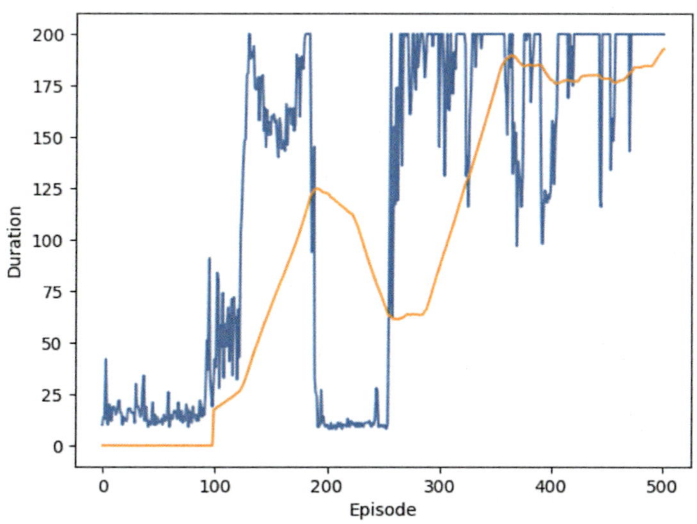

그림8

PART VI Max-PER-DuelingDQN 전체 코드

DuelingDQN이 DQN과 다른 점은 행동 가치를 상태 가치와 advantage의 합으로 표현할 수 있는 구조를 만드는 것(제9장)이므로 아래와 같이 PART IV. Max-PER-DQN의 전체 코드에서 클래스 DQN만 변경하면 Max-PER-DuelingDQN의 전체 코드가 된다.

```
# Max-PER-DQN 전체코드에서 line 54~67

class DQN(nn.Module):
  def __init__(self):
    super(DQN, self).__init__()
    self.layer1 = nn.Linear(n_observations, 128)
    self.layer2 = nn.Linear(128, 128)
    self.layer3 = nn.Linear(128, n_actions)
  def forward(self, x):
    x = F.relu(self.layer1(x))
    x = F.relu(self.layer2(x))
    return self.layer3(x)

q_net = DQN()
target_net = DQN()
target_net.load_state_dict(q_net.state_dict())
```

=> 아래로 변경

```
class DuelingDQN(nn.Module):
 def __init__(self):
   super( ).__init__()
   self.feature = nn.Sequential(
      nn.Linear(n_observations, 128),
      nn.ReLU(),
      nn.Linear(128, 128),
      nn.ReLU() )
   self.advantage = nn.Sequential(
      nn.Linear(128, 128),
      nn.ReLU(),
      nn.Linear(128, n_actions) )
   self.value = nn.Sequential(
      nn.Linear(128, 128),
      nn.ReLU(),
      nn.Linear(128, 1) )

 def forward(self, x):
    x = self.feature(x)
    advantage = self.advantage(x)
    value = self.value(x)
    return value + advantage - advantage.mean()

q_net = DuelingDQN()
target_net = DuelingDQN()
target_net.load_state_dict(q_net.state_dict())
```

아래 두 그림은 학습하는 동안 움직임 횟수의 이동 평균(100개 에피소드)과 학습된 정책 신경망 q_net의 성능을 테스트한 결과이다. 5,000회 에피소드 테스트에서 모든 에피소드가 대부분 최대 길이인 200이 되었음을 확인할 수 있다.

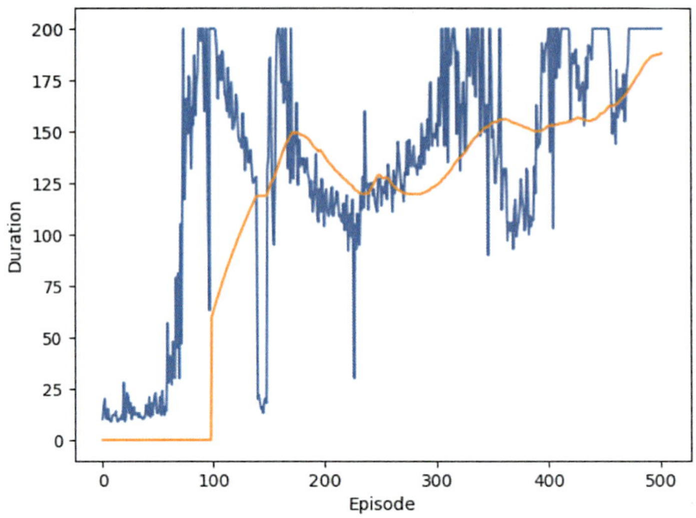


```
 32%|███       | 1604/5000 [01:33<04:25, 12.79it/s]196
 46%|█████     | 2324/5000 [02:16<02:28, 18.00it/s]194
 48%|█████     | 2388/5000 [02:19<02:19, 18.69it/s]193
 52%|█████     | 2598/5000 [02:32<02:34, 15.59it/s]199
 54%|█████     | 2724/5000 [02:39<02:09, 17.61it/s]191
 62%|██████    | 3106/5000 [03:01<01:42, 18.48it/s]195
 87%|█████████ | 4336/5000 [04:16<00:35, 18.61it/s]196
 97%|██████████| 4856/5000 [04:47<00:08, 17.55it/s]199
100%|██████████| 5000/5000 [04:56<00:00, 16.88it/s]
```

그림9

SumTree-PER (Prioritized Experience Replay)

제 11 장

DQN(제7장)에서 무작위로 경험을 추출하므로 경험 추출 우선순위(priority)가 없지만 Max-PER(제10장)와 SumTree-PER에는 경험 추출 우선순위(priority) 저장소가 있다.

	경험저장소	priority 저장소
DQN	있음	없음
Max-PER	있음	있음
SumTree-PER	있음	있음

그림1

Max-PER(제10장)와 SumTree-PER의 경험 저장소와 priority 저장소를 비교하면 다음과 같다. Max-PER과 SumTree-PER에서 capacity만큼의 경험을 저장하고, 각 경험은 하나의 priority를 가진다. 즉, 경험 집합과 priority 집합은 일대일 대응이다. 그래서 Max-PER의 priority 저장소 크기가 capacity이다. 그런데 SumTree-PER에서는 2*capacity-1로 capacity보다 더 크다. 그 이유는 아래에서 알아보자.

	경험 저장소	Priority 저장소
Max-PER	[ ]	np.zeros(capacity)
SumTree-PER	np.zeros(capacity, dtype=object)	np.zeros(2*capacity-1)

그림2

SumTree-PER에서도 Max-PER과 같이 경험 저장소와 priorities 저장소를 사용하여, 환경과 정책 신경망 M0(파라미터의 초깃값은 무작위)가 상호 작용하면서 얻은 경험으로 정책 신경망 M0를 업데이트하게 된다.

$$M0 \rightarrow M1 \rightarrow M2 \rightarrow M3 \rightarrow \cdots$$

SumTree-PER에서 처음 세 번의 업데이트 과정을 **그림3-(a), (b), (c)**에 나타냈다.

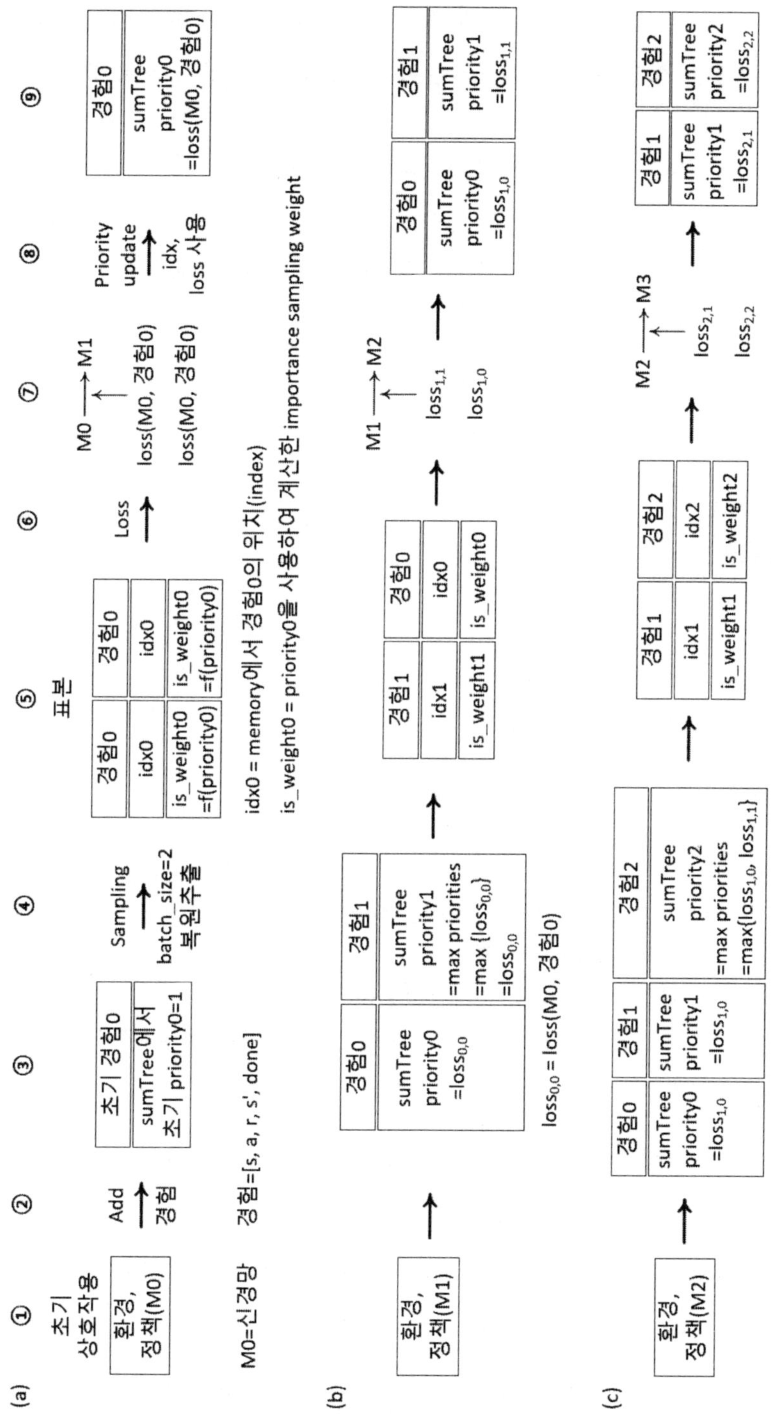
(a)
① 초기 상호작용
환경, 정책(M0)
② Add 경험
③ 초기 경험0
sumTree에서 초기 priority0=1
④ Sampling batch_size=2 복원추출
⑤ 표본
경험0 idx0 is_weight0 =f(priority0)
경험0 idx0 is_weight0 =f(priority0)
⑥ Loss
⑦ M0 → M1
loss(M0, 경험0)
loss(M0, 경험0)
⑧ Priority update idx, loss 사용
⑨ 경험0
sumTree priority0 =loss(M0, 경험0)
M0=신경망
경험=[s, a, r, s', done]
idx0 = memory에서 경험0의 위치(index)
is_weight0 = priority0을 사용하여 계산한 importance sampling weight
(b)
환경, 정책(M1)
경험0 sumTree priority0 =$loss_{0,0}$
경험1 sumTree priority1 =max priorities =max {$loss_{0,0}$} =$loss_{0,0}$
$loss_{0,0}$ = loss(M0, 경험0)
경험1 idx1 is_weight1
경험0 idx0 is_weight0
M1 → M2
$loss_{1,1}$
$loss_{1,0}$
경험0 sumTree priority0 =$loss_{1,0}$
경험1 sumTree priority1 =$loss_{1,1}$
(c)
환경, 정책(M2)
경험0 sumTree priority0 =$loss_{1,0}$
경험1 sumTree priority1 =$loss_{1,0}$
경험2 sumTree priority2 =max priorities =max{$loss_{1,0}$, $loss_{1,1}$}
경험1 idx1 is_weight1
경험2 idx2 is_weight2
M2 → M3
$loss_{2,1}$
$loss_{2,2}$
경험1 sumTree priority1 =$loss_{2,1}$
경험2 sumTree priority2 =$loss_{2,2}$

그림3

업데이트가 주기적이므로 처음 세 번의 업데이트(**그림3-(a)**, **(b)**, **(c)**)만 알아본다(PART I ~ III). 설명의 편의성을 위하여 capacity=5, batch_size=2로 축소한다.

M0 → M1 → M2 → M3

이러한 세 번의 업데이트를 SumTree-PER-DoubleDQN(PART IV)와 SumTree-PER-DuelingDQN(PART V)에 대해서도 알아본다.

PART I M0 → M1 (SumTree-PER-DQN, 그림3-(a))

①: 환경과 정책 신경망 M0(파라미터의 초깃값은 무작위)가 초기 상호작용하여, 초기 경험(경험0)이 만들어진다. 아래 코드에서 경험0는 [state, action, reward, next_state, done]이 된다.

```
env = gym.make("CartPole-v0")
state = env.reset( )
action = select_action(state)
next_state, reward, done, _ = env.step(action)
```

②~③: 경험0을 add(self, 경험)에 대입한다. 그러면 add 내부에서 self.memory에 경험0을 저장하고 self.tree에 경험0의 추출 우선순위(priority0)를 1로 저장한다. 여기서 사용하는 tree를 sumTree라 하고 이에 대하여 알아보자. **그림2**와 같이 sumTree-PER에서 priority 저장소는 Max-PER와 같이 일차원이지만 **그림4**와 같이 priority를 앞에서부터 저장하지 않고 sumTree 뒷부분에 저장한다. SumTree에서 모든 노드는 0개 또는 2개 자녀 노드를 가지고 이런 sumTree 구조를 full binary tree라고 한다. SumTree는 하나의 노드에서 시작하고 이를 root 노드라고 하며 2개 자녀 노드를 만

든다. 각각의 자녀 노드는 다시 부모 노드가 되어 2개의 자녀 노드를 가지게 된다. 이런 과정을 반복하다가 5(capacity=5)번째 노드부터 priority를 저장하기 시작한다. 예를 들면, **그림4-(d)**와 같이 5번째 노드부터 priority가 저장되기 시작한다.

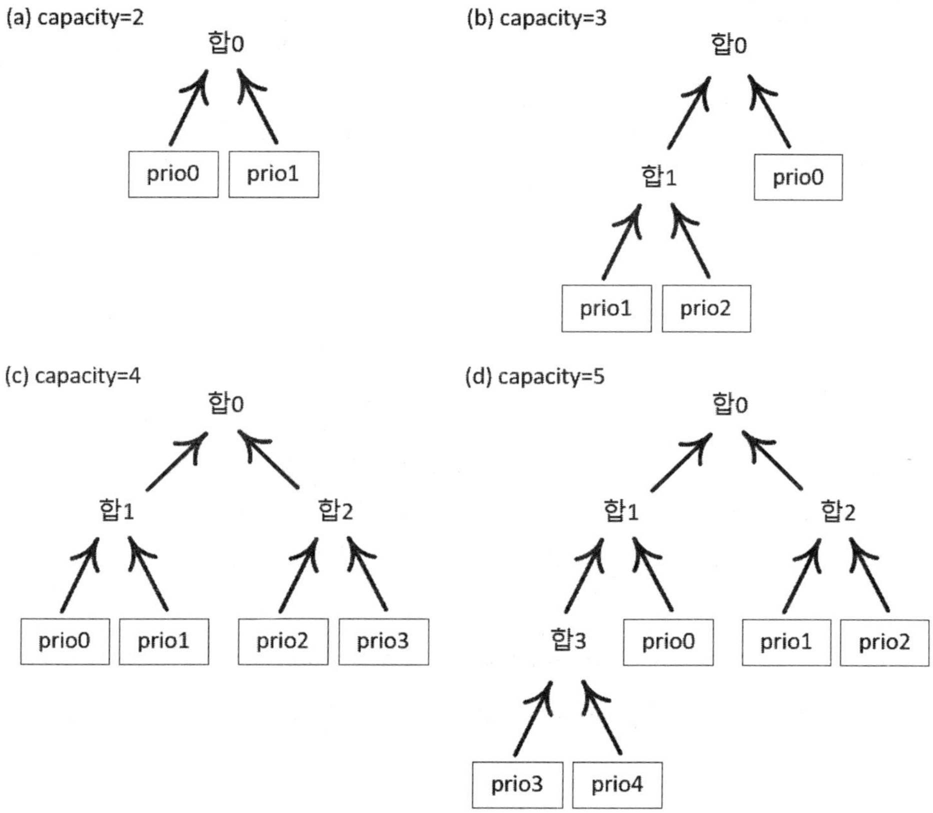

그림4 prio0 = priority0

위의 합은 두 자녀 노드 값의 합을 의미한다.

합3 = prio3+prio4, 합2 = prio1+prio2, 합1 = 합3+prio0, 합0 = 합1+합2

따라서 self.tree=np.zeros(2*capacity-1)에는 다음과 같은 순서로 저장된다.

[합0, 합1, 합2, 합3, prio0, prio1, prio2, prio3, prio4]

이러한 순서(idx)를 **그림5**와 같이 나타낼 수 있다.

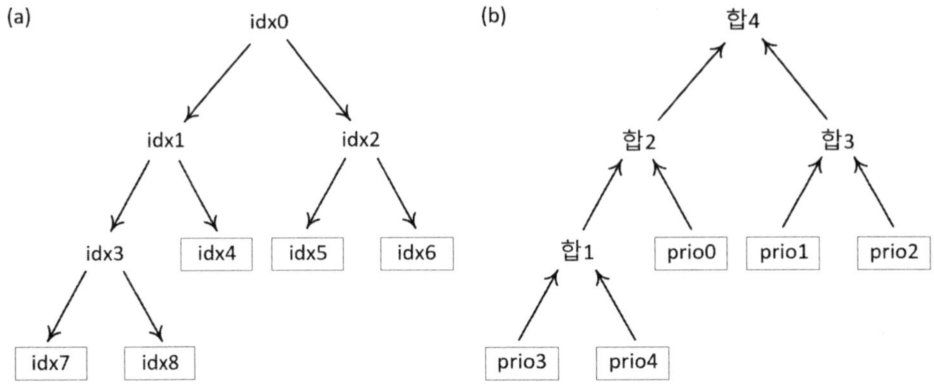

그림5

	Priority 저장 순서(Ordering)
Max-PER	일차원 구조에서 앞에서부터 저장(일차원 순서)
SumTree-PER	Full binary tree 구조(모든 노드는 0개 또는 2개 자녀 노드 가짐)에서 capacity번째부터 저장(sumTree 순서)

정리하면 self.memory = np.zeros(capacity, dtype = object)과 self.tree = np.zeros(2*capacity-1)에는 경험과 priority가 아래와 같이 저장된다.

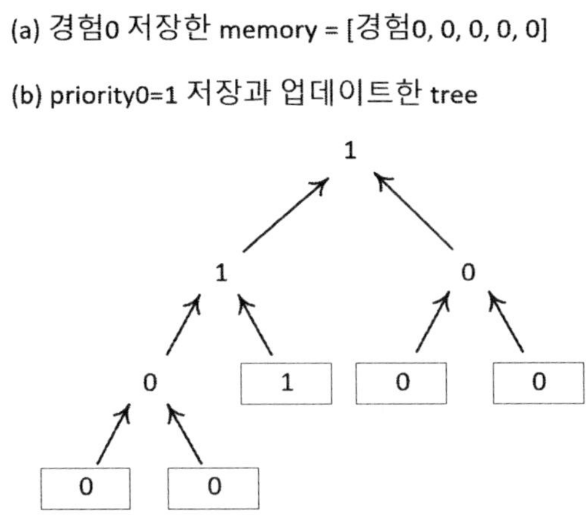

그림6

함수 add 코드는 아래와 같다.

```
1 self.experience_idx = 0
2
3 def add(self, priority, experience):
4     leaf_idx = self.experience_idx + capacity - 1
5     self.memory[self.experience_idx] = experience
6     self.updateTree(leaf_idx, priority)
7
8     self.experience_idx += 1
9     if self.experience_idx >= capacity:
10        self.experience_idx = 0
11
12    if self.numExpInMemory < capacity:
13        self.numExpInMemory += 1
14
15 def updateTree(self, leaf_idx, priority):
16    change = priority - self.tree[leaf_idx]
17    self.tree[leaf_idx] = priority
18
19    tree_idx=leaf_idx
20    while tree_idx != 0:
21        tree_idx = (tree_idx - 1) // 2 # parent 노드
22        self.tree[tree_idx] += change # parent 변경
```

그림7

그림7의 change(line 22)에 대한 설명은 **그림8**과 같다.

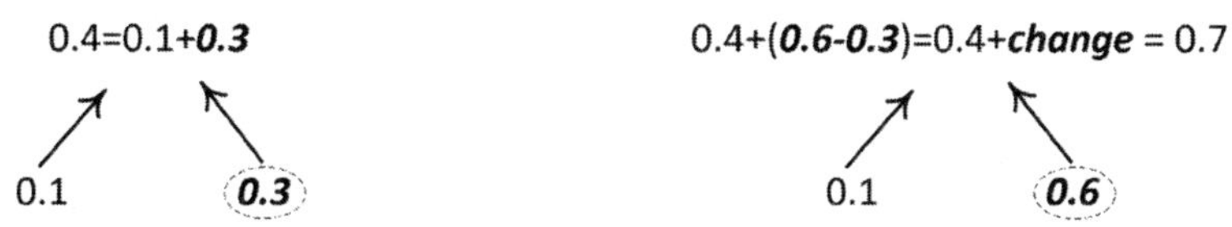

자녀 노드 값 ***0.3*** → ***0.6***

부모 노드 값 ← (기존 부모 노드 값 0.4) + **(*0.6* − *0.3*)** = 0.4 + ***change*** = 0.7

그림8

④ ~ ⑤: Max-PER에서 batch_size개 표본 추출할 때, 경험과 priority가 있는 분포표로부터 확률분포표를 만들었다. 그러나 sumTree-PER에서는 확률분포 대신 **그림9**와 같은 방식으로 batch_size개 leaf_idx와 priority를 추출하고 이에 대응하는 경험을 추출한다.

이러한 방식을 예로 설명하기 위하여 **그림9**와 같이 leaf 노드에 priority 1, 2, 3, 4, 5가 있고 이들의 부모 노드 값이 있는 sumTree를 생각하자. 즉, sumTree에 있는 숫자는 15, 10, 5, 9, 1, 2, 3, 4, 5이다. 먼저 **그림9-(a)**와 같이 구간 (0, root 노드 값 15]를 batch_size개로 등분한 후, **그림9-(b)**와 같이 각 부분 구간에서 무작위로 숫자 si를 추출한다. 추출한 각각의 si를 **그림9-(c)**와 같이 root 노드(idx0)에서 왼쪽 자녀 노드(idx1)로 이동하여(굵은 화살표), 노드 값 10과 si를 비교한다. si가 작으면 아래 노드(idx3)로 이동한다. 그렇지 않으면 오른쪽 노드(idx2)로 이동하고 si를 si-(idx1 노드 값 10)으로 감소시킨다. 감소된 si는 항상 오른쪽 노드(idx2) 값 이하가 되므로 왼쪽 자녀 노드(idx5)로 이동한다(굵은 화살표). 따라서 점선 화살표 방향으로는 이동하지 않는다. 이렇게 노드 값과 비교하면서 leaf 노드까지 내려가고 leaf 노드 값이 si로 추출한 priority가 된다. 따라서 si가 batch_size개 있으므로 batch_size개 leaf_idx와 priority가 추출된다(같은 priority가 나올 수 있다). 이렇게 sumTree를 탐색하면 다음과 같은 성질을 가진다.

[성질1] 각 priority에 도착하는 si가 존재한다.

[성질2] priority A의 크기는 A에 도착하는 si가 속한 구간의 길이에 비례한다.

Priority A	A에 도착한 si가 속한 구간	구간의 길이	Priority 선택 확률
1	(9, 10]	1	1/15
2	(10, 12]	2	2/15
3	(12, 15]	3	3/15
4	(0, 4]	4	4/15
5	(4, 9]	5	5/15

Priority가 선택될 확률이 priority 크기에 비례함을 알 수 있다. 이 성질은 importance sampling weight를 정할 때 사용된다.

(a) (0,root값]을 batch_size=2 등분

$$\left(0,\frac{15}{2}\right],\ \left(\frac{15}{2},15\right]$$

(b) 각 부분 구간에서 무작위로 하나의 숫자를 추출

$$s_1 \in \left(0,\frac{15}{2}\right],\ s_2 \in \left(\frac{15}{2},15\right]$$

(c) 각 s_i로 하나의 priority 추출

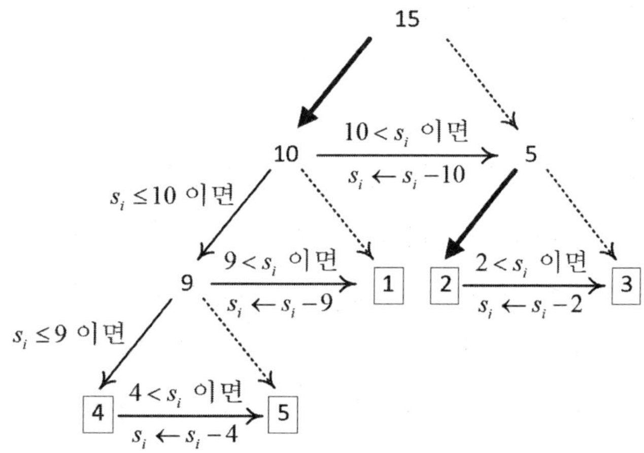

그림9

아래 코드(**그림10**)로 **그림9**를 확인할 수 있다.

```
import numpy as np
import random

tree=np.array([15,10,5,9,1,2,3,4,5])

s = random.uniform(0+1e-10, 15)
print(f'시작 s: {s}')

parent_idx = 0
while True:
```

```
    left_child_idx = 2 * parent_idx + 1 #parent에서 child로 이동
    right_child_idx = left_child_idx + 1

    if left_child_idx >= len(tree):
        leaf_idx = parent_idx
        break
    else:
        if s <= tree[left_child_idx]:
            parent_idx = left_child_idx
            print(f'아래로 : parent_idx={parent_idx}')
        else:
            s -= tree[left_child_idx]
            parent_idx = right_child_idx
            print(f'오른쪽 : s={s}, parent_idx={parent_idx}')

print(f'마지막 {s}, {leaf_idx}, {tree[leaf_idx]}')
```

그림10

환경과 에이전트가 지금까지는 1회 상호작용만 했으므로 아래 **그림11**과 같이 nonzero priority는 priority0=1(idx4) 뿐이다. 따라서 구간 (0, root값]=(0, 1]을 batch_size로 등분한 후, 각 부분 구간에서 무작위로 숫자 si를 추출한다. 추출한 각각의 si를 root 노드(idx0)에서 왼쪽 자녀 노드(idx1)로 이동하여 노드 값 1과 si를 비교하면, 항상 si≤1이므로 idx3인 노드로 이동한다. 그리고 항상 0<si이므로 idx4인 노드로 이동하게 된다. 그 결과 leaf_idx는 모든 si 값에 대하여 [4, 4]가 되고 priority는 [1, 1]이 된다. leaf_idx = 4에 대응하는 경험 번호는 leaf_idx - (capacity - 1) = 4 - (5 - 1) = 0이므로 경험0이 된다. 그러므로 추출된 표본은 [경험0, 경험0]이 된다. 여기까지 추출한 내용은 다음과 같다.

경험= [경험0, 경험0], leaf_idx = [4, 4], priority=[1, 1] (1)

SumTree에서 leaf_idx와 priority를 추출하고, 이것이 결정되면 memory에서 leaf_idx - (capacity − 1)에 위치한 경험을 추출하게 됨을 기억하자. 또한 일차원 self.tree에 저장된 priority를 추출할 때, 설명을 위하여 이차원 sumTree를 사용하고 있음을 기억하자. 즉, priority는 이차원이 아닌 일차원 self.tree에서 추출함을 기억하자.

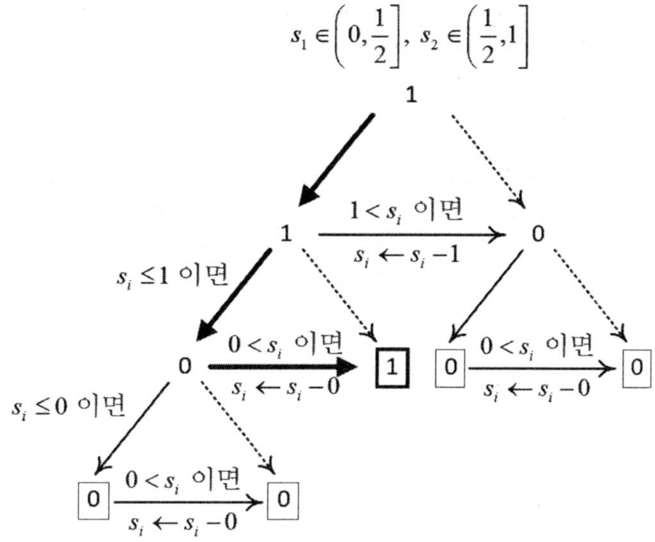

그림11

아래 **그림12**와 같이 batch_size=2를 sampling(self, n)에 대입한다. 그러면 sampling 내부에서 식(1)에 있는 경험, leaf_idx 와 importance sampling weights(is_weights)를 반환한다. 앞에서 설명한 아래 (성질2)에 의하여 **그림12**의 line 20을 사용하게 된다. 다른 line 설명은 Max-PER(제10장)에 사용한 sampling(self, batch_size)으로 대신한다.

[성질2] priority A의 크기는 A에 도착하는 si가 속한 구간의 길이에 비례한다.

```
1 def sampling(self, n): # n=표본크기=batch_size
2   batch = []
3   leaf_idxs = []
4   segment = self.tree_memory.rootValue() / n # priority총합/batch_size
5   priorities = []
6 
7   self.beta = np.min([1., self.beta + self.beta_increment_per_sampling])
8 
9   for i in range(n):
10    a = segment * i
11    b = segment * (i + 1)
12 
13    s = random.uniform(a+1e-10, b)
14 
```

```
15     (leaf_idx, priority, experience) = self.tree_memory.get4sampling(s)
16     leaf_idxs.append(leaf_idx)
17     priorities.append(priority)
18     batch.append(experience)
19
20   sampling_probabilities = priorities / self.tree_memory.rootValue()
21   is_weights = np.power(self.tree_memory.numExpInMemory \
22                         * sampling_probabilities+1e-10,
23                         -self.beta)#importance sampling weight
24   is_weights /= is_weights.max()
25
26   return batch, leaf_idxs, is_weights
```

그림12

그림12의 line 13에 있는 s는 **그림11**에서 si가 해당하고, line 15에 있는 함수 .get4sampling(s)는 아래 **그림13**과 같다.

```
def get4sampling(self, s):# s = priority
  parent_idx = 0

  while True:
    left_child_idx = 2 * parent_idx + 1 #parent에서 child로 이동
    right_child_idx = left_child_idx + 1

    if left_child_idx >= len(self.tree):
      leaf_idx = parent_idx
      break
    else:
      if s <= self.tree[left_child_idx]:
        parent_idx = left_child_idx
      else:
        s -= self.tree[left_child_idx]
        parent_idx = right_child_idx

  leafidx2expidx = leaf_idx - (self.capacity - 1)
  if np.count_nonzero(self.memory) < self.capacity \
                    and leafidx2expidx > self.experience_idx:
    leafidx2expidx=self.experience_idx-1

  return leaf_idx, self.tree[leaf_idx], self.memory[leafidx2expidx]
```

그림13

⑥ ~ ⑨: 추출한 표본으로 정책 신경망 q_net를 학습한다. 아래 **그림14**에서 line 1 ~ 15에 대한 설명은 DQN 설명(제7장의 **그림16**)과 같다. Line 18 ~ 26은 표본을 사용하여 loss 계산에 필요한 정책 신경망 q_net 출력과 target을 만드는 과정이다. 출력과 target의 차이가 line 29 ~ 31에 있는 td_error이고, 이 값을 사용하여 추출한 경험의 priority를 line 32 ~ 33에서 업데이트한다.

td_error=0.978, 조정된 td_error=$(0.978+1e\text{-}5)^{0.6}$=0.986

즉, ③에 있는 sumTree에서 초기 priority0=1을 priority0=loss(M0, 경험0)=0.986으로 업데이트한다.

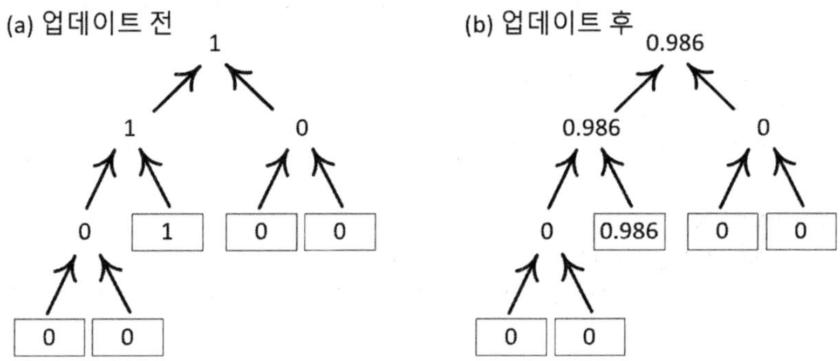

Line 42: 정책 신경망 M0의 파라미터를 업데이트하여 M1을 만든다.

M0 → M1

```python
optimizer = optim.Adam(q_net.parameters(), lr=LR)
Transition = namedtuple('Transition', \
                        ('state', 'action', 'reward', 'next_state', 'done'))

def optimize_model():

  transitions, leaf_idxs, is_weights = pmemory.sampling(batch_size)

  batch = Transition(*zip(*transitions))

  batch_state = torch.FloatTensor(np.vstack(batch.state))
  batch_action=torch.LongTensor(batch.action).unsqueeze(1)
  batch_reward=torch.FloatTensor(batch.reward)
  batch_next_state = torch.FloatTensor(np.vstack(batch.next_state))
  batch_done=torch.LongTensor(batch.done)

  # Compute q(s, a)
  state_action_values = q_net(batch_state).gather(1, batch_action)

  # Compute max_{a'} q(s',a') = next_state_action_values
  with torch.no_grad():
    next_state_action_values = target_net(batch_next_state).max(1)[0]

  # Compute loss
  expected_state_action_values = batch_reward \
                  + gamma*(1-batch_done)*next_state_action_values

  # Calculate TD errors and use them for updating priorities
  td_errors = (state_action_values \
               - expected_state_action_values.unsqueeze(1))\
               .squeeze().abs().detach().cpu().numpy()
  for leaf_idx, error in zip(leaf_idxs, td_errors):
    pmemory.update(leaf_idx, error)

  is_weights = torch.tensor(is_weights, dtype=torch.float).unsqueeze(1)
  loss = (is_weights * (state_action_values \
          - expected_state_action_values.unsqueeze(1)).pow(2)).mean()

  # Optimize the model
  optimizer.zero_grad()
  loss.backward()
  optimizer.step()
```

그림14

PART II M1 → M2 (SumTree-PER-DQN, 그림3-(b))

이 과정은 PART I과 같은 절차를 따르고 숫자만 다를 뿐이다.

①~③: 환경과 정책 신경망 M1이 상호작용하여, 새로운 경험(경험1)이 만들어진다. 경험1의 priority는 1이고 아래와 같이 idx5에 저장되며 ⑨에서 업데이트한다.

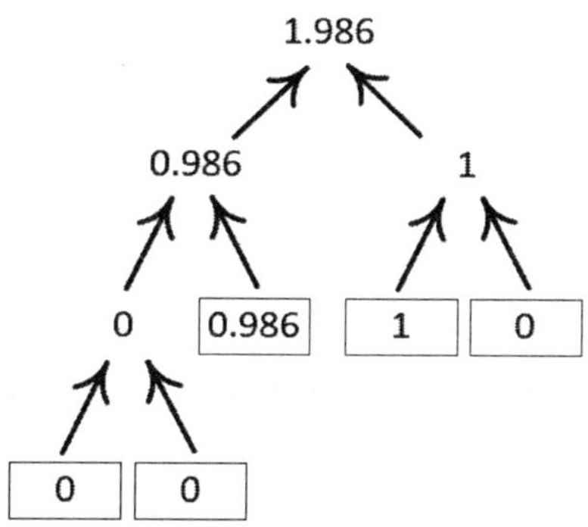

그림15

④~⑤: 경험을 함수 sampling으로 추출하기 위하여 **그림3-(a)**에서 했던 대로 구간 (0, root값] = (0, 1.986]을 batch_size=2로 등분한 후, 각 부분 구간에서 무작위로 추출한 숫자 si로 leaf_idx를 결정한다. leaf_idx = [4, 5]라고 가정하자. 즉, priority는 [0.986, 1]이 된다. leaf_idx에 대응하는 경험 번호는 leaf_idx - (capacity - 1)이므로 추출된 경험은 [경험0, 경험1]이 된다. 여기까지 추출한 내용은 다음과 같다.

경험= [경험0, 경험1], leaf_idx = [4, 5], priority=[0.986, 1]

그리고 is_weights는 **그림12**의 line 20 ~24와 같고 이에 대한 설명은 제10장의 **그림4**로 대신한다. 함수 sampling은 추출한 경험, leaf_idx, is_weights를 반환한다.

⑥ ~ ⑨: 추출한 표본으로 td_error를 계산하여 추출한 경험의 priority를 업데이트한다. leaf_idx=4에서 조정된 td_error=0.983이고 leaf_idx=5에서 조정된 td_error=0.984이므로 다음과 같이 업데이트된다.

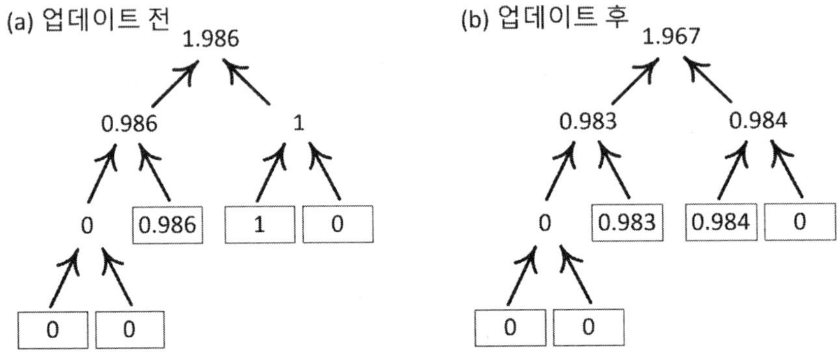

그림16

그리고 정책 신경망 M1의 파라미터를 업데이트하여 M2를 만든다.

M1 → M2

PART III M2 → M3 (SumTree-PER-DQN, 그림3-(c))

이 과정은 PART I, II와 같은 절차를 따르고 숫자만 다를 뿐이다.

①~③: 환경과 정책 신경망 M2가 상호작용하여, 새로운 경험(경험2)이 만들어진다. 경험2의 priority는 1로 아래 **그림 17**과 같이 저장하며 ⑨에서 업데이트한다.

④ ~ ⑤: 경험을 함수 sampling으로 추출하기 위하여 **그림3-(b)**에서 했던 대로 구간 (0, root값] = (0, 2.967]을 batch_size=2로 등분한 후, 각 부분 구간에서 무작위로 추출한 숫자 si로 leaf_idx를 구한다. leaf_idx에 대응하는 경험 번호 공식 leaf_idx - (capacity - 1)로 경험을 추출한다. 그리고 **그림12**의 line 20 ~24와 같이 is_weights를 구한다.

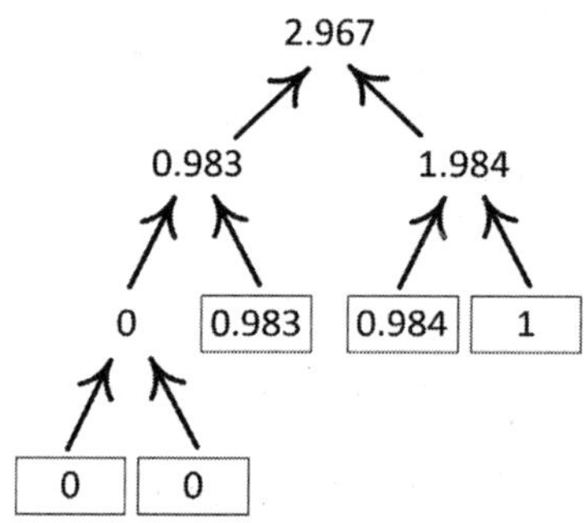

그림17

⑥ ~ ⑨: 추출한 표본으로 td_error를 계산하여 추출한 경험의 priority를 업데이트한다. 그리고 정책 신경망 M2의 파라미터를 업데이트하여 M3를 만든다.

$$M2 \rightarrow M3$$

PART IV SumTree-PER-DQN 전체 코드

아래는 앞에서 설명한 코드를 포함한 전체 코드이다.

```
import gym, math, random, matplotlib, numpy as np
import matplotlib.pyplot as plt
import torch, torch.nn as nn, torch.optim as optim, torch.nn.functional as F
from collections import namedtuple, deque
from itertools import count
from itertools import groupby
from IPython import display

is_ipython = 'inline' in matplotlib.get_backend()

def plot_durations(show_result=False, save=False):
  fig = plt.figure(1) # 'fig' is a handle to the figure you're creating
  durations_t = torch.tensor(episode_durations, dtype=torch.float)
  if show_result:
    plt.title('dqn_training')
  else:
    plt.clf()
    plt.title('Training...')
  plt.xlabel('Episode')
  plt.ylabel('Duration')
  plt.plot(durations_t.numpy())
  # Take 100 episode averages and plot them too
  if len(durations_t) >= 100:
    means = durations_t.unfold(0, 100, 1).mean(1).view(-1)
    means = torch.cat((torch.zeros(99), means))
    plt.plot(means.numpy())
  plt.pause(0.001)  # pause a bit so that plots are updated
  if save:
    fig.savefig('dqn_training_plot.png', dpi=300, bbox_inches='tight')
  if is_ipython:
    if not show_result:
      display.display(plt.gcf())
      display.clear_output(wait=True)
    else:
      display.display(plt.gcf())
```

```

batch_size = 64
gamma = 0.99 #discount factor
eps_start, eps_end, eps_decay = 0.9, 0.05, 1000# epsilon-greedy policy
tau = 0.005 # soft copy rate
LR = 1e-4 # learning rate

capacity = 1000
alpha = 0.6
beta = 0.4
beta_increment_per_sampling = 0.001

env = gym.make("CartPole-v0")
n_actions = env.action_space.n
state = env.reset()
n_observations = len(state)

class DQN(nn.Module):
    def __init__(self):
        super(DQN, self).__init__()
        self.layer1 = nn.Linear(n_observations, 128)
        self.layer2 = nn.Linear(128, 128)
        self.layer3 = nn.Linear(128, n_actions)
    def forward(self, x):
        x = F.relu(self.layer1(x))
        x = F.relu(self.layer2(x))
        return self.layer3(x)

q_net = DQN()
target_net = DQN()
target_net.load_state_dict(q_net.state_dict())

# ε-greedy (epsilon-greedy) policy
steps_done = 0
def select_action(state: np.ndarray)->int:# np.ndarray[float32], shape=(4,)
    global steps_done
    state = torch.FloatTensor(state).unsqueeze(0)
    eps_threshold = eps_end + (eps_start - eps_end) * \
        math.exp(-1. * steps_done / eps_decay)
        #eps_start = 0.9, eps_end = 0.05, eps_decay = 1000
    steps_done += 1
    random01 = random.random()#A random float between [0.0, 1.0) is generated.
    if random01<= eps_threshold:#exploration
        return env.action_space.sample()
    else:#exploitation
```

```
        with torch.no_grad():
            return q_net(state).max(1)[1].item()


class PTree_EMemory:# priority저장소 tree와 경험저장소 memory
    experience_idx = 0 # EMemory에 있는 경험 인덱스

    def __init__(self):
        self.memory = np.zeros(capacity, dtype=object) # 경험 저장소
        self.numExpInMemory = 0 # db에 있는 경험 개수. loss 가중치에 사용
        self.tree = np.zeros(2 * capacity - 1) # leaf에 priority 저장
        # 부모 값이 자식 값의 합인 full binary tree 구조

    # root 노드가 가진 값(total)
    def rootValue(self):
        return self.tree[0]

    def add(self, priority, experience):
        leaf_idx = self.experience_idx + capacity - 1
        self.memory[self.experience_idx] = experience
        self.updateTree(leaf_idx, priority)

        self.experience_idx += 1
        if self.experience_idx >= capacity:
            self.experience_idx = 0

        if self.numExpInMemory < capacity:
            self.numExpInMemory += 1

    # updateTree the leaf priority score and propagate the change through tree
    def updateTree(self, leaf_idx, priority):
        change = priority - self.tree[leaf_idx]
        self.tree[leaf_idx] = priority

        tree_idx=leaf_idx
        while tree_idx != 0:
            tree_idx = (tree_idx - 1) // 2 # parent 노드
            self.tree[tree_idx] += change # parent 변경

    def get4sampling(self, s):# s = priority
        parent_idx = 0

        while True:
            left_child_idx = 2 * parent_idx + 1 #parent에서 child로 이동
            right_child_idx = left_child_idx + 1

            # If we reach bottom, end the search
```

```
            if left_child_idx >= len(self.tree):
                leaf_idx = parent_idx
                break
            else: # downward search, always search for a higher priority node
                if s <= self.tree[left_child_idx]:
                    parent_idx = left_child_idx
                else:
                    s -= self.tree[left_child_idx]
                    parent_idx = right_child_idx

        leafidx2expidx = leaf_idx - (capacity - 1)
        if np.count_nonzero(self.memory) < capacity and leafidx2expidx > self.experience_idx:
            leafidx2expidx=self.experience_idx-1

        return leaf_idx, self.tree[leaf_idx], self.memory[leafidx2expidx]

class PrioritizedMemory:
    def __init__(self):
        self.beta = beta
        self.tree_memory = PTree_EMemory()

    def add(self, error, experience):
        self.tree_memory.add(priority, experience)

    def sampling(self, n):# n = 표본크기 = batch_size
        batch = []
        leaf_idxs = []
        segment = self.tree_memory.rootValue() / n # priority총합/batch_size
        priorities = []

        self.beta = np.min([1., self.beta + beta_increment_per_sampling])

        for i in range(n):
            a = segment * i
            b = segment * (i + 1)

            s = random.uniform(a+1e-10, b)

            (leaf_idx, priority, experience) = self.tree_memory.get4sampling(s)
            leaf_idxs.append(leaf_idx)
            priorities.append(priority)
            batch.append(experience)

        sampling_probabilities = priorities / self.tree_memory.rootValue()
        is_weights = np.power(self.tree_memory.numExpInMemory
                              * sampling_probabilities+1e-10, -self.beta)
```

```
        is_weights /= is_weights.max()

        return batch, leaf_idxs, is_weights

    def update(self, leaf_idx, error):
        priority=(error + 1e-5) ** alpha
        self.tree_memory.updateTree(leaf_idx, priority)

pmemory = PrioritizedMemory()

optimizer = optim.Adam(q_net.parameters(), lr=LR)
Transition = namedtuple('Transition', ('state', 'action', 'reward', 'next_state', 'done'))

def optimize_model():
    transitions, leaf_idxs, is_weights = pmemory.sampling(batch_size)

    batch = Transition(*zip(*transitions))

    batch_state = torch.FloatTensor(np.vstack(batch.state))
    batch_action=torch.LongTensor(batch.action).unsqueeze(1)
    batch_reward=torch.FloatTensor(batch.reward)
    batch_next_state = torch.FloatTensor(np.vstack(batch.next_state))
    batch_done=torch.LongTensor(batch.done)

    # Compute q(s, a)
    state_action_values = q_net(batch_state).gather(1, batch_action)

    # Compute max_{a'} q(s',a') = next_state_action_values
    with torch.no_grad():
        next_state_action_values = target_net(batch_next_state).max(1)[0]

    # Compute loss
    expected_state_action_values = batch_reward \
                        + gamma*(1-batch_done)*next_state_action_values

    # Calculate TD errors and use them for updating priorities
    td_errors = (state_action_values - expected_state_action_values.unsqueeze(1)) \
            .squeeze().abs().detach().numpy()
    for leaf_idx, error in zip(leaf_idxs, td_errors):
        pmemory.update(leaf_idx, error)

    is_weights = torch.tensor(is_weights, dtype=torch.float).unsqueeze(1)
    loss = (is_weights * (state_action_values \
            - expected_state_action_values.unsqueeze(1)).pow(2)).mean()

    # Optimize the model
    optimizer.zero_grad()
```

```
 loss.backward()
 optimizer.step()

# 10번 연속해서 만점을 받으면 학습 종료할 때 사용할 함수
# 리스트 lst의 처음 요소부터 시작하여 순차적으로 연속된 정수를 그룹화하고
# 각 그룹의 길이를 계산
def consecutive_length(lst):
 return [len(list(group)) for _, group in groupby(enumerate(lst),
                                   lambda i_x:i_x[0]-i_x[1])]

episode_durations = []
movement199=[]# length가 200(만점)인 episode 담는 변수
num_episodes = 5000
for i_episode in range(num_episodes):
 # env 상태 초기화(random)
 state = env.reset()# np.ndarray[float32](4,)

 for num_movement in count():# 0 이상 정수의 나열을 생성
  action = select_action(state)#int
  next_state, reward, done, _ = env.step(action)#np.ndarray[float32](4,), float, bool, _

  ## Store the transition in memory
  priority = 1.0
  pmemory.add(priority, (state, action, reward, next_state, done))

  # Move to the next state
  state = next_state

  ## Perform one step of the optimization (on the policy network)
  optimize_model()

  ## Soft update of the target network's weights
  ### θ′ ← τ θ + (1 −τ )θ′, τ=0.005
  target_net_state_dict = target_net.state_dict()
  q_net_state_dict = q_net.state_dict()
  for key in q_net_state_dict:
   target_net_state_dict[key] = q_net_state_dict[key]*tau \
                  + target_net_state_dict[key]*(1-tau)
  target_net.load_state_dict(target_net_state_dict)

  if done:
   episode_durations.append(num_movement + 1)
   plot_durations()
   movement_end=num_movement
   break
```

```
 if movement_end==199:
  movement199.append(i_episode)
  if max(consecutive_length(movement199))>=30:
   break

print(f'Complete: movement_end = {movement_end}')
plot_durations(show_result=True, save=True)
plt.show()

# Test 코드
from tqdm import tqdm
q_net.eval()
with torch.no_grad():
 for i_episode in tqdm(range(5000)):
  state = env.reset()
  state = torch.FloatTensor(state).unsqueeze(0)

  done=False
  t=0
  while not done:
   t +=1
   action=q_net(state).max(1)[1].item()
   next_state, _, done, _ = env.step(action)
   next_state = torch.FloatTensor(next_state).unsqueeze(0)
   state = next_state
   if done:
    if t!=200:
     print(t)
```

그림18

다음 그림은 학습하는 동안 움직임 횟수의 이동 평균(100개 에피소드)과 학습된 정책 신경망 q_net의 성능을 테스트한 결과이다. 5,000회 에피소드 테스트에서 모든 에피소드의 길이 평균이 200에 근사함을 확인했다.

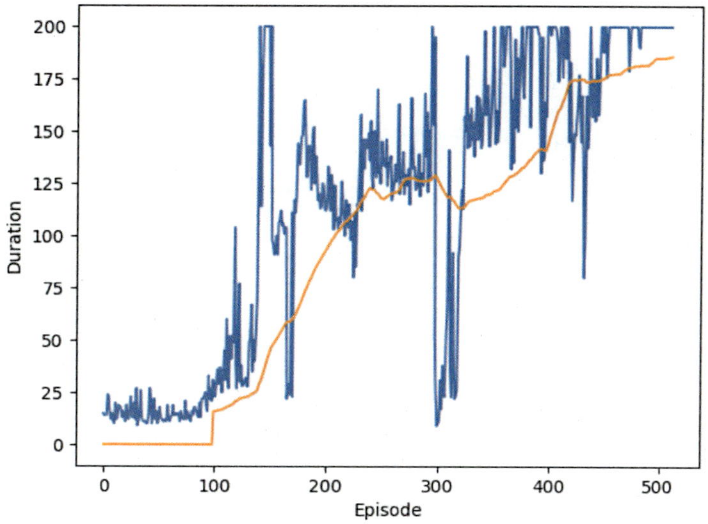

그림19

PART V SumTree-PER-DoubleDQN 전체 코드

DoubleDQN이 DQN과 다른 점은 정책 신경망 q_net으로 target_net의 행동을 결정하는 것(제8장)이므로 아래와 같이 PART IV. SumTree-PER-DQN의 전체 코드에서 line 203만 변경하면 SumTree-PER-DoubleDQN의 전체 코드가 된다.

```
# SumTree-PER-DQN 전체코드에서 line 203
next_state_action_values = target_net(batch_next_state).max(1)[0]

=> 아래로 변경

next_state_actions = q_net(batch_next_state).max(1)[1].unsqueeze(1)
next_state_action_values = target_net(batch_next_state) \
                    .gather(1, next_state_actions).squeeze()
```

아래 그림은 학습하는 동안 움직임 횟수의 이동 평균(100개 에피소드)과 학습된 정책 신경망 q_net의 성능을 테스트한 결과이다. 5,000회 에피소드 테스트에서 모든 에피소드의 길이 평균이 200임을 확인했다.

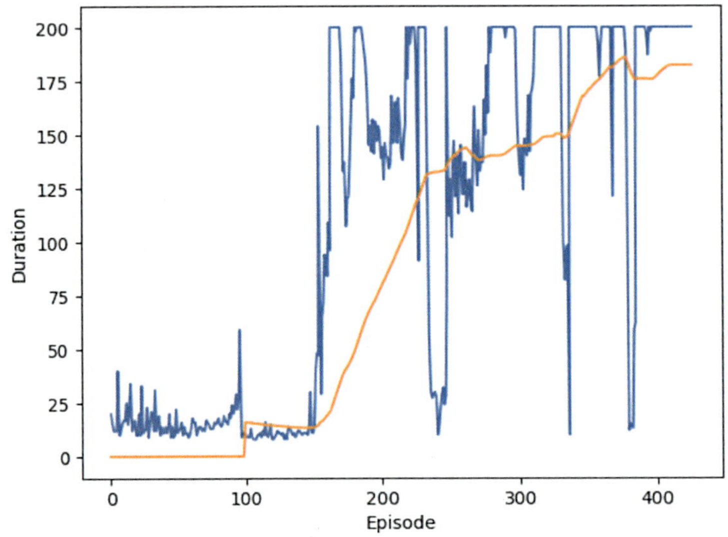

그림20

PART VI SumTree-PER-DuelingDQN 전체 코드

DuelingDQN이 DQN과 다른 점은 행동 가치를 상태 가치와 advantage의 합으로 표현할 수 있는 구조를 만드는 것(제9장)이므로 아래와 같이 PART IV. SumTree-PER-DQN의 전체 코드에서 클래스 DQN만 변경하면 SumTree-PER- DuelingDQN의 전체 코드가 된다.

```
# SumTree-PER-DQN 전체코드에서 line 53~67

class DQN(nn.Module):
  def __init__(self):
    super(DQN, self).__init__()
    self.layer1 = nn.Linear(n_observations, 128)
    self.layer2 = nn.Linear(128, 128)
    self.layer3 = nn.Linear(128, n_actions)

  def forward(self, x):
    x = F.relu(self.layer1(x))
    x = F.relu(self.layer2(x))
    return self.layer3(x)

q_net = DQN()
target_net = DQN()
target_net.load_state_dict(q_net.state_dict())

=> 아래로 변경

class DuelingDQN(nn.Module):
def __init__(self):
super( ).__init__()
self.feature = nn.Sequential(
  nn.Linear(n_observations, 128),
  nn.ReLU(),
  nn.Linear(128, 128),
  nn.ReLU() )
self.advantage = nn.Sequential(
  nn.Linear(128, 128),
  nn.ReLU(),
  nn.Linear(128, n_actions) )
self.value = nn.Sequential(
  nn.Linear(128, 128),
  nn.ReLU(),
  nn.Linear(128, 1) )
```

```
def forward(self, x):
  x = self.feature(x)
  advantage = self.advantage(x)
  value = self.value(x)
  return value + advantage - advantage.mean()

q_net = DuelingDQN()
target_net = DuelingDQN()
target_net.load_state_dict(q_net.state_dict())
```

아래 그림은 학습하는 동안 움직임 횟수의 이동 평균(100개 에피소드)과 학습된 정책 신경망 q_net의 성능을 테스트한 결과이다. 5,000회 에피소드 테스트에서 모든 에피소드의 길이 평균이 200임을 확인할 수 있다.

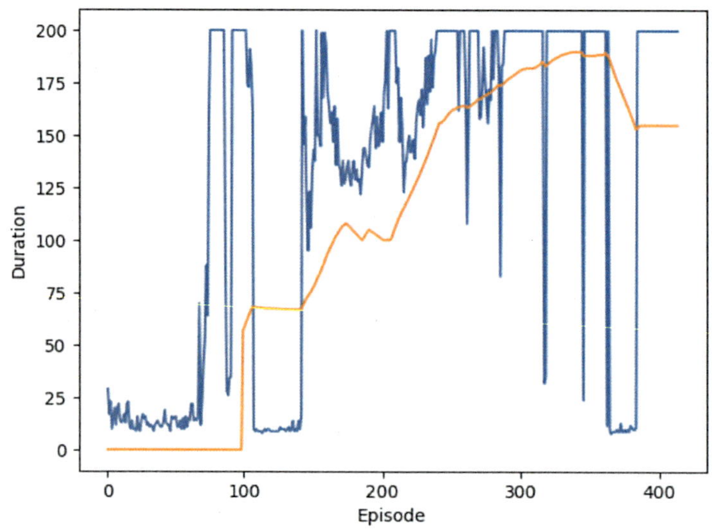

그림21

강화학습 기본과 PyTorch

저　　자　추상목
발 행 인　김지영
발 행 처　자유아카데미
주　　소　경기도 파주시 회동길 37-42
　　　　　파주출판도시
전　　화　031-955-1321
팩　　스　031-955-1322
홈페이지　www.freeaca.com
전자우편　main@freeaca.com (대표)
　　　　　editor@freeaca.com (편집)
　　　　　crm@freeaca.com (영업)
등　　록　제406-2003-017호, 1980. 7. 12
제1판1쇄　2023년 11월 30일 발행

저자와의
협의하에
인지생략

ISBN 979-11-5808-559-9　93000